KAMINOGE
ARCHIVES
vol.1

ほんとうの長州力

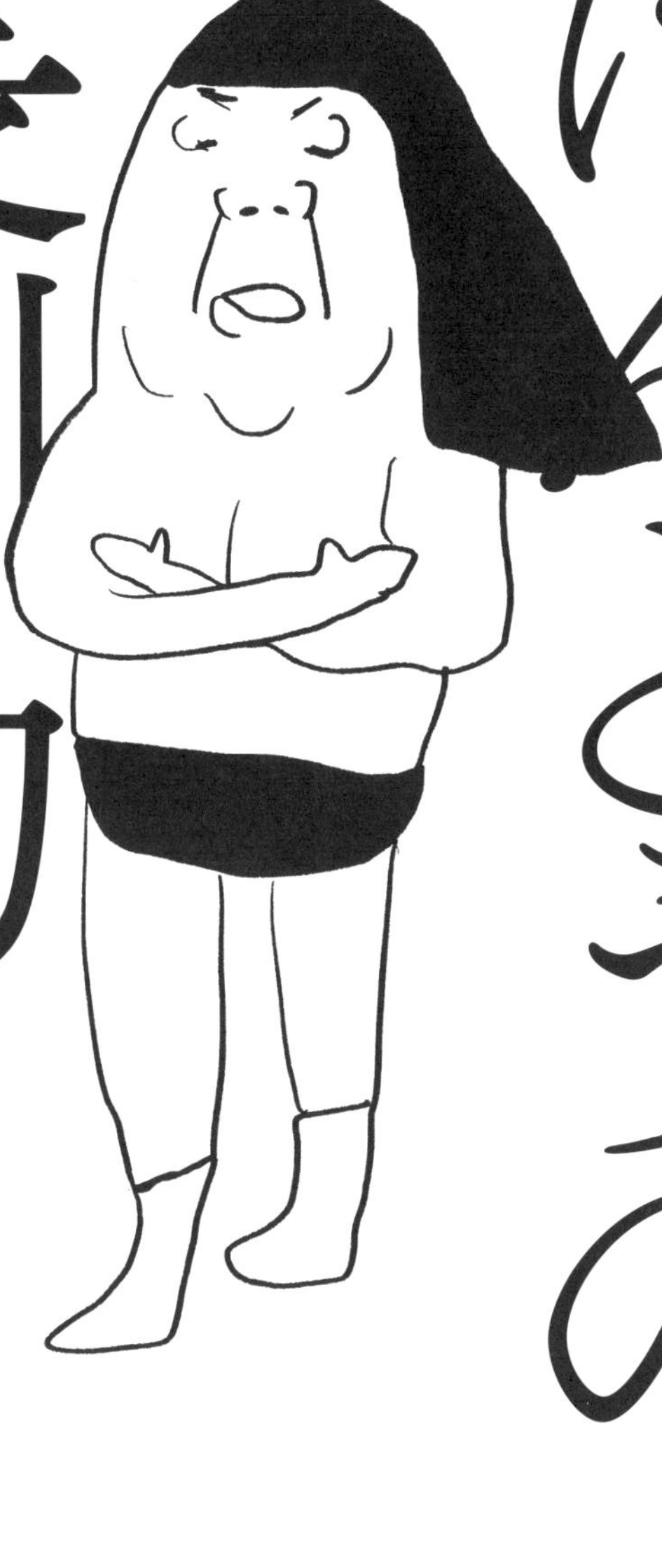

『KAMINOGE』編集部［編］

辰巳出版

まえがきにかえて　長州力（代筆：マネージャー・谷口氏）

俺はリングを下りてからというもの、もうずっと「ほっといてほしい」って思ってるんだよ。業界（プロレス界）とは距離を開けていってるし、その気持ちは日ごとにどんどん増してる。

最近考えてることは、これから時間が空いてさ、コロナも収束したとしたら、北海道の稚内からずーっと下って行って、最南端まで行きたいなって。ひとり旅。ローカルのアレ（電車）に乗って、のんびりと楽しみながらな。

ほら、俺は体育会系で先輩とか後輩、同級生が全国いたるところにいるから、「おう、ひさしぶり！　いまから出てこられるか？」なんて連絡を取ったりしても楽しそうだろ。

でも、そのあいだは孫に会えないか。厳しい判断を強いられるよな……。

慎太郎（娘婿）も父親となって、まあ、なぜか俺の仕事を手伝っているうちにどんどん痩せていってるわけだけども。アイツを見ていると、俺も父親になったときのことを思い出すんだよね。俺、不思議とあのクソ忙しいときでも出産の立会いに間に合ってるんだよ。娘3人ともだよ。あのときってホントに毎回、「男でも女でもどっちでもいい、とにかく健康で……」って祈るような気持ちになるよね。

山本のことは人間として信用はしているね。だけど、それでもまだアイツの前に楔《くさび》を3本くらいは立てて接してる感覚だよ。だって同じ棺桶に入るわけじゃないんだから。まあ、ほかの連中には楔10本は立ててるけどな。

とにかく、俺はもうインタビューとかも受けたくないんだ。どいつもこいつも、もう何百回も話したことばかり聞いてきやがる。だから、世間話しかしてこない山本くらいがちょうどいいよ。アイツのアレは『KAMINOGE』だっけ？俺はいまだに1回も読んだことないけどな。

まあ、のんびりと楽しく生きていきたいね。

2020年5月、新型コロナウイルス感染症の感染拡大防止による「緊急事態宣言」発令中に自宅テラスにて。

ほんとうの長州力

イラストレーション：中邑真輔
写真：タイコウクニヨシ

［登場人物紹介］

長州力

1951年12月3日生まれ、山口県徳山市（現・周南市）出身。元プロレスラー。専修大学レスリング部時代にミュンヘンオリンピックに出場。1974年に新日本プロレスに入団し、同年8月デビュー。1977年にリングネームを「長州力」に改名。1982年に藤波辰爾への噛ませ犬発言で一躍ブレイクを果たし、以後、"革命戦士"のニックネームと共にプロレス界の中心選手となっていく。藤波との名勝負数え唄や、ジャパンプロレス設立からの全日本プロレス参戦、さらに新日本へのUターン、UWFインターナショナルとの対抗戦など、常にプロレス界の話題のど真ん中を陣取り続けた。2019年6月26日、後楽園ホールで現役ラストマッチをおこなった。

山本

当インタビューの聞き手。月刊誌『KAMINOGE』の編集長であり、本当の名前は井上崇宏。

弁護士A&B

（※長州の指示により第4戦に帯同）

長州力がお世話になっている弁護士。Aは『パワーホール』を聴きながら司法試験を闘った。

hy4_4yh

（※第9戦の途中から乱入）

ハイパーヨーヨ。ユカリンとチャンチャラの2MCによるガールズ・ヒップホップ・ユニット。

バッファロー吾郎A

（※第12戦に特別出演）

お笑いコンビ『バッファロー吾郎』のツッコミ担当。2008年『キング・オブ・コント』優勝。

谷ヤン

長州力のマネージャー。10年以上にわたり長州に虐げられ、人としての感情の大部分を喪失。

愼太郎

長州力の長女の婿であり、セカンドマネージャー。多大なストレスから体重が日に日に激減中。

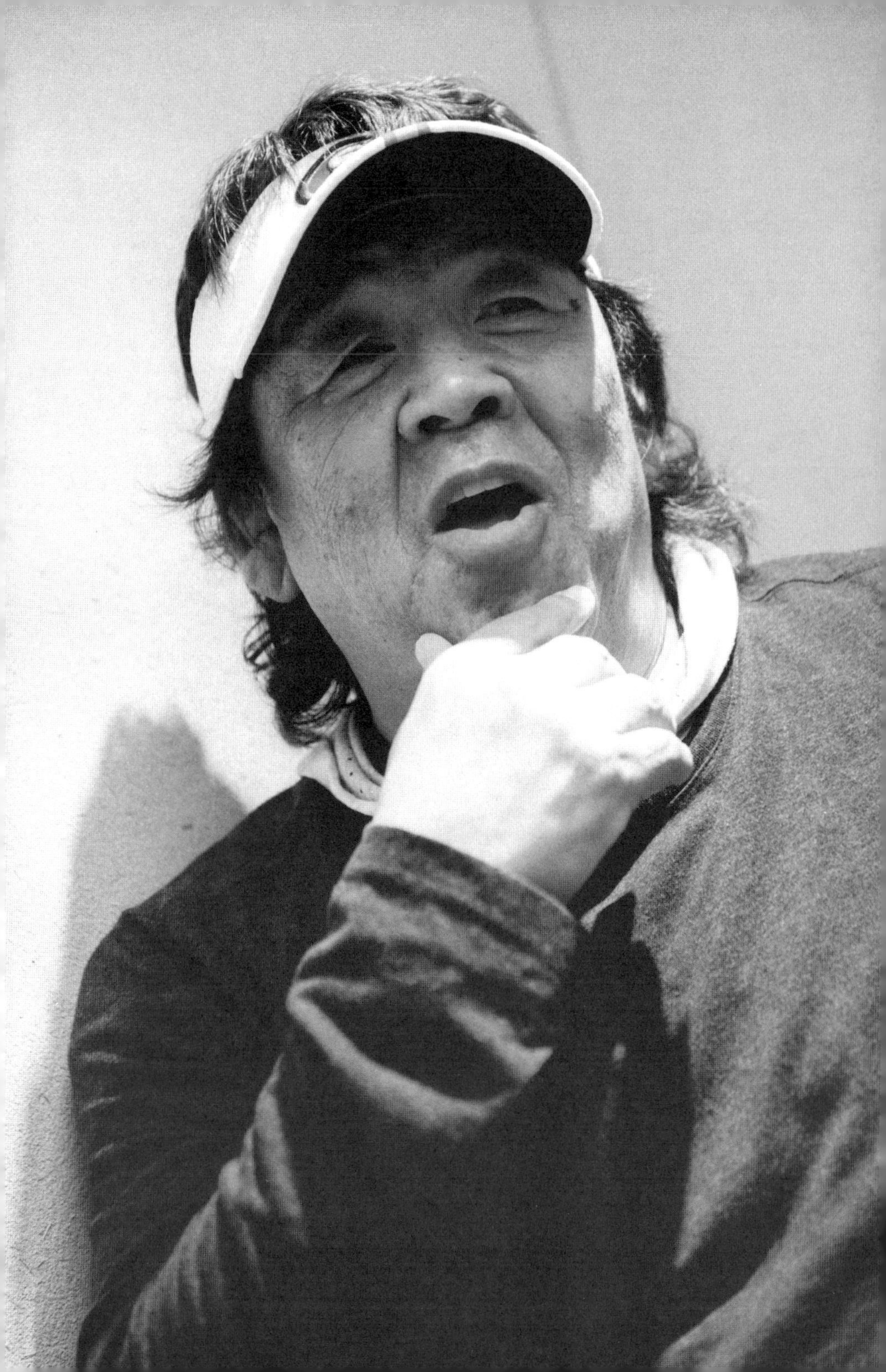

「今年はいよいよ東京オリンピックをやるけども、
俺は絶対になんか起きるような気がしてならないんだよ。
それが災害なのか、なんなのかわからないけど」
（2020年1月6日）

長州力vs山本
名勝負数え唄
第1戦

「孫正義さんに
会う機会があったら
言っておいてもらえますか？
『噛ませ犬をひとり
忘れていませんか？』って」

［対戦日］
2012.5.25
（藤波辰爾、初代タイガーマスクらと『レジェンド・ザ・プロレス』を開催している頃）

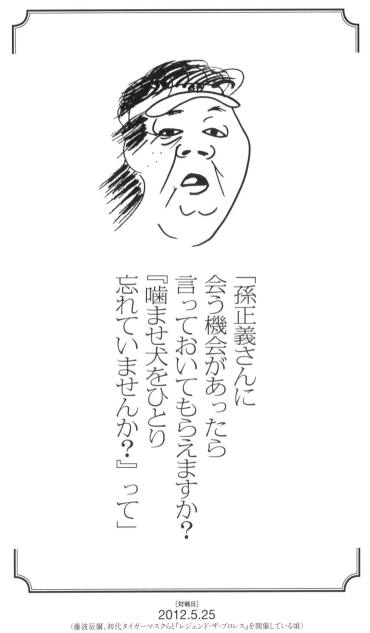

「ここだけの話さ、俺がiPhoneを持っていたらヘンかね？」

長州　おっ、山本さん、ひさしぶり！
――えっ……？　あっ、ご無沙汰してます！（「長州さん……ボク、山本じゃなくて井上ですよ……」とはけっして言えない、気の弱い聞き手）。
長州　で、今日はなんの話をするんだ？　またプロレスの話をああだこうだしたいんなら、今日はもうやめたほうがいいですよ。メシだけ食って帰ったほうがいい。ウン。
――いえ、プロレス以外の話ができたらなと思いまして……。
長州　それならいいですよ。ちょっとでもプロレスの話をするようなら腰を上げる（＝席を立つ）からな？
――以前、長州さんに取材をさせていただいたとき、本当に始まって数分で腰を上げられましたことがありますからね。あれでもう懲りました（笑）。
長州　普通、途中で「もうやめよう」ってことはないんだぞ？山本さんじゃなかったら最初から取材を受けてないんだから。ああ、その場に行ってない。それぐらいプロレスの話はイヤなんですよ。イヤっていうか、もう殊更に俺が話すことなんてないんだから。もうお腹いっぱいしゃべってきたじゃん。そんなもん、どうしても聞きたきゃ、勝手に昔の『ゴング』でも引っぱり出して俺の言葉を抜き出して書きゃいいんだよ（笑）。山本さんは出身どこだっけ？
――ボクは岡山ですね。倉敷市です。
長州　ああ、そっか。そういえばこないだ、渋谷の駅で人を刺した事件があったよね。
――あっという間に犯人は捕まりましたけどね。
長州　なんかまた、まわり近所の人間に聞くと「そんなことをするような人間じゃなかった」っていう。それが肩がちょっとぶつかったってだけで、なんでそんなふうになっちゃうんだろうな？　まあ、普段おとなしい人ほどアレなんだろうね。それとあの、アレ、次長課長の河本（準一）な。
――ちょうど今日、お昼に会見をやっていましたね。長州さん、あの会見をご覧になったんですか？
長州　『ミヤネ屋』で観たね。なんかスタジオはずいぶん河本をフォローしていたけどね。あんまり叩かない。でも俺、河本は好きな芸人さんなんだよ。それはちゃんと書いとけよ。またワケのわからない、言った言わないの話にするなよ。
――わかりました。
長州　それと反対に、なんだっけ、言った女性。あっちのほうはなんかあまり……ナントカさつきっていう。
――自民党の片山さつきですね。
長州　まあ、あの人も……あれ？　山本さんのそれ、iPhone？
――えっ？　あっ、そうですそうです。

長州　ここだけの話さ、俺がiPhoneを持っていたらヘンかね？

——えっ？　いやいや、全然ヘンじゃないですよ（笑）。長州さん、iPhone購入を検討されているんですか？

長州　検討っていうか、そんな殊更にたいしたアレじゃないだろう（苦笑）。なんかいま持っているやつでも全然いいんだけど、充電がもうアレしちゃってイライラするんですよ。ちょうど近所にソフトバンクのショップができたから、もうこのまま乗り換えてやろうかと思って。いま、マネージャーとも真剣に相談しているとこですよ、ウン。

——そのままソフトバンクのCM出演も視野に入れてたりして。

長州　バカッ！　またトボケたことを……。えっ？　山本さんは孫（正義）さんと知り合いなのか？

——いえいえ、知りません（笑）。

長州　（聞かずに）孫さんに会う機会があったら言っておいてもらえますか？

——えっ、いったい何を……？

長州　「噛ませ犬をひとり忘れていませんか？」と。インパクトあると思うぞ。（携帯電話をいじりながら）この写真見て。

——あっ、金環日食ですか！　これ、長州さんが撮ったんですか？

長州　そう。コイツら、凄いよなぁ。

——月と太陽を「コイツら」呼ばわり（笑）。

長州　ベランダから撮ったんだよ。これ、美しくね？

——でも……あの日の東京ってこんなに快晴でしたっけ？

長州　ハッハッハッハ！　山本さん、天気を突いてきたか！

——やっぱり違いますよね。これ、東京で撮った画像じゃないですよね（笑）。

長州　たしかにそう言われるとそうだよな。山田からもらったんだよ、これは（笑）。俺の感性じゃこんなふうには撮れないよな。

——あっ、山田さんからのもらい物でしたか（笑）。

長州　そう。山田が撮って、山田からもらったんだよ。

——ところで山田さんって誰ですか？

長州　山本さんの知らない人。

「人生、業を磨いていればかならず時がくる」

長州　そうか、山本さんは岡山ですか。俺、山口。

——存じております。

長州　こないだも巌流島のアレ（試合）で行ったけどね、昔みたいな活気がなかったよね。俺の田舎のあたりは島に囲まれていて、漁港とかさ、けっこう活気があったけど、いまはもう年寄りばっかでさ。なんか寂しかったね。「回天」の話、したことあったっけ？

——はい。周南市にある回天記念館ですよね。長州さんがちょくちょく訪れているという。

長州　ウン。子どもの頃ね、小学校時代によく町内会とかさ、そういうので海水浴とかそういう記念館とか。こないだも行ったよ。ずいぶん変わってたけどね。

――記念館自体がですか？

長州　ウン。まあ、ちっちゃいけど立派になったなと。ずいぶん山の上にあって、けっこう歩くのがしんどかったね。地獄坂っていう。また夏にも行くんですよ。

――回天記念館にですか。

長州　行く予定ではいるんだ。

――でも、子どもの行事というのは強制で行くわけですよね。それが大人になってからもしばしば訪れちゃうっていうのは、何か長州さんの心に響くものがあるんでしょうね。

長州　やっぱり熱くなるねえ、ウン。

――「回天」というのは人間魚雷ですよね。太平洋戦争時の。

長州　「天を回らし、戦局を逆転させる」っていうね、それで「回天」。大津島ってとこにあるんだけど、やっぱりそのまわりの海が綺麗でね。ガキの頃は20分か30分くらい行ったぐらいで、えらい綺麗なアレだなって思ったよね。まあ、あの頃の海は綺麗だった。なんか異様にそこだけは透き通って見えて、透明度があって。それはいまも変わりなかったですね。島自体は住む人もちょっといて、ウン。それで時期が時期だから、ゴールデンウィークだったでしょ？　それなりに観光客も地方から来ていて。

――遺書とかも展示されているんですよね。みんな若者ばかりで。

長州　ウン。そりゃもう壮絶な文章ですよ。でも学歴を見ると日本の最高水準の帝国大学とかで。ああいう人たちが生きていたら、いまの日本もどういう国になっていたか。機会があったら行きましょうよ。

――はい、行ってみたいですね。凄く興味あります。

長州　『革命塾』でも行く予定だし。

――あっ、先日会見をやられた。『革命塾』というビジネスリーダー養成講座をやられるんですよね？

長州　よくわかんないんだけども……。革命って……なんかもう大それた名前をつけたよな（笑）。俺は殊更に人に訴えるような言葉の力も持ってねえんだから。自分で言いたいことを言ってきただけだし。俺の言葉よりも「回天」のあの人たちの遺書を読んでみたほうがよっぽど価値がありますよ。だから『革命塾』のメンバーに見せてあげたいんですよ。ああいう人たちの遺書から……日本がもっと繁栄してくれるように願って命を絶っていったんだから。あれは凄いよ。できるなら、そういう人たちをもう1回、戻してあげたいっていうのがあるよな。

――この世にですか？

長州　ウン。このいまの日本を見て、びっくりするのか、がっかりするのか。どっちなんだろうな？　片道燃料で突っ込むとか……。まあ、イラクだろうがどこだろうが、いまだって自分の身体に爆弾つけてさ、毎日どこかで突っ込んでんだよ。どっちが正しいのか正しくないのかわからないけど。こっちが勝手にテロリストだと決めつけてるけど、アレだって同じようなもんじゃん。

――本人たちにしてみれば聖戦であるという。自分の命を引き換えにして。

長州　そう考えると、俺たちは幸せな……考えられないよな。でも不思議と昔といまもそうなんだよ。もし、いま戦争が起こったとしても絶対にああいうところで最初に犠牲になっていくのは若い人なんだよな。上の人たちなんかはただ言うだけだから。おっかねえよ。日本がああいう時代だったら、いまの政治家どもは誰も行かねえぞ。絶対に行かねえよ、アイツらは。まあ、いまの若い人たちもそういう状況になったら行かないんじゃねえの？　俺にはよくわからないけど。ただ、そういう「回天」みたいなとこに若い人たちを連れて行ってあげて、案内してあげることは全然嫌いじゃないですよ。ヘンに売名行為っぽくならないのであれば。そういう部分だけですよ。こういうところで体験したい人がいるんだったら、行きたい人を連れて行って、俺だって行くのは嫌じゃないんだから。

――セミナーとはいえ、そこは長州流ですね。

長州　まあ、悪いことじゃないと思うんだよね。参加する人も「強く生きていこう」っていうアレを持った人たちだろうから。俺の言葉に耳を貸すよりも、そういうものを見たほうがいいですよ。あくまで俺は俺だもん。だから俺、小さい頃に自分の生い立ちがあったからここまで来たとか、そんなことはまったくないからね。あるとしたら、俺の田舎の恩師の言葉だけど、「おまえはやればできるんだから、がんばれ。おまえがやればできるのはわかってる」っていう。

――それは高校のときの先生ですか？

長州　ウン。3年間の担任。けっこう高齢だったんだけどね。俺らみたいなバカばっかりが集まっていつも職員室に呼ばれてさ、「おまえはやればできるのに、なんでバカなことばっかりして職員室に呼ばれてんだ？」とかそういうふうにしか言わない人で。「おまえはやればできるのに」って、それ一辺倒（笑）。

――まあ、そう言うしかないっていう（笑）。

長州　そうそう（笑）。でもアレだよ。社会に出てから考えてみたら、いい先生だったなって思う。けっこう高齢な先生だったけど、やっぱり教員だけが本職という古い先生だから、たぶん戦中、戦後からずっと先生をやっていたんだろうな。あの先生自身が戦争に行ったのかどうかはわからないけど、ずっと教員をやって卒業生の名前を全員憶えていたからね。それって凄いことだと思う。どれぐらいの学校を渡って経験してきたのかわからないけど、自分の卒業生の名前を全員憶えてるっていうのは。

――凄いですね。「やればできるんだから」。

長州　「おまえはやればできる」。もうそれしか言わない。「なんでこういうことをするんだ？　おまえはやればできるのに」ってそればっか言われてると、それが俺たちのクラスの間でも口癖になってくるんですよ。それで、なんかずっとそうやって言ってくれてると、中にはバカが勘違いをしてさ（笑）、けっこうなんとなくご飯を食べられるようになっていたり。社会に出て生活できるようになったらさ、「ああ、やっぱりどっかでがんばったのかな？」って思うよね。「俺はやった」とみんな思ってるんだろうな（笑）。

――長州さんの同級生の方は、どういった職業の人がいるんですか？

長州　まあ教員もいるし、警察官もいるし、親の代を継いだ土建会社の社長もいるし。当然アッチの世界に行ったヤツもいたり（苦笑）。それぞれ、いろんな職に就いてるよな。

――やっぱり、みんなやればできたんですね（笑）。

長州　ああ、やればできたんだよ！　アイツら、みんなけっこう勘違いしたんだよな（笑）。そこを勘違いさせるってところが凄いよ。本当にやさしい先生だったよね。あんまりこっちが目に余る悪さをしていると怖かったけどね。メガネの奥の眼光が……！　それ以外のことは少々ほかの先生に迷惑をかけて騒いだりしても「ちょっと、こっちに来い。なんでおまえはやればできるのにやらないんだ」って、そればっか！（笑）。いい先生だったなあ……。そういう部分では俺は本当に恵まれたよね。俺自身がそういうふうに感じてる。ラッキーだったなって思うよね。

――長州さんはよくご自身の人生を振り返って、「ラッキーだった」とおっしゃいますよね。

長州　まあ、ちょっとがんばったからそういう人にも巡り会えたのかな。「人生、業を磨いていればかならず時がくる」と。俺はそう思ってる。

「サイパンはハワイやグアムとは全然違う！」

――業を磨いてレスリングでオリンピックにまで行きましたからね。

長州　「もし、オリンピックに行けたら」っていう、そういう感覚ではなかったですよ。もう「行くか、行けないか」っていう、その紙一重のとこだったから。「行けたら」とかじゃないよね。「行く！」っていう気持ちでがんばっていて、もし行けなかった場合のあとのことはまったく考えていないよ。

――大学の4年間というのは、とにかく頭の中はオリンピックだけだったんですか？

長州　オリンピックだけ！　だからもう、その後は何カ月も卒業できずに留年ですよ（笑）。とにかく授業に出ないんだから。それで監督が大学に頭を下げてなんとか卒業という。そういう部分も、俺自身が時代に染まった結果だからね。

――新日本に入団後も、しばらくは大学の授業に通っていたんですよね。

長州 通ってた（笑）。卒業するだけの単位を取りに。

――それも凄いですよね。新日本の道場と大学を行ったり来たりって（笑）。

長州 それもね、どっかでは「どうでもいい」っていう気持ちもあったんですよ。「べつに大学なんか卒業しなくたって」っていう。でも、またそこで監督が「とにかく授業に出ろ」ってことで、まあ、その時代はちょっと監督から教授にお願いをして「絶対に出席させますんで単位をよろしくお願いします」っていう、そういう時代だったよね。だけど授業に出たところでわかるわけねえんだよ。

――とりあえず顔だけは出すっていう。

長州 そのかわり4カ月くらいかかったよな、卒業するのに。でもまあ、いちおう卒業ってことで。俺、こう見えて大卒だから（笑）。

――いえ、長州さんは大卒にしか見えませんよ（笑）。

長州 そういう意味では、まあ、とにかく俺の頭の中でのスイッチはレスリングのほうだからさ。充実もしてたな。もう自分がやることはわかってるから。

――やることはオリンピックに出るだけだと。

長州 やってもやっても結果は出るか出ないかわからないけど、やることはわかってたからね。あのレスリングに費やした時間と労力たるや……。なんか頭のいい家庭教師でも付けてたら、俺は一発で東大に合格したんじゃないかってぐらいの時間は費やしたよな（笑）。当たり前だけど、まずは基礎から入って相当な集中力をかけてやったもんね。

――その間の人生、ほかのことはすべて棒に振ったわけですもんね。

長州 そういうこと。本当はそれだけじゃいけないかもしれないんだけども、まず援助がないし、お米（お金）がないもんな。

――アルバイトはされていたんですよね。日本道路公団とかで。

長州 そう。夜中に高速道路の端っこの溝にバキュームを突っ込んでさ、ゴミを吸って行くんだよ。それをひたすら夜中じゅうやったよね。アルバイトひとつにしたって俺はラクなことはやらないですよ（笑）。でも、あの時期は苦しかったとか、そういう記憶はないんだよな、俺。

――長州さんのいちばん古い記憶ってなんですか？

長州 古いって、それはやっぱり家族で海水浴に行ってるとか。3～4歳ぐらいだろうな。みんな海岸でフルチンになって写真を撮ったりした、あのときの記憶がある。

――そういえば、昔ってガキンチョはフルチンでしたよね（笑）。

長州 そうそう。俺も泳ぐのはめちゃくちゃ好きだったけど、小学校の3～4年ぐらいまではさ、いちばん安かった水着はふんどしだったの。

――えっ、ふんどしですか？

長州　ふんどしだったね。まあ海といえば、また6月にサイパンに。

――長州さんが大好きなサイパンに。

長州　いま（石井）智宏にいろいろ手続きをやらせてるんだけど。

――今年はもう何度か行かれました？

長州　今年に入ってから2回くらい行ってきましたよ。新年とそれからもう1回行ってる。だから3回目だな。

――いつもだいたい10日間くらい行かれるんですか？

長州　ウン。今回も10日間くらいの日程で。6月は安いし。

――シーズン前だから。いま、海外旅行ってめちゃくちゃ安いですよね。

長州　でも、やっぱり時期ですよ。みんなが外に出る時期はやっぱ高いじゃん。

――本当にサイパンがお好きみたいですけど、ハワイやグアムとかとは全然違うんですか？

長州　全然違う！　サイパンはとにかく静かだし、めちゃめちゃネイティブなところもまだ残っているしね。ヘンに観光地化してないのがいいよね、ウン。

――サイパンでは何をしているんですか？

長州　基本はトレーニングですよ。あとはまあ、ボケっとしてますよ（笑）。読書をしたりとか。

「村上春樹は『1Q84』を読んだ。サイパンで一気に最後まで」

――長州さんは本も読まれますもんね。

長州　だけど本はサイパンに行ったときとか、そういうときだけ買って行くけど、それ以外はあまり読まないよ。

――家では読まないですか？

長州　家では読まないね。サイパンでとりこぼしたやつを家に帰ってからパパッと読んだりはあるけど。俺、けっこう読むのが早いんだよ。

――ジャンルは小説とかですか？

長州　あれは誰だ？　伊集院。

――伊集院静ですか？

長州　ウン。伊集院の本を読むよな。こないだ、娘とニューヨークに行ったときも上・下巻を買って読んだんだけど。

――なんてタイトルですか？

長州　忘れたよ。上・下巻。

――あの人も早いらしいですね。

長州　読むのが？

――いえ、書くのが。

長州　ああ、書くのが。まあ、書くのが早いのはべつに俺には関係ないだろ（笑）。まあ、上・下巻があれば十分ですよ。伊集院、こないだもテレビに出てたけどさ、「いかに男はカッコよく銀座で水割り1杯を飲むか」ってのに講釈を打ってたな。
たしかに言ってることはわかるけど。

──でも長州さんが伊集院静を読むのはイメージにありますね。

長州 上・下巻ね。

──あと、じつは村上春樹も読まれていますよね？

長州 『1Q84』を読んだ。あれ、最初はよくわかんなかったけど途中からバーッと入っていったら、サイパンでもう一気に最後まで。やっぱりサイパンみたいに時間がゆっくり流れてるとこで読んでると頭に入ってきやすいよね。

──最近、映画は何かご覧になられました？

長州 いや、俺は古いのばっかしか観てないのよ。映画館に行ってまでっていうのはないな。最近はもっぱらディスカバリーチャンネル。おい、こんな話、どうでもいいだろ（笑）。

──先日、前田日明さんの取材でも映画の話になりまして。

長州 アキラ？

──ええ。

長州 アキラ、映画好きなの？

──もうバカみたいに観る3本っていうのがあって、『バニシングポイント』と『暴力脱獄』、『拝啓天皇陛下様』って言ってましたね。

長州 マジで？ 『バニシングポイント』と『暴力脱獄』はまあ、なんとなくアキラのアレだからわかるけど、『拝啓天皇陛下様』って渥美清の？

──そうです、そうです。

長州 アキラ、あんなのを何回も観てるの？ アホだな（笑）。アキラは映画を観るようなタイプじゃないと思うけどね。まあ、最近はバラエティもアレだよなあ。

──大好きなバラエティ番組も少し飽きてきましたか？

長州 もうリモコンが壊れるんじゃないかってくらい、ガチャガチャとチャンネル変えてるよね。出ている芸人さんも、タレントさんも、なんかもう同じようなのばっかりだろ。最近はクイズ番組とかの視聴率がよくなってるって言うよね。クイズ番組はけっこう数字がいいって聞くな。ああ、これからはクイズだろうな。ウン。

──基本的に道場での練習以外は、もうずっと自宅にいらっしゃる感じですか？

長州 まあ、自宅にいるか、マネージャーと何かをやってるか、夕方から飲みに出るか。ワンパターンだよ。それ、よく聞かれるけど本当にワンパターンなんだよな。

──友達と会ったりとかはしないんですか？

長州 そんなこともないけどね。会うことは会うけど、ひとりでメシを食ってることばっかだよ。まあ、『レジェンド（・ザ・プロレスリング）』が終わるたびに「今度はいつ何をやるか？」とかそういうのを考えたり。まあ、8月に山本さんも行こうよ。

──8月にどこですか？

マネージャーの谷ヤン 「回天」。大津島ですよ。

——あっ、ぜひぜひ。

長州　で、これはもう終わりでいい？

「人生は何回でも生き返ることができるって言うけど、何回もマグロ船に乗るわけにはいかねえだろう」

——もう少しだけいきましょう。

長州　（背伸びをして）あ〜、天気予報を観てると晴れが続いてたけど、なんか空がパッとしねえよなあ。なんか疲れたなと思って。

——ちなみに今年（２０１２年）のロンドンオリンピックはいかがでしょう？

長州　たぶん、日本のメダルは過去最悪じゃないの？　たぶんね。で、次の次のオリンピックの候補地は、たぶんトルコのイスタンブールになるだろうな。日本はならないよ。やっぱり地震が多いし。トルコもイスラム圏内の怖さはあると思うけど。しかも日本の若者の30パーセントはオリンピック誘致に無関心だって言うんだから。追い打ちをかけてるよな。

——やっぱりオリンピックはテレビで観ますか？

長州　たまたま流れていたら観るぐらいで、まあ結果はニュースだよな。マラソンもメダル候補がいないもんね。前みたいにひとりでも期待されるのがいれば観れるけど、いないもん。どっか陸上で力をつけて、４００メートルで銅メダルくらい獲ってほしいよ。今年はもう絶対にダメだろうな。まだアジア圏だと中国、その次に韓国がメダルを獲るよ。やっぱり環境かね、なんだろうな。

——国自体に元気がないってことですかね？

長州　日本の選手はあまり欲を見せないもんね。韓国は（メダルを獲ったら）賞金はでかいし、中国は生活を保障されるしな。日本じゃいちばん保障されてるのが政治家だって、アホらしいよね。まあ、次長課長の河本はキツかっただろうな。

——あっ、最初の話に戻りますか。

長州　人を笑わせることが仕事なのに、芸人さんが泣いたらちょっとキツいだろうな。ああでもしないと収まらないとこがあったかもわかんないけど、河本からしたらちょっとキツかったよね。俺はついついそういう視点で会見を観ちゃうよな。

——芸人さんからしたら難しい会見ですよね。長州さんは全部観たんですか？

長州　道場に行く前にやってたじゃん。『ミヤネ屋』の中で長くやってたんだよ。あれを観てから道場に行ったんですよ。でも『ミヤネ屋』のスタッフは、みんなわりと心は河本に同情的だったよな。

——塩谷瞬のときはボロクソだったみたいですけどね（笑）。

長州　でも、アイツも環境的にはなかなか厳しい感じだったんだよな。両親が別れて複雑な家庭環境で、幼い頃からアルバイトをしてたっていう。

――長州さん……よくご存知ですね（笑）。

長州　だからあの映画の井筒（和幸）監督もけっこうフォローしてたよね。「アイツをダシにして、アイツに文句を言えるヤツがどこにいるんだ？」ってわりとみんなと反対のことを言ってたけどね。よし、終わり！　山本さん、本当にプロレスのことを1個も聞かなくて、よく時間を持たせたよな。奇跡だぞ、これは（笑）。

――だって、長州さんがプロレスに関することはNGだと（笑）。

長州　絶対にダメ。すぐ腰を上げちゃうんだから。最近は景気のいい話も聞かないね。

――谷川（貞治）さんがやっていた会社も倒産してしまいましたし。

長州　えっ、K−1の？　潰れたの？

――そうなんですよ。ご存知なかったですか？

長州　知らなかったよ、谷川のことは。俺はあの野郎とは肌が合うわけねえんだから。山本さん、そう思わない？

――でも、そんなに接点もないですよね？

長州　いやあ、あんなの山本と一緒だろ。あっ、山本さんのことじゃないですよ？

――ああ、ええ（笑）。

長州　ほら、あっちの山本。

――ターザン山本！ですね。

長州　そうそう。谷川も昔、アキラにブン殴られただろ。

――いや、そんな話は聞いたことないですけど。

長州　でもまあ、アキラはダメなんじゃない？　はあ、谷川ももう終わったんだ……。アイツ、お米は持ってないのか？

――なかなか厳しい状況みたいですね。

長州　あのバカが……。どれだけマグロ船に乗らなきゃいけないんだっていう。「人生は何回でも生き返ることができる」って言うけど、何回もマグロ船に乗るわけにはいかねえだろうし。プロレスって、そういうところは強いっていうか絶対になくならないもんな。そこの違いは出てくるんだよ。どれだけどん底を舐めたって絶対に這い上がってくるからな、プロレスは。山本さんにはわからないと思うけど、しぶといよ、この業界は。景気がいいわけないのにいまだに団体増えてるよね。景気が悪いと淘汰されるのが普通なんだけど、逆に増えてるという。いま、何団体あるの？　もうそれすらわからない。各団体がどんなことやっているか、いまさら興味もないし、昔みたいにああだこうだ言うつもりはないけど、みんなしぶとくやってるよな。

――大仁田（厚）さんもまた戻ってきましたしね。

長州　あのバカ！　いまさら顔も見たくない。早くくたばんねえかな、アイツ。あいかわらず誌面飾ってキャンキャン吠えてんだって？　よし！　腰上げよう！　タクシー呼んでも大丈夫？

――あっ、大丈夫です！　長州さんももう60歳、還暦になられましたね。

長州　トシのところはあまり触らないで。なんだよ、俺はもう何かやっちゃいけないのかって（笑）。

――いえいえ、そんなことはけっしてないですよ（笑）。

長州　歳なんてものはさ、重ねては捨てて、重ねては捨てていくんだよ。じゃあ、山本さん、また！

［マネージャー・谷口氏の試合後の短評］

これが『ＫＡＭＩＮＯＧＥ』さんでの一発目のインタビューでしたっけ？　じつは〝山本さん〟って『ＫＡＭＩＮＯＧＥ』創刊以前に長州が某男性週刊誌でやっていた連載の担当ライターだったんですよね。先方のご都合で半年で終了しまして、まあ、打ち切りというやつです（笑）。それから数年ぶりに会ったら、なぜか長州が「山本さん」と呼んでいてびっくりしました。ちなみに私も１回「山田」と呼ばれたことがあります。この数年後にホントにソフトバンクさんのＣＭに起用していただき感謝です。

長州力vs山本
名勝負数え唄
第2戦

「プロレスの話をしても
いいのかって？
そりゃあ俺がプロレスの
話でもしないと
山本さんも仕事にならない
だろう！（咳き込みながら爆笑）」

［対戦日］
2012.10.4
（秋なのにまだ蚊が飛んでいる頃に新日本プロレス道場前で）

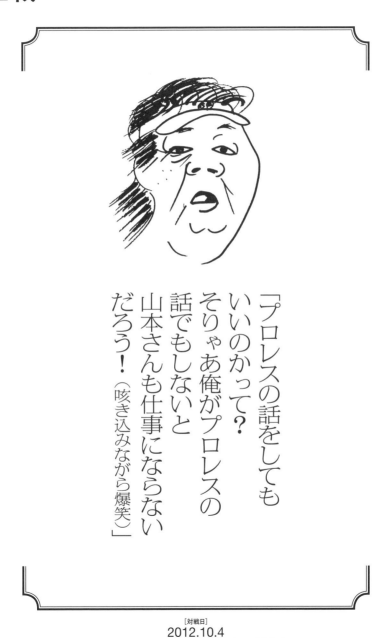

「あ、ちょっとそこの自販でリアルゴールド買っていい？」

長州　いやぁ……やっぱ夕方になると外はだいぶ冷え込むなぁ（バスタオル一丁の姿で）。風邪をひかないようにパパッとやってくれよ。

——はい、今日もよろしくお願いします。

長州　いや、ホントに。山本さんはアレだから風邪ひかないだろうけどさ。

——えっ？　それはボクがバカだということですか？（「長州さん、だからボク、山本じゃなくて井上ですよ……」とは口に出せない気の弱い聞き手）。

長州　バカとは言ってないよな、バカとは。ウン。いいか、それはそちらの解釈したことであって、俺は人様のことをバカだとか絶対に言わないですよ。ありえない、ウン。絶対に言わないよ、そういうことは（ギスギス）。

——すいません、ボクの勝手な解釈でした（笑）。

長州　ワッハッハッハ！　あんまり早とちりしちゃうとバカって言われちゃうよ？（左ふくらはぎを押さえながら）あー、足が痛ぇ……。アイツら、思いっきり咬みつきやがって……。

——えっ、何に咬まれたんですか？

長州　蚊。アイツらまだいるんですね。

——だいぶ少なくなりましたけどね。きのうまで沖縄の竹富島に行かれていたそうですね？

長州　あー、そうそう。3日間ね。竹富、よかったですよ。凄くよかった。

——いいタイミングで行かれましたね。東京はきのう、おとといとずっと豪雨でしたから。

長州　そうみたいだね。まあ、俺の普段のおこないがいいんだろうな。ウン。あ、ちょっとそこの自販でリアルゴールド買っていい？

——えっ？　ああ、どうぞどうぞ。

長州　（自販機を見ながら）あれ、ここリアルゴールドなかったか？　じゃあ、このビタミンCでいいや。同じようなもんだろ。

——長州さん、じつは竹富島の観光大使なんですよね？

長州　そうそう。まあ、殊更に俺が大使だって名乗るような大層な人間じゃないですけど、まあ、ちょっとでも竹富の観光人気の手助けができたらなとは思いますよ。竹富、いいですよ。サイパンもいいけど竹富も最高だったなぁ。

——竹富島の前にはサイパンにも行かれましたよね。

長州　ウン。サイパンに行って、帰ってきてから今度沖縄ね。もうね、それ、なんでだかわかる？

——いえ、なんででしょう？

長州　俺は冬から逃げてるんですよ。

——「冬から逃げてる」（笑）。ああ、いい言葉ですね。

長州　いい言葉かどうかは知らないけど、冬になったら身体が動かないんだから。やっぱ冬は厳しい、さすがにね。なかなか汗が出ないから身体を動かすまでが疲れちゃう。汗さえかいていればホント、身体も全然動くんですよ。だけど汗を出すまでがもう疲れちゃう。

「……山本さん、六本木の事件の犯人知ってんの？」

——今回もサイパンで読書はされました？

長州 あ、それ聞く？ ウン。これまた感動したんだよね……。『蒼海に消ゆ』っていうゼロ戦の特攻の話なんだけど。

——あっ、日系アメリカ人の出陣学徒のお話でしたっけ。

長州 そう。あれ、実話なんだよね。頭が凄くよくて、剣道の達人で、日系アメリカ人なんだよね。「松藤大治」っていう名前なんですよ。アメリカで生まれ育ったんだけど、親の祖国日本のために死ぬっていう……。

——時代ですね。

長州 時代！ だって本人はアメリカと日本の橋渡しをする役目になりたかったんだから。外交員に。それが最後は突っ込んでいっちゃうんだよね。で、弟が「松藤力」っていうんだよ。「リキ」と読むのか「チカラ」と読むのかわかんないけど、そういうところでも何かちょっと感じるものがあったっていうか……。まあ、とにかく俺は全力で冬から逃げているだけですよ。あとはまあ東京にずっといると疲れちゃうし。

——たまにはのんびりしたいと。

長州 なんかギスギスしてるよね、東京は。あの六本木のアレもそうだろうし。

——あっ、六本木クラブ襲撃事件ですね。あの被害者の方は人違いだったっていう説もありますね。

長州 えっ、ホントに？ 人違い？ 人違いで人を殺すかよ……。（しばらく沈黙したのち）あれ……山本さん、犯人知ってんの？

——えっ？ いえいえ、知らないです、知らないです！

長州 なんか詳しいんだなって思って。

——いえいえ、報道されている以上のことは知りませんよ。

長州 おどかさないでよ。

——でもホント、明日は楽しみですね。

長州 明日？ ああ、髙田（延彦）とのアレ？

——はい、髙田さんとのトークライブをやられるということで。チケットも完売で話題になっていますね。

長州 ウン。だけど嬉しい反面、そういうのはちょっと俺にとっては寂しいんだよね。やっぱ試合で話題になってほしいというか。

——リング上のほうで。

長州 ウン。じゃあ、俺はこの先トークだけで食っていくのかっていったら、そういうわけにもいかないだろうし。

——まあ、今回は長州さんと髙田さんという意外な組み合わせですからね。

長州　髙田が意外？　いやあ、そうでもないでしょ。髙田と最後に会ったのはいつなんだろ？　たぶん、いちばん最後はケツまくる前の『ハッスル』のときか。

——ケツまくる前（笑）。

長州　まあ、ケツまくるだろ。でも髙田と会うのは凄く楽しみにしてますよ。ウン。全然ホントに。ひさしぶりだし、彼は違うジャンルの世界でもがんばってるしね。よくテレビで観るよな。ああいう才能があったのかあと思って。どんどんどんどんよくなっていってるよな。山本さんは髙田と会ったこと、ある？

——はい。ちょうど先月も取材をさせてもらったんですよ。そこで髙田さんから長州さんの話を聞きまして、なんでも新弟子時代に長州さんから「おまえ、センスないから辞めろ」って言われたっていう。

長州　バカッ！

——（あーっ！「バカ」って言った‼）

長州　それ、アイツが作って言ってるよ。それは作ってるよ。ウン。それは鵜呑みにしちゃダメですよ。

——えっ、嘘ですか？

長州　真っ赤な嘘！　でもな、髙田はどっかの試合で……俺らが（アントニオ）猪木さんと（抗争を）やってて、猪木さんが自分のパートナーがいなくなったから、いきなりセコンドについていた髙田を無理やり上げたっていう記憶はある。

——あー、ありましたね！　猪木さんのタッグパートナーの前田（日明）さんが試合前にアニマル浜口さんとキラー・カーンさんに襲われて、それで急きょ猪木さんが髙田さんにビンタして「おまえやれ！」っていう。

長州　あれは本人もあせっただろうね。ジャージの格好でいたのに。猪木さん、ああいうことをよくやるからな。髙田もホントにマジで受け止めて、もうずいぶん（試合の準備に）手間取ってたよな。ウン、髙田にはそういう印象がありますね。

——髙田延彦に関する印象がそれですか。

長州　それを言うならね、よく道場の前の道端で（山本）小鉄さんといつもキャッチボールをやっていた姿というのも憶えてますよ。髙田って野球が上手いじゃん。

——元リトルリーグでオール横浜ですからね。

長州　ウン。だから小鉄さんとよくキャッチボールやっていて、それを俺は「ああ、野球の上手いアレだなあ」と思いながら見てたよね。

「大仁田は年季明けのない女郎だよ」

——「野球の上手い子」という印象。

長州　おおっと、そうだ。最近、猪木さんとよく会うんだよな！

——えっ！　それは偶然にですか？

長州　おお。居酒屋で。

――猪木さんと長州さんがバッタリ鉢合わせをする居酒屋があるんですか！（笑）。

長州　ウン。六本木の居酒屋。よく会うよね。こないだもマネージャーと飯を食ってたら猪木さんが来て離れたところに座ったから、マネージャーに「おい、猪木さんのところに『レジェンド』のチケット持っていって買ってもらえ」って。

――アハハハハ！

長州　ワッハッハッハ！

――また悪いことを言ってますねえ。猪木さんにチケットを売りつけようとした（笑）。猪木さんはチケットを売る天才ですけど、買ったことはないと思いますよ（笑）。

長州　よく会いますよ、猪木さんとは。元気そうで。ウン。

――会えば全然普通に「どうも」って感じなんですか？

長州　いやあもう、パッと立ち上がって「どうも」っていうかキチンと挨拶して。そこの店には蝶野（正洋）とか藤波（辰爾）さんもよく来るってことだけど全然会ったことないね。

――凄い店ですね（笑）。

長州　殊更に凄いことでもないけどな（笑）。たまたまですよ、たまたま。で、プロレスの話はしなくていいの？

――あっ、していただけますか？

長州　していただけますかって、そりゃあ、俺がプロレスの話でもしないと山本さんも仕事にならないだろう！（咳き込みながら爆笑）。

――えっ、いや、長州さんはいつも「プロレスの話題をするなら腰を上げるぞ」って……。

長州　俺が？　言わないよ、そんなこと。

――えっ、いいんですか？

長州　逆にもうないなら腰を上げちゃうけど。

――いえ、こないだの9・21リアルジャパンの大会で最後に大仁田さんが乱入してきましたよね。そこに長州さんが飛び込んで行って蹴散らすカタチとなりましたけど。

長州　いやー、アイツはホントにもうどうしようもない！　俺、あそこに出て行くつもりなんかまったくなかったんだけど。あんなのに触るつもりもさらさらなかったんだけど、なんかもう……しつこいって。入ってきてダラダラダラダラ御託を並べやがって、客がシラけてるのがわかんねえのかっていう。俺、ゾッとしたもんな。それで出て行ったんですよ。

――ああいう乱入というのは、一瞬のインパクトが大事ですもんね。

長州　おっ？　山本さん、どちらかと言うとわりと音楽とかが専門の人なのに、プロレスのこともよくわかるね。

――……いえいえいえ（苦笑）。

長州　それをダラダラと……引きが悪いっていうかもう……。

――じゃあ、あれは本当の意味で撤収をさせたわけですね、強引に。

長州　そう。あんまりあの、あの日は佐山（サトル）のアレ（興行）だったから、俺が触りたくはなかったんだけど、あんなことが続くようだったら、やっぱりまた俺がリアル（ジャパン）でなんかやるときに何かしらの影響が出ちゃうしね。引きが悪いのは、俺は元来好きじゃないから。アイツはとにかく引きが悪い！　なあ、あんなヤツの話はしたくもないよ。気持ち悪い。あそこにいたサンペイちゃん（小林邦昭）にも水ぶっかけやがって、「何をいまさら」っていうアレで。

――大仁田さんっていうのは、とにかく長州さんとは相容れないですか？

長州　年季明けのない女郎だよ、アイツは。

――年季明けのない女郎……！

長州　それ、しっかり書いといてくれよ。あのバカは年季明けのない女郎だよ。

「まあ、機会を見てTSUTAYAに入会だろうな」

――（ま、また「バカ」って言った……！）。それで『レジェンド』のほうが来年（2013年）1月13日に後楽園でやるということで、そこで注目なのが……。

長州　（遮って）征夫？

――はい。藤波&長州&坂口征夫vs蝶野&天山広吉&獣神サンダー・ライガーというカードが発表されまして。

長州　ウン。あのカードを見たときに一瞬、「えっ、坂口征二？」と思ったよな。最後の一字が違うだけで紛らわしいというか。

――また北米タッグを狙わされるのかと（笑）。

長州　おっとどっこい！　よく見たら「征夫」だったよ。「あ、これはおもしろいな」と思って、ウン。ちょっと本人に聞いたら、最近はプロレスのほうもなんかやってるっていうから、それだったらいまのうちに、征夫を入れてなんかできればいいなっていう。カッコつけて言やあ、ひとつの役割みたいなものもあるしね。藤波さんの息子さんもね、大学1年だっけ？　卒業したらプロレスやりたいって言ってるし。こないだイギリスに修行に行ったんでしょ？

――はい。

長州　だからそんな彼らが上がってくるときまで、ホント俺はリングに上がってるのかなと思って。

――じゃあ、坂口ジュニアとも組めるうちに組んでおこうという。

長州　おもしろいじゃん。プロレスラーの息子たちが上がってくるのを、俺がこうタッグを組んで見守るっていうのが。話題にもなるだろうしな。あとはゼロワンの……なんて言ったっけ、（橋本）大地か。もうそういう時代になったわけだから『レジェンド』でそういうおもしろい繋がりが作れるなと思ったよね。ウン。

――しかし長州さんの時代の人たちって、みなさんお元気ですよね。

長州 「時代」とかって言わないで。もう終わってるみたいじゃん……。

――いえ、そういう意味ではないですよ。

長州 これ、山本さんじゃなかったら腰上げてるぞ？（ギスギス）。

――すいません……。1月以降は何か『レジェンド』で決まっている予定はあるんですか？

長州 東北のチャリティーは実現できたから、次はたぶん福岡だろうな。

――福岡で。やっぱり全国を回ってほしいですからね。

長州 『レジェンド』で年間5〜6試合やれればいいですよね。ウン。

――『レジェンド』でいちばん見せたいものってなんですか？

長州 『レジェンド』で見せたいもの？ それはやっぱりリングの中での元気な姿だろうね。俺たちの元気な姿を見てもらって、「みなさん、衰えるのは早いですよ」って。「残りの人生をゆっくりゆっくり歩いて降りましょう」って。まあいくつまでが途中なのかわかんないけど。自分自身が登ってるのか下がってるのかまったくわかんないけど、まあ下がってるとしたら、できるだけゆっくり降りたいよね。

――急降下ではなく緩やかに。

長州 ウン。てっぺんに登りつめたときはあっという間だったかもしんないけど、下りはゆっくり降りたいですよ。これ、あとは誰が載るの？

――今月はタイガー服部さんにも取材しています。

長州 あ、ホントに？ 正男も出るんだ。

――やっぱりフロリダ時代のお話とか、めちゃくちゃおもしろいですね。

長州 正男にはホントお世話になったよ。でも正男の話はいいや。

――えっ？（笑）。

長州 どうせまた、俺が（カール・）ゴッチさんのところに行ったときのこととか話してんじゃないの？

――なんでわかったんですか（笑）。

長州 わかるよ、そんなもん。ただ、まあ、俺にとってあまりプラスになるようなところじゃなかったよね、ゴッチさんのところは。その前にドイツに半年間行って、行ったはいいけど、なんのプラスにもならないで行ったのがフロリダじゃない。やんなっちゃうよな。だから意外とゴッチさんと離れたほうが俺にとってはスムーズに行けたよね。（ボブ・）バックランドとふたりでフロリダを走り回ったんだから。でもバックランドがあそこまでになるとは思わなかったよね。

――のちに〝ニューヨークの帝王〟にまで。

長州 おお、帝王だよ？（笑）。たいしたもんだよ。だからゴッチさんのところに行った若い選手はみんな神様のように崇めるけど、それはやっぱり凄いですよ、あの歳になってね。しっかりとした信念を持っていたし、素晴らしい人ではあったと思いますよ。でも、ちょっと俺にはそぐわなかったですよね。あまりこう、身になるものが俺にはあまりなかった。なんせ俺はドイツで1回失敗したんで、「もっと自分（のプロレス）にとってプラスになるものを吸収したい」という思いはあったろうね。まあ、ゴッチさんは新日本の象徴というか、看板にさせられたっていうような感じはある。たしかにゴッチさんは一生懸命やっていたけども……おい、プロレスの話は疲れるぞ。

――ええっ？

長州　プロレスの話なんて、昔の『ゴング』を見て適当にチャチャッと書いてくれりゃいいんだから！　絶対文句言わないから適当に書いといてくれ。

――では、プライベートなお話を聞いてもよろしいでしょうか？

長州　プライベート？　そんな殊更に報告できるようなプライベートはないけども……最近はマネージャーが連れて行ってくれないから、あまり映画も観てないし。俺は「探せ、探せ」って言ってるのに。

――やっぱり『アウトレイジ　ビヨンド』ですかね。

長州　ああ、アレはたぶん観るだろうな。前作も観たし。殊更にバカヤローコノヤローっていう（笑）。まあ、映画もいいとして、最近ね、娘と飯を食う機会がちょこちょこあって、一緒に旅行したりとか。それが凄く楽しいというか、俺にとっては。ウン。またよく酒飲むんだ（うれしそうに）。

――酒豪ですか。

長州　ウン。それがいちばん楽しいですよ。いやホント、映画はレンタルでもここ1年以上は借りて観ることなくなったよね。潰れちゃったんですよ。

――近所のレンタル屋さんがですか？

長州　そう。近所っていうか、まあ借りやすいところにあったというか。観たいやつはたくさんあるんだけどな、けっこう見逃してるよな。だからマネージャーにも「レンタルビデオ屋を探せ」って言ってるんだけど、一向に……。

――あ、でもたしかご近所にTSUTAYAがありますよね？

長州　近所というか、なかなか微妙な距離だよ。

――ふらっと歩いて行くには微妙という。

長州　でも、いまはずいぶん安く借りられるって言うから、まあ、機会を見てTSUTAYAに入会だろうな。山本さんに背中を押されたな、ウン。あれ、前にアキラ（前田日明）が映画がどうとかって話をしてなかったっけ？

――あー、はいはい。『拝啓天皇陛下様』がお気に入りっていう話ですね。

長州　俺さ、アイツに映画のことは語ってほしくないな。これ、書いとけよ（笑）。よーし、腰を上げよう！　なんかカレーが食いたくなっちゃった。

長州力vs山本
名勝負数え唄
第3戦

「まあレスリング除外問題に
ついてはアレで、
体罰に関して言うと
アレなわけだし、
いま観たい映画はアレだろうな。
ローリング・ストーンズなんて
アレだから。
WBC観たいからもう帰るぞ」

［対戦日］
2013.2.28
（サンタナの日本武道館公演にタイガー服部と一緒に行く頃）

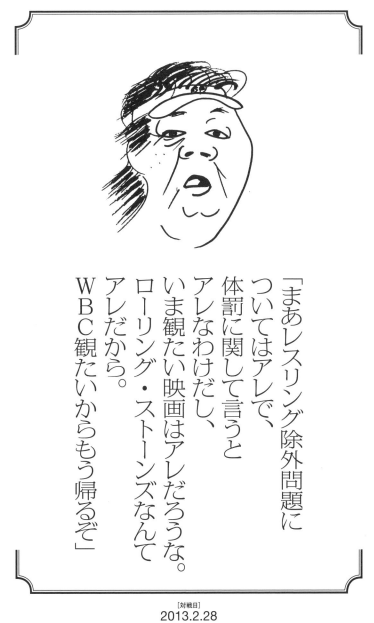

「案の定『アルゴ』がアカデミー賞を獲ったな。やっぱり俺の感覚は間違いない！」

長州 （大声で）どっこいしょ！　はあ〜、疲れた。

――お疲れ様です。

長州 うん。山本くん、ひさしぶり。

――ご無沙汰しています（「なぜ〝山本さん〟から〝山本くん〟に変化したかということはどうでもよくて、長州さん、ボク、井上ですよ……」とは口に出せない聞き手）。

長州 山本くん、メシ食っていい？　朝からメシ食ってなくて、腹減った……。すげえ腹が……（ウエイトレスに）すいません、コーラ！

――あっ、コーラで大丈夫ですか？　お腹が減ってるのに……。

長州 （ウエイトレスに）コーラをバケツでください。

――バケツで！

長州 冗談ですよ、ウン。それと……まあ、あとはコーラ飲んでからだな、ああ。で、今日は何をやるんだ？　こんなのさ、勝手に書けばいいじゃん。もうさ、何度も何度もしつこく言うけど、俺のことなんて昔の記事を拾って勝手に書いてくれりゃいいんだから。なんでわざわざこうして話をしに出てこなきゃいけないのか……（ギスギス）。もう、パパパッとやってくれよ。

――（恐怖で震えながら）で、では、まず最近の近況ですとか……。

長州 最近？　変わんない！　何が起きたとかもない！　まったく話すようなことは起きてない！　次は？

――えっ、えっと、あっ、またサイパンに行かれていたみたいですね！

長州 行ったね。1月5日から10日間ぐらいと……あと、まあ2月も1回行って。そんなことより最近、映画はなんか観た？

――『ジャンゴ』を観に行きましたね。

長州 『ジャンゴ』？

――ご存知ないですか？　クエンティン・タランティーノ監督のやつでして。あとは遅ればせながらＤＶＤで『シティ・オブ・ゴッド』とか……。

長州 おおっ！　シティ・オブ・ガッ‼

――長州さんもお好きですもんね、『シティ・オブ・ゴッド』。

長州 シティ・オブ・ガッは、ウン。まあ、案の定『アルゴ』がアカデミー賞を獲ったな。やっぱり俺の感覚は間違いない。そうだよ、やっぱりああいう映画だよ。

――イランのアメリカ大使館人質事件ですよね。やっぱドキュメンタリーがお好きなんですね。

長州 まあね。そうそう、アレも観たいんだよ、『アルマジロ』ってやつ。こっちはアフガン戦争のドキュメンタリーなんだけど。意気揚々と若者が戦争に行くんだけど、行ったらとんでもないことになるっていうドキュメンタリーで。渋谷のちっちゃい映画館だと思うんだけど、3月の……もうちょっとで終わるんだよ。早く観に行かねえと……あっ、アレはびっくりしたぞ。エジプトの気球（墜落事故）！　最初、ニュースを観て「また隕石が落ちてきたのかな？」って思ったけど。あっ！　そんなことより、あの隕石の横にＵＦＯが映ってるってニュース観たか？

——いえ、観てないです。あのロシアに落ちた隕石にですか？

長州　そう！　隕石を追っかけるようにして、未確認物体が出てくるんですよ。民放でやってたよ。

——うわ、知らなかったです。ちょっと怖いですね。よく飛行機のパイロットや軍事訓練中の自衛隊員が、空で未確認物体と出くわすって話を聞きますよね。レーダーには映らないやつが。

長州　ただ、いいか、山本くん。アメリカの軍事産業ってのはもの凄く先を行ってるんですよ。だってアメリカのステルス機も映らないじゃん。もうなんて言うの、形が異様にめちゃくちゃ変わってきてるんだよね。「こんなのが飛ぶのか？」っていうような形のステルス機だから。驚くよな。もの凄く先に行っちゃってるから、ああ、たしかにそういうのもあるかもわからないな。

——長州さんはＵＦＯを見たことありますか？

長州　何をとぼけたことを……あっ！　あるかもしれないな……！　若い頃、アメリカ修行中に空から光がこう、スラッスラッスラッと落ちていくの見たことあるんですよ。「なんなのかな？」って思って見てたら、光がこうパッパッってなっててさ。あれ、ＵＦＯだったんだろうか？　あれがもしＵＦＯだというのであれば、俺はＵＦＯを見たことありますよ、ウン。

——ボク、これはホントにホントの話なんですけど、小学生のときに家の庭にガラガラヘビがいたんですよ（笑）。「えーっ！」と思って近づいたら、尻尾をガラガラガラガラ鳴らしていて。で、そのあと塾に行って、「さっきガラガラヘビを見た」って言ったら……。

長州　笑われただろ？

——塾の先生に「日本にいねえよ！」って言われました。ホントに見たんですけど（笑）。

長州　まあ、見間違いだろうな。

「体罰について殊更にコメントしちゃうと反発食らっちゃうからアレだけども……」

——えっ？　多摩川とかにも日本に棲息していないはずの怪魚とかがいっぱいいるって言いますよね。

長州　ああ、多摩川は水が綺麗になったし、温暖化ってこともあって、アマゾンとかの魚も棲みやすいんだろうな。あれ、今日はそういう話をするの？

——いえ、長州さんが嫌いな「プロレスの話」を避けているだけなんですけど（笑）。

長州　べつに殊更に嫌いじゃないけど……もう、プロレスの話とかしたくねえんだ。まあ、嫌いというよりはイヤってことですよ。

――同じですよね。

長州　そっちで勝手に仕上げてくれればいいって。俺もう「何年何月に何がありました」とかってわかんないから、勝手に調べて書いてくれよって。ホントに怒らないから、俺。あっ！　アマチュア（レスリング）、オリンピックからなくなっちゃったじゃん。

――まだ決定したわけじゃないんですけどね。

長州　リオ（五輪）までは確実にやるんだろ？

――リオまでは除外されずに、２０２０年からなくなるかもっていう話ですね。

長州　でも、こないだもアメリカの選手がイランのほうの大会に行ったじゃん。あんだけ反目し合う国がここで手を結ぶっていうのは、ちょっと影響出るんじゃないの？　スポーツは平和的な祭典の一種だから、ああいう動きがあることで、ウン。でもアレじゃん。レスリングという競技が日本のお家芸だってのは、そりゃ俺らはわかってるけど、そんなに一般の人たちはわかってないじゃん。最近、女の子たちが活躍したけどもだよ。ホントにメダルの獲得数からいってもお家芸のスポーツなんだけどな。東京五輪、メキシコ五輪なんか凄かったじゃん。

――長州さんは、もしオリンピックにレスリングがなくても、レスリングをやっていましたかね？

長州　うーん、どうなのかなあ？　それはちょっと違うかもわからないな。まあ、あんなにシゴかれてまでやるぐらいの気合いは入れてなかったかもわかんないよね。

――そうですよね。やはり大きな目標がなければそこまでは。

長州　そんなの、みんな仲良しこよしでさ、（かわいらしい口調で）「今日もありがとうございました〜」「お疲れさまで〜す」みたいな感じでやってただろうな。

――アハハハハ。

長州　それに、いまは体罰の問題とかも並行して起きてるからな。

――昨今の体罰問題に関してはいかがですか？

長州　まあ、体罰について殊更にコメントしちゃうと、反発食らっちゃうからアレだけども……。これはあくまで自分の体験で言うよ？　体罰と暴力は同じもんだよな。相手に手を出すっていう意味では同じこと。

――それは長州さんの感覚からするとですか？

長州　いや、普通の人にとって。俺にとっては（体罰と暴力の違いが）あんまり難しくなくわかるんだけど、普通の人にとってはもの凄く難しいと思いますね。ただし！　俺が思うのは、イライラして殴ったって実力は伸びないよ。それはね、わかる。

――競技者を強くするうえで体罰は無意味だと。

長州　これは間違いなく、殴ったり蹴っ飛ばしたりしてそいつが強くなるかっていうのは、あまり意味がないと思うな。ただし！　それを今度、教える側と学ぶ側が競技をやってるとき以外の普段の生活のなかで、どれぐらいの信頼関係が築けるかっていうのが凄い必要になってくるよね。だから俺の場合も、まあ、たしかにしんどかったけど、その指導者との信頼が一致してたからやれてきたんだと思うんだよね。「じゃあ、一致してたら殴っていいのか？」っていうのはこれはまた別の問題だけど、俺の場合はそんなにしょっちゅうパッパッパッパッと手を出されたわけじゃなくて、一発バーンとやられていたわけだけど、そのときに自分が「なぜやられたか」っていうのは感じる、受け止めることができたんだよね。でもこれ、多くの人にとっては難しいかもわからないな。

――だから、競技者側がどれぐらいのレベルの目標を立てているかで、またその信頼関係を築けるかどうかも変わってきますよね。最初から遊びのつもりでやっている子だったら、もし殴られたら確実に反発するでしょうし。

長州　そう。それでだ。この俺の単純な頭で考えた場合にですよ、クラスをA・B・Cに分ければいいと思う。「Aはみんな楽しくやりましょう」と。「Bはちょっとうまくなりたいから指導してもらいましょう、もうちょっとレベルを上げていきましょうよ」っていうクラス。で、もう一段階いったCの場合は「完全に目標を持って、そこに向かっていこうとする。がんばって目標をかなえましょう」っていうね。

――たぶん、完全に目標を持ったほうを「Aクラス」にしたほうがわかりやすいと思いますけど……。

長州　（聞かずに）そのCになるとね、それはやっぱり手が出るくらいのことは……。これは殴るのを許してるわけじゃないんだよ？　山本くん、そこは誤解しないでほしいんだけど。だって、そりゃ殴られたほうは痛いんだから。けっして殴ることを許してるわけじゃないけど、そこは「お互いに何かを超えたところで理解ができていれば」っていうさ。いま問われてる暴力、体罰によって、実力は伸びないってのは間違いなくある。俺は間違いなくそっち側。これはしっかり書いとけよ（笑）。でも俺の場合は、やっぱりもう一段階、そのもう一段階上ってっていうときには、そういう良き指導者に手を出されながら指導してもらうことによって、たしかに技術は向上していったよね。

「俺が首吊るときは山本くんが下から足を引っ張ってくれよ」

――長州さんの場合というと、オリンピックを目指すレベルの特Aクラスですよね。

長州　俺の話を聞いてなかったか？　俺の場合は特Cですよ、そんなもん（笑）。

――あっ、すいません。だから体罰が明るみになったり、問題になったりしている時点で、指導者との信頼関係がないというか、ただ単にその指導者がイヤなヤツだったんじゃないかっていう気がするんですよね。

長州　まあ、しょっちゅう体罰とかやってるヤツは、なんか自分自身、違う部分で高揚しちゃってるんじゃないかなと思うよな。それが自分で習慣づいちゃって、人間独特の「押さえつけてやろう」っていう部分が違った方向に出ちゃってるんじゃないかな？　だから、いくら教える側が「おまえは伸びる」っていうような。「俺の言うこと聞かないとこうなるぞ」っていうよっても、言われたその子はわかんない場合もあるわけだから。「おまえはもっと伸びるんだ」って言われたって「なぜなんだ？」っていう部分はあるよね。それはね、たしかに言葉でも通用するんだけど、なんかもうひと押ししてやろうって思ったときに手が出ちゃうんだろうな。ただし！　俺の場合は、けっして殴ったり体罰与えたりっていうのは好きじゃありません！　そう書いとけよ（咳き込みながら爆笑）。

――結局、どっちなんですか。

長州　まあ、「殴られても目からウロコは落ちない」。そういうことですよ。

――出ましたね、名言が。殴られて落ちるのはコンタクトレンズくらいですね。

長州　おっ、いいねえ（笑）。「コンタクトは落ちてもウロコは落ちません」。そう書いとけよ。だから殴られて目なんか覚めないですよ。そもそも目が覚めたから運動やってるわけで（笑）。でも、やっぱりスポーツなんてそのへんのレベルまでやらなくても、わいわい楽しくやって、なんかクラブ活動でそれなりに先輩後輩の上下関係もなく、みんな呼び捨てでやる感じでいいんじゃないの？　違うのか？

――長州さんのように、一定のレベルにまで登り詰めた人ほどそう言うんですよね。「自分はやったけども」って。

長州　でも、俺の後輩に聞けばわかるけど、俺の体罰というか暴力は度を越してたみたいだからな。

――度を越してた！　だから長州さんはどっちなんですか（笑）。

長州　その時代は、俺自身は暴力だと思ってないんだけどな。

――でも後輩からは「度を越してた」と言われる。それは専修大学時代ですか？

長州　ウン。

――専修大学時代、吉田沙保里選手のお父さん（吉田栄勝氏）が長州さんの1個下なんですよね。

長州　そうそう、栄勝な。栄勝とは毎晩のように飲み歩いてたよな。お米（お金）を出すのはいつも俺なんだけど。ああ、アイツは強かったよ。レスリングのセンスがいい。右でも左でもタックル入れるしな。アイツがオリンピックに行ってたら、何色かはわからないけどメダル獲ってましたよ。いまも交流あるし、めちゃめちゃ仲いいよ。コーラもう1杯。（ウエイトレスに）すみません、コーラをですね、バケツでいただけますか？　ワ～ハッハッハ！　冗談、冗談！

ウエイトレス　（無表情で）あっ、わかってます……。

――…………。

長州 （急に険しい表情になり）だけど、この体罰の問題はメディアの取り上げ方がさ、ちょっと異常だぞ。寄ってたかって指導者側をあそこまで叩いて、もし本人が自殺でもしたらメディアはどうするんだろうな？ 首吊っちゃったってときに確実にみんな逃げるだろうな。だからホント、こういう問題を殊更にコメントするのは怖いなっていうのはある。ましてや、これだけインターネットの時代だしさ。あることないことホンットに……。俺が首吊るときは山本くんが下から足を引っ張ってくれよ。よろしくお願いします。

――やめてくださいよ。

長州 ホント怖いよ、いまの世の中……。みんながみんな、なんか正義感ぶってさあ、「俺たちがジャッジするんだ」みたいな。プロレスのマスコミなんてみんなそうだろ。（ターザン）山本なんか完全に自分に陶酔してたからな。ああいうキ××イがいちばん怖いよ、うん。

「おい。俺、最初にパパパッとやってくれって言わなかったか？」

――……そういえば、今回のキリンビールのCMは反響が凄かったですけど、また何かCMに出演されるそうで。

長州 ああ、ニッセンさんの『すっぽんしじみ粒』！ 藤波さんと一緒に。

――藤波さんと共演なんですね。

長州 そう。まあ、俺がいつもいろんなことに噛みついてばっかいるから、スッポンのイメージと合ったんだろうな、ウン。

――そうなんですかね。

長州 でもスッポンポンでやるわけじゃないですよ？

――でしょうね。

長州 昔、恵比寿の店で1回だけスッポンの生き血を飲んだことあるけど、あれはカーッときたなあ！ 意外とさ、あのスッポンってのはただものじゃないな、アイツら。

――アイツら（笑）。

長州 カッカきたよな。それとしじみか。まあ、貝も身体にいいからな。おい、もうそろそろいいだろ？ 俺、最初にパパパッとやってくれって言わなかったか？

――えっ？ あっ、ではそろそろこのへんで……。

長州 えっ！ こんな短い取材のためだけにここまで俺を呼び出したのか……？

――えっ！（「どうすりゃいいんだよ……」）。

長州 山本くん、俺まだメシ頼んでないんだけど……。

――あっ、どうぞどうぞ、頼んでください。

長州 じゃあ、もう少し山本くんもいりゃいいじゃん。今晩はWBCがあるんだよな。

――……あっ、いまも野球はチェックされていますか。

長州　ウン。今日は日本代表と巨人がやるじゃん。まあ、今回はメジャーの人間が出なくてよかったかもわかんないね、反対に。あのキューバなんかすっごいよな。打ったボールの勢いが違うもんなあ！　煙が出てるというか、ボールが割れんじゃねえかなってぐらい勢いがある。今日は野球の話？

——えっ？　いえいえ、全然違いますけど（笑）。

長州　じゃあ、話を変えていいか？　そういえばさ、最近、放火の火事が多いよな。放火魔とかわけのわかんないヤツが多すぎるよな。そもそもアイツら、なんで人んちに火ぃつけたがるのかなあ？

——根本的な疑問ですね。

長州　消防車が好きなのかなあ？　サイレンの音がたまらなく好きとかさ。海外であんまり放火っていうのは聞かないけど、なぜだか日本は多いよな。家の作りが違うからかね？　あっ、そうだ！　今度サンタナを観に行きますよ。武道館だったか。

——長州さんがサンタナのコンサートに。もうチケットは取ってあるんですか？

長州　取った。1万1000円だったかな。前から7列目。正男が取ってくれたんですよ。正男と一緒に観に行くんですよ。

——あっ、タイガー服部さんと。なかなかいい値段ですよね。ローリング・ストーンズで1万円ぐらいじゃなかったでしたっけ？

長州　ローリング・ストーンズが好きなのか？　アイツら、俺に言わせるとちょっと気持ち悪いぞ。

——えっ、どういうところがですか？

長州　だって顔つきが爬虫類だよな。

——まあ、そうですね。

長州　よ～し、やっぱりメシを食うのはやめよう！

——えっ、食べられないんですか？

長州　だって、そろそろ帰んないと野球が始まるぞ。よいしょっと。じゃあ山本くん、ごゆっくり（と足早に立ち去っていく）。

【マネージャー・谷口氏の試合後の短評】

これはたしかデニーズで収録しましたね。私の思惑としては、『KAMINOGE』さんには「裸の長州力」というか、普段の長州のおもしろさを表に出してほしいと思ったんですね。『KAMINOGE』さんはマスコミ業界内での購読率が高いので、芸能の仕事を取っていく、やっていく上で、「こういう長州もいますよ」っていう誌面がそのままプレゼン資料となるようなものを望んでいました。まあ、本人にはまったくそんなつもりはありませんが。

長州力vs山本
名勝負数え唄
第4戦 [変則マッチ1対3! 長州がまさかの弁護士2名を帯同!!]

「けっして悪く思うなよ?
これはアメリカでは
当たり前のことなんですよ。
俺はただ、もう雑誌で
いいかげんなことを
あーだこーだと好き勝手に
描かれるのがイヤなんですよ。
もううんざりなんだ!」

[対戦日]
2013.4.26
(100インチのテレビがほしくてヤマダ電機を訪れた頃)

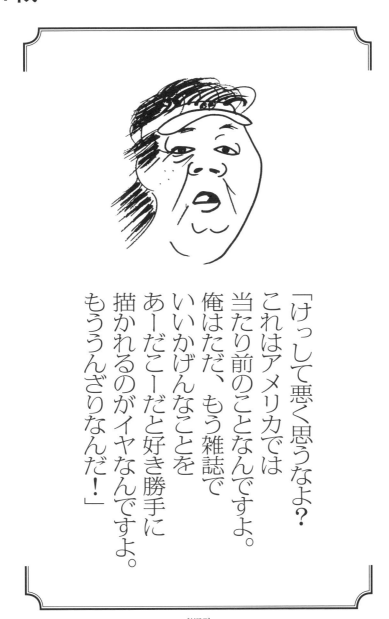

「山本くんな、名刺は常に用意しておかないと社会人失格だぞ？（ギロリ）」

（※長州が取材場所に指定した六本木の居酒屋に到着）

長州　お〜い、山本くん！　こっちだ、こっち！

――お疲れ様です！（「おっと、今日はだいぶ機嫌がよさそうだな……」）。

長州　ちょっと早めに着いちゃったから、もう先に飲んでるぞ。

――あっ、どうぞどうぞ。あれ、こちらのお二方は……。

長州　ああ、ウン。こちらは俺がお世話になってる顧問弁護士の先生さん。

――あっ、弁護士の方ですか。はじめまして。

弁護士A　ええ、いつも山本さんのお噂は長州さんから聞いておりますよ。お名刺の交換をさせていただけたら……（と名刺を取り出す）。ワタクシ、◯◯と申します。

――あっ、頂戴します。

弁護士B　△△と申します。よろしくお願いいたします。

――頂戴します。すみません、ボクはいま名刺を切らしておりまして……。

長州　えっ……！　山本くんな、名刺は常に用意しておかないと社会人失格だぞ？（ギロリ）。

――すいません！（「ホントは持ってるけど、名刺に〝井上〟と書いてあるから、長州さんの前で出せないだけですよ……」）。今日は弁護士さんとお打ち合わせでもされていたんですか？

長州　いや、違うんだ。今日は先生たちも取材に立ち会ってもらおうかと思って。

――えっ！　取材に弁護士さんたちが……ですか？

長州　まあ、殊更に取材というほどのものでもないだろ、こんなもん（笑）。

――えっ？

弁護士A　山本さん、〝リーガルチェック〟というのはご存知でしょうか？

――リーガルチェック、ですか？

長州　（さえぎって）いいか、山本くん。悪く思うなよ？　けっして悪く思うなよ？　これはアメリカでは当たり前のことなんですよ。まあ、山本くんのことを信用していないわけじゃないんですよ。ただ、俺はもう雑誌でいいかげんなことをあーだこーだと好き勝手に書かれるのがイヤなんですよ。もううんざりなんだ。そういうわけで、今後は弁護士の先生にも立ち会ってもらおうと、こういうわけですよ。

――いえ、ボクは好き勝手に書いたことは一度もないですよ。

長州　わかってる。いや、わかってるんですよ。ただ、いまの時代、〝リンカーンチェック〟というのも必要なんじゃないかと思ってるんですよ。

――は、はあ……（「リンカーン？」）。

弁護士A　山本さんのやられている雑誌は『KAMINOGE』

ということで間違いないですか？

――ええ、『KAMINOGE』ですが。

弁護士B　さきほど、ここに来る前に本屋に寄りまして、『KAMINOGE』のほうを拝見させていただいたのですが、奥付のほうに山本さんのお名前がクレジットされていないように見受けられたのですが？

――あれ、そうでした？（「だから、それは〝井上崇宏〟って入れてるからだよっ‼」）。いえ、べつにチェックをされるのはかまわないですけど……。

長州　まあ、山本くんもそう殊更にギスギスしないで……。おお、そんなことよりもだ。山本くん、こないだのボストンのアレ（テロ）はやっぱり北朝鮮が絡んでるのか？

――えっ？　いや、そういえばあれはFBIが仕組んだ被害演出だったとかって噂が出ているんですよ。

長州　バカな！　何をとぼけたことを……。あっ！　そういえば今日のニュースでも爆弾で脚を負傷した女性ダンサーが出てたけど、殊更に元気だなとは思ったんだよな……。でも、アメリカがそこまでやるか？　それだったら9・11のアレと同じになっちゃうぞ……。

――ボクも陰謀論とか全然好きじゃないんですけど、その被害演出をして戦争に持ち込むというのがアメリカの常套手段だっていう。

長州　バッカ……。犯人はチェチェン人だからイスラム教か？　それにしたっておまえ……。たしかに9・11のアレ（ドキュメント）を観たら、俺、当時のブッシュ大統領というか、アメリカという国がホントに怖くなったというのはあるぞ。

「まあまあ、先生。山本くんもまだリンカーンに慣れてないからほどほどにしてあげてください」

――長州さんの見立てだと、9・11のテロはアメリカの自作自演なんですか？

長州　だって、だいたいだよ、あのときペンタゴンにも1機突っ込んでるけど、でもアレ、飛行機じゃないよな。瞬間的な光なんですよ。ガソリンスタンドのテープに映ってた映像を観てみると、ペンタゴンに向かってシューッと行ってるのは飛行機の機体なんかには見えないんですよ。だけどアメリカ……そりゃアウトだろ。（弁護士に向かって）先生、これ信じます？

弁護士B　私どもの口からはなんとも……。

長州　いや、ツインタワーにしたって、飛行機が突っ込んだあとにビルの下あたり、5階ぐらいからボンボンボン爆発して、あれはダイナマイトかなんかによる爆発だっていう。それが全部映像に映ってるんですよ。だけど被害演出だかなんだか知らないけども、何千人もの自国民を殺すか？　単純な石油の利権かなんかわかんないけど……。話題、変えよう。

――ちなみに長州さん、HAARPって御存知ですか？

長州　ハープ？　あれだろ、人工的に地震をアレするとかっていう。ちょっと待ってくれ、山本くん。（急に小声になり）弁護士の先生の前で、いつものような調子で話すのはやめてくれ。俺たち、めちゃくちゃ次元の低い人間だと思われるぞ。いいか、HAARPの話はまた今度だ。

――（小声で）あっ、失礼しました……。

長州　でも最近、また日本も地震が多いよな。ここんところ毎日だもんな。テロも地震も頻発してるから、俺、こないだマネージャーに電話して「あまり外を出歩かないほうがいいぞ」って忠告したんですよ。なんかあったら家に帰れないから、家族のあるヤツは大変ですから。おっ、そういえば専修（大学）にひさびさに行ったな。

――レスリングのオリンピック競技復活活動の一環でですよね。あそこで長州さん、「東京にオリンピック誘致することよりも、東北の復興が先だろう」って言っていましたね。

長州　言った！　本来のレスリングの主旨からは逸れちゃったけどね。レスリングがオリンピックからなくなるかもしれないっていうのは、そりゃギリシャの発祥からあったものだから寂しいですよ。だから俺もできるだけの応援はする。ただし！　オリンピックをいま日本でやるっていうのは、俺、わかんない。いくらコンパクトにやるって言ったところで、日本だって先進国なんだから世界に見せつけるような、近代的なものをやると思うんだよ。それをいまやろうっていうのは……。いいか、勘違いするなよ？　俺は単純に誘致反対と言ってるわけじゃないんだよ。それだけはちゃんと書いとけよ。やっぱり、それだけのカネが国にあるのなら、東北を元に戻すほうが先決で、日本というものが国民が納得する形で元に戻ったそのときに、「オリンピックをみんなで歓迎しましょう」ってほうがいいんじゃないか？　オリンピック自体がなくなるわけじゃないんだから……。まあ、いつかはなくなるかもわかんないけど、日本でやるのなんていつでもいいじゃん。ただ、今回のレスリング問題、これは違うぞ。

――レスリング復活と、東京オリンピック招致は別問題。

長州　うん。だから日本ってのは凄い力があるんだよ。バーってやったら近代的な凄いものをポンポン建てちゃうんだよ。じゃあそれ、福島のアレでやれって。東北が元に戻らない限りはオリンピックをやったって、なんか特需があるかもわかんないけど、国民みんながバーっと受け入れるかっていったら違いますよ。震災からもう3年目だけど、まだ大変じゃん。いまも地震、こんなに頻発してる。そういうところに世界中から人を集めようとするってのが俺にはよくわかんない。ヨーロッパの人間って地震大っ嫌いだよ？　カジノを作ろうって話もあるけどさ、福島どうするんだ？　あんな庭先程度の除染だけで……。アイツら政治家のバカども、アイツら能力なんかないんだから。アイツら、福島の原発のところにみんな椅子持ってって、あそこで討論やれって、ホントに。先生、大丈夫ですか？　これは俺のいち個人の意見ですから。

弁護士B 私、福島出身ですので……いまのお話を聞いて感動しました。実家が福島の猪苗代町というところで……。

長州 あっ! 先生、猪苗代ですか! 俺、磐梯熱海にリゾートを持ってたんですよ。

弁護士B えっ、そうなんですか?

長州 磐梯熱海の中腹に『レイクヒル猪苗代』ってあるでしょ? あそこができたときから5年ぐらい持ってました。アキレス腱を切ったときも、2カ月ぐらい療養で行ってましたね。まあ、その頃は羽振りがよかったというか(笑)。

——奇遇ですね。長州さんといえば、サイパンか猪苗代ですからね。

長州 まあ、売ったときは二束三文だったけどな……。(ここで携帯電話が鳴る)あれ、誰だ?

——長州さん、いつから着信音が『パワーホール』になったんですか(笑)。

長州 (着信を取らずに切り)もう、これがクソうるさくて。こないだ、ショップに行って携帯を変えたんですよ。そうしたら店員がヘンに気を使ったのかなんなのか、勝手にこれ(『パワーホール』)に設定したんだよ。早く通常のに変えたいんだけど、変え方がわからない。

——ずっと『パワーホール』のままがいいですよ。

長州 もう、これがクソうるさくて。ったく……。

弁護士A これはオフレコでお願いします。

——えっ、ここ⁉

長州 まあまあ、先生。山本くんもまだリンカーンに慣れてないからほどほどにしてあげてください。ところで山本くん、最近景気はどうなんだ?

——個人的にはあまり変わらないですけど、なんか最近は東京の街全体が浮かれているような感じがするんですけど。ちょっと、バブルの頃の雰囲気が戻ってきたような気がしませんか?

長州 ま~ったく感じない! それはアレか、アベノミクス効果だと言いたいのか?(ギロリ)。

——いえ、まったく言いたくないですけど(笑)。

長州 俺には感じませんから! 俺は毎日、道場と家とを行ったり来たりするだけだから、感じるタイミングがないといえば、ない。今日みたいに夜こうして飲みに出ることもだいぶ減ったし。

弁護士A だけど、ポケットティッシュを配る人が増えていますよね。ここ数年はチラシの紙だけを配る人が増えていたんですけど、最近はティッシュももらえるようになって。ティッシュがつく、つかないっていうのは景気のバロメーターなんですよ。

長州 あっ、そうなんですか。俺、ティッシュもらったことないですけどね。まあ、街というよりも山本くんの会社が浮かれてるだけだろうな。それは山本くんのヤマノミクスだろう、ウン。

――ヤマノミクス（笑）。

長州　冗談だよ。山本くん、景気よさそうには見えないもん。あっ！　そうだ山本くん、掃除機いるか？

――あっ、掃除機はちょうど事務所でほしかったところなんですよ！

長州　あ、ホントに？　俺んちに2年ぐらい前に買った掃除機があるんだけど、使い方がわからなくてそのままにしてるヤツがあるんですよ。ティッシュはあげられないけども掃除機だったら、よかったらあげるよ。

――わー、ありがとうございます！

弁護士B　ウチの事務所も、そろそろ掃除機を買い替えようと思っていたんですよ。

長州　じゃあ、先生にあげますよ。

――ガ――ン……！　だけど、長州さんも掃除機が必要じゃないんですか？

長州　いや、こないだヤマダ電機に行ったけどな、こうなったら最新のアレのほうがいいんじゃないかと思って。

「ヤマダ電機の店員に『これはコジマに行ってからの判断になるぞ』って言ったら呆然としてたけどな」

――長州さん、ヤマダ電機に何をしに行かれたんですか？

長州　いや、100インチのテレビがほしくて。まあ、目移りしちゃうよね。ちっちゃいものからおっきなものまで並べてあるから。まあ、店員が一生懸命電卓を弾いてたけど、そもそも100インチが置いてなかったっていう。

――そこは100インチにこだわったわけですか。

長州　まあ、100インチだろうな。でも、たしかにヤマダ電機は安いみたいだけど、俺はまだコジマ電気に行ってみたわけじゃないからな。だから最後、店員に「これはコジマに行ってからの判断になるぞ」って言ったら呆然としてたけどな（笑）。

――アハハハハ！　長州さんならパパッと決めて買って帰るというイメージがあったんでしょうね。

長州　ただし！　俺が100インチのテレビを買うなんていうのはアベノミクスとは関係のない話だぞ？

――そう言われるまで、1ミリも思っていなかったです。

長州　俺は毎日テレビばっかり観てるわけだから、テレビを観ていれば外に出かけてカネを使うこともないわけだし、全然すぐに元は取れる。そういう計算もあるわけだから、そこは贅沢だとは思ってないですよ、ウン。

――長州算ですね。

長州　しかし、ヤマダ電機には85インチまでしか置いてなかったから、ホント、今度はコジマ電気に足を伸ばそうと思ってますよ。まあ、ホントは何インチでもいいんだぞ？　ただ、気になるのは60と65、80と85という「5」の差。この5って数字がいかに俺をエンジョイさせてくれるか、くれないのかっていう部分には、どうしても慎重にはなりますよ。

――5インチの違いに慎重になりますか。

長州　慎重になるな。まあ、早く100インチを買って、TSUTAYAと接続して。いま月々わずかなカネを払えば、映画が見放題という画期的なアレだから。まあ、その設定をするときは山本くん、手伝ってくれ。

――えっ？　ボクがですか……（笑）。

長州　それで、俺が映画を観たいときに連絡するから、観たいタイトルを山本くんにピコピコと申し込みしてもらう。

――毎回、ボクがそんな人力作業をやるんですか（笑）。

長州　俺、電化製品がまったくダメですから、ウン。ただしテレビは観たい。俺、テレビが好きです。だけども、最近は目を覆いたくなるような、耳を塞ぎたくなるようなニュースばかりが出てくる……。毎回毎回、同じことを言うけど、イジメと自殺の問題とか……最悪だよ。こないだも暴言を吐く女の先生とか話題になってたけど、でも俺がガキの頃もアレに近い先生いたぞ。ぶん殴られたり、強烈な差別用語で言われたりとかしたもん。でもさ、そのときを振り返ってみて考えると、やっぱり最後は生徒同士じゃないかなと思うんですよ。そうやって俺が先生から毎日殴られてたとき、俺の友達は笑って見てたけど、ずっと仲間ではいてくれたもん。だから、やっぱり大事なのは仲間というか。たしかに子どもを教えるのは先生だし、「イジメはよくない」って教えるのも先生なわけだけど、別のところで、子ども同士の意見でも「イジメはよくない」ってことはわかってるはずなんですよ。

――大人が教えるまでもないと。

長州　たしかに昔からイジメる子っているよ。だって、それこそ社会にだって、大人同士にだってイジメはあるわけだから。これは言っちゃいけないけど、なくそうと思ってもなくならないんじゃないかなとも思う。大変だぞ、これは。

弁護士A　そうですね。実際にいま、私もイジメ問題についてはいくつか案件を抱えていますし。

長州　あとは児童虐待とか……。いまの若い夫婦ってことで言うと、安易な気持ちで子どもを作るってのがあるんじゃないか？以前は、もっと親同士の気持ちが最高潮に盛り上がってきて、その結果できたのが子どもだった。それがいまは子どもを育てることに、親が自信あるかないかということも考えずに、ただ「できちゃった。だから育てなきゃいけない」っていうような感覚があるような気がするんですよ。あくまでも俺の感覚だぞ？いまの時代を見てみろよ。24時間、東京止まんねえんだから。新宿行って歩いてみな、ホントに。飲酒していい年代でもないのに飲酒してたりとかさ。いまはもうアイツら、まるで隠れずに飲んじゃうよな。俺たちはまだお酒を飲むときは隠れて、島に行って飲んでたけど。

――島に渡って酒盛りを。端から見たら、完全に鬼ですね（笑）。

長州　鬼！　だから「時代が悪い」なんてまったく言いたくはないけど、掴みきれない世の中だよ。子どもが親をバラバラにするだとか。

――もう家族間での殺人事件が起きても、あまり驚かなくなりましたね。

長州　何かが発展しながら、何かが崩れていく。命の尊さとか、そんなの聞かれたってもう、尊いってのはわかってるんだから。俺は嫌いだし、できないけど、ネットとかな。普段言えない鬱憤を全部あそこで吐いて、吐いて、な。それで出勤時間になったら、また普通の顔してネクタイ締めて出て行く。どんな時代なんだ？　これに答えられる人いないよ。ネットは世界中と繋がることのできる便利な発明だけども、その反面のことも起こるってのはみんな知ってたよな。だから、俺はポケベルがほしいぐらいだよ。逆行したいぐらい。

――携帯電話すらいらないっていう。

長州　いらない。なあ、ポケベル買ってくれないかって。ホント、ジャングルの奥地で暮らしてる部族とかがさ、フッと（吹き矢を）吹いて、獲物を獲ってみんなで分けて食うような……それが人間らしいといえば人間らしいけど、じゃあ、そこに行ってそういうことをやって暮らしましょうってもできるわけないんだから。じゃあ最低限、俺はもうポケベルにしてほしいよ。

「でもやっぱり最後は高タンパク、肉だと思うんですよ。俺がいちばん好きな食べ物は魚ですね」

――でも、ポケベルってもうないですよね？

長州　ないんだよ！　だからこないだ俺、ポケベルを買いにショップに行ったんですよ。そうしたら「もう製造してません」って。だから泣く泣く携帯電話を変えたわけだけども、それをこんなの（『パワーホール』）まで入れてきて……。

弁護士A　だけど長州さん。私はその『パワーホール』を聴きながら司法試験を闘ったんですよ！

――おっとぉ？

長州　はい？　先生、そんなの聴いて、難しいことといっぱい勉強できるんですか？

弁護士A　いえ、名曲ですよ！

長州　名曲って……。司法試験は一発で受かられたんですか？

弁護士A　いえ、私は一発じゃありませんでした。3回受けました。その三度の闘いのときに常に頭の中で『パワーホール』が鳴っておりました。

長州　だから3回も受けたんだよ。

弁護士A　えっ……。

――アハハハハ！

長州　先生ね、先生方は努力ですけど、俺がこの業界に入ったのはホントにただ「食うため」ですよ。ホント、食うため以外のアレはまったくないですから。アマレスでちょっとがんばったから、その延長みたいなもので。

弁護士A そうでしたか。

長州 そうですよ。（ジャンボ）鶴田さんというアマレスの先輩が先に入ったからね。あの先輩ができたら俺にもできるんじゃないかって。しかし、とんでもないとこに入ったよな……。

山本くん、そう思わない？

――アハハハハ。まあ、とんでもないとこではありますね。

長州 最初にまず、食い物に釣られたというのが運の尽きという か……。スカウトのときに六本木の『らん月』で、すき焼きを腹いっぱい食わしてもらうっていうのは、当時の大学生には考えられなかったですから。しかも肉だけですよ？ こーーーんな量の肉を延々と食うんだから。

弁護士A その話は存じております。たしか新間寿さんと……。

長州 そう。新間さんと猪木さんが来て。坂口さんは1回、社会人で旭化成に入ったんだよね。やっぱりプロレスのスカウトのときに「こんなにメシが食えるのか！」と思ったって。もうホントに肉だけですよ？「こんなすき焼きの食い方があるのか！」ってビックリしたんだから。最後のシメに野菜と糸こんにゃくが出るぐらいで、あとはず〜っと肉！ 考えられない食べ方ですよ。

――大学生だったらコロッといっちゃうでしょうね。

長州 うん。でも、やっぱり最後は高タンパク、肉だと思うんですよ。最後は肉だろうな。群馬かどっかの、平均年齢が67〜68歳でゲートボールばっかやってる過疎化の村なんか、朝からでっかいステーキを食べてる。で、やっぱりみんな元気なんだよ。最後はやっぱり高タンパクですよ。最後に制するのは肉！ しかし、あのとき食った最高級の肉のおかげでいまもこうして……年季明けのない女郎と一緒ですよ。

――出ましたね、年季明けのない女郎。

弁護士B 長州さんは、いまもたくさん食べたりするんですか？

長州 いや、今日もこれが初めて（の食事）ですから。もうここ何年も夜の1食だけですよ。やっぱり、これ（酒）をやっちゃうから、だいたい1食。

弁護士B 1日1食で身体を維持できるもんなんですか？

長州 見ての通りですよ。いまの若い人みたいにサプリメントも摂らないし。まあ、昔なんか卵の白身だけを食ったりしてましたけど、内心「この野郎！」と思ってましたもんね。「卵は卵だろ！」って。「黄身には黄身の栄養があるんだから」っていう。残った黄身だけドンブリにいっぱい溜まってるんですよ。

――昔から気になっていたんですけど、取り除いた黄身はあとで何かに使うんですか？

長州 使わないよ。捨てる。もったいないですよ。おいしくないものを食べたって栄養になんかならないんだから。

弁護士A 長州さんがいちばんお好きな食べ物って、やっぱり肉ですか？

長州　いや、魚が好きですね。どっちかっていうとサバとか青魚が好きです。おいしいですよね。いまは殊更に「関サバ」だとか、ああいうブランドをつけちゃったけど、昔はあんなもん、ウチでも買いに行かされたもんね。まあ、アイツらは活き活きしてたよね。でも、この世界で足を洗って70歳近くになったら、また肉に戻るんだろうな。それでも1日1食は変わらないですよね。だけど先生、こんな丈夫な身体になったのは食べ物だけじゃない。やっぱり感謝してるのは親ですよ。もし、丈夫なDNAであるとしたら、親に感謝です。俺、学力もなく、ここまでよくやったなと思いますよ。

――丈夫な身体に生んでくれた親に感謝。

長州　ただし！　俺、あんまり目立たないけど、身体に何カ所か大きな傷があるんですよ。それっていうのは仕事でついた傷じゃないんですよ。すべて親につけられた傷ですよ。

「……先生。俺、あんまりプロレスの話はしたくないんですよ（ギスギス）」

――ええっ？

長州　当時、ウチの親が俺にやってたことっていうのは、いまの時代なら完全に両手に輪っか（手錠）をハメられてますよ。ウチの両親はかならず物を持って殴ってきましたから。朝ごはんのときからもう、俺がカマドでメシ食ってて何か気に入らないことがあったら、すぐにそのへんにある物で頭をバーンってぶっ叩いてきましたから。俺も「やりやがったな！」と思って窓から逃げるんだけど、お袋、追っかけてくるんですよ。なぜ追っかけてくると思う？

――まだ殴り足りないとか？

長州　違う！　ヒント。あの日は雨が降ってたんですよ。

――あ、傘を渡しに来たとか。

長州　ブブー！　俺はきったないランニングシャツで血まみれだろ？　それで雨が降ってるから、シャツがどんどん赤く染まっていくんですよ。それでお袋が「ヤバい！」と。

――なるほど。それで大事になったら困るから、とっ捕まえようと（笑）。

長州　だけど、俺は「捕まってなるものか！」と必死で逃げるんですよ。ホントだぞ？　あとは背中に1カ所穴が空いたことがあって、いまはもう被さっていてわかんないけど。

――背中に穴が！

長州　それは何かっていうと、こうもり傘をバーンって投げられたのが背中に突き刺さって。

――傘が突き刺さった⁉

長州　それでも俺は「捕まってなるものか！」と思って。

――また窓から逃げた！（笑）。

長州　必死だぞ、こっちは。だから常に自分が逃げる窓、どこが開いてるのかを把握して、やられたらすぐにそこから飛び降りるっていう。怖いぞ、こうもり傘は……。

──こうもり傘、怖いですね。

長州　ただし！　ひとつ言えることは、あまりいいことじゃないけど「勉強しろ」とは言われたことないんだよね。そんな、勉強がどうこうっていうような家柄じゃなかったから。まず生きるのに必死だから。ピンとこないだろ？

──そうですねえ。

長州　俺は兄弟が多かったんだけど、夜になったらみんな寝るだろ？　そうしたら親がパッとふすまを開けるのがわかるんですよ。それって何をやってるかっていうと、俺らの人数を数えてるんですよ。「うん、揃ってる」って感じで。

──あっ、子どもの数を数えてたんですか。

長州　「あ、みんな無事に生きてるな」って。冗談だと思うだろ？　ホントにそうなんですよ。あの時代にこの先生方が近所に住んでくれてたら、「先生、訴えて！」って言って逃げこんでますよ、ホント（呟き込みながら爆笑）。ウチの両親を5～6年、壁の向こうにブチ込んでほしかったですよ、ホントに……。

弁護士A　もしそうだったら、私、全力で長州さんのために闘ってましたよ（笑）。

長州　えっ！　先生は俺の両親を刑務所にブチ込むためにがんばったって言うのか!?　俺の両親を……（ギスギス）。

弁護士A　えっ！　い、いえ、けっしてそういうわけではございません……！

──（「このパターン、今日も1回はあると思ったんだよ。俺じゃなくてよかったぁ……」）。

長州　でも「勉強しろ」って1回も言わなかったですね、ホントに。

弁護士B　それは素晴らしいご両親ですね！

長州　いや、俺はあまりいいことだとは思いませんけどね。先生は勉強をしたから、いまの立派な仕事をやってるんじゃないのか？

弁護士B　えっ……！

──（「同じパターン、すぐにもう1回きた！　俺じゃなくてよかったぁ……」）。

長州　けっしていいことじゃないですけど、そういう勉強がどうこうっていう状況じゃなかったですね、ウチは。親父も朝から酒で顔を真っ赤にしてて凄かったんだから。だけどまあ、子どもは丈夫に育ってるから。間違いないですよ。それなりに世間様に説教されながらも、殺されないで、ちょっと常識的に、人に頭下げることを覚えてきたし。

弁護士A　い、いまふと思ったのですが、長州さん、左腕よりも右腕のほうが太くないですか？

長州　はい？　ああ……そうかもわかんないね。

弁護士A　5センチくらい太さが違うような気がしますね。やっぱりあの強烈なリキラリアットを長年打ち続けてきた賜物ですね！

長州　……先生。俺、あんまりプロレスの話はしたくないんですよ（ギスギス）。

弁護士Ａ　えっ……！

長州　殊更に『パワーホール』とかラリアットとかいちいち話すっていうのは……。よし、もう腰を上げよう！　帰るぞ。（小声で）山本くん、やっぱり今後もリンカーンはナシだぞ。安心してください。

［マネージャー・谷口氏の試合後の短評］

これは私個人が相談したいことがあり、長州に弁護士の先生を紹介してもらった日です。それで長州がたまに行く六本木の『薩摩おごじょ』で『KAMINOGE』さんの取材前に打ち合わせをしていたんですよ。先生たちがそのまま残って取材に立ち会うっていうのは私も驚きましたね。「これがアメリカ式だ」と本人はご機嫌でしたが、〝山本さん〟は完全にビビってましたね。結果的に緊張感があってよかったと思います。新しいインタビュースタイルに胸躍りましたね。

長州力vs山本
名勝負数え唄
第5戦

「これはこれは長年
お名前を間違えてお呼びして
申し訳ありませんでした。
そんなもん、なんですぐに
『違う!』と言わなかったんだ?」

［対戦日］
2013.6.25
(『有吉反省会』長州力出演回で井上が「ボクは山本じゃありません」とカミングアウトした直後)

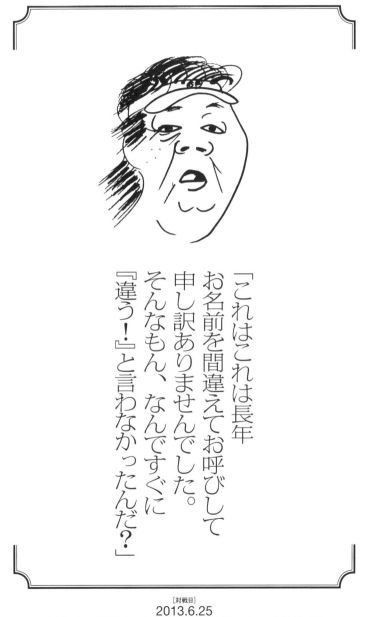

「俺、人の名前を間違ったこと一度もなかったんですよ」

（※長州さんから指定された鍋料理屋に来たのだが、約束の時間から遅れること40分、ようやく長州さんが到着）

長州　おおっ、ゴメンゴメン。遅れてすいませんね！（ドカッと椅子に座る）。

——いえいえ、とんでもないです。

長州　すいませ～ん、とりあえずお水ちょうだい！　なんか、ちょっと風邪を引いたのかなんなのか、具合が悪いんだよな……。ふぅ……。

——大丈夫ですか？　たしかに鼻声ですね。すいません、そんなときに取材を受けていただいて……。

長州　これ、毎回思うんだけど、いったいなんの雑誌の取材なの？

——えっ？　いえ、ですから、いつもの『KAMINOGE』という……。

長州　わけのわかんないプロレスの本じゃないだろうな？（ギスギス）。まあ、そっちはどうやらプロレス関係の人間じゃないらしいということは耳にしてるから、あまり心配はしてないんですよ、ウン。まあ、そんなことよりアレだ、どうやら熱はないみたいなんだけど……あっ！　ここの場所、すぐわかった？

——はい、すぐにわかりました。

長州　いや、ちょっと身体をあっためなきゃと思って、今日は鍋だろうと思ってこの店にしてもらったんだけど。梅雨の時期は、雨が降ると瞬間的にガクンと気温が下がる日があるじゃん。それでちょっと体調を崩したんだろうな。だいぶ気をつけるようにはしてたんだけど……。今日もちょっと肌寒いだろ？（サンバイザー＆Tシャツ＆短パン＆サンダル姿で）。

——いえ、めちゃくちゃ暑いですよ。やっぱり長州さん、熱があるんじゃないですか？

長州　おまけに、さっきまでテレビ番組の収録だったんですよ。楽屋っていうのか、そこもクーラーが効き過ぎてるというか、そこでもダメージ食らったよな。それは間違いない。

——あっ、今日もテレビの収録だったんですか？　最近、凄いご活躍ですよね。

長州　……そっちに何がわかる？　俺はテレビは苦手なんですよ。マジで苦手だ。髙田（延彦）とか武藤（敬司）や蝶野（正洋）みたいにアゴが回るわけでもないし。毎回憂鬱ですよ。ホントに憂鬱ですよ。まあ、そんな話はどうでもいいから、今日もパパッとやってくれよな。

——わかりました。すいません、今日はまず先日の有吉さんの番組（『有吉反省会』）の話から……。

長州　あ～っ！　そうだった、そうだった！　これはこれは長年、お名前を間違えてお呼びして申し訳ありませんでした、山本さん（と頭を下げる）。山本くんのこと、ずーーーっと「井上」と呼んでたんだってな！（笑）。

——(「ガーーーン‼」)。

長州 そんなもん、なんですぐに「違う」と言わなかったんだ? 「ボクは井上なんかじゃない! 山本だ!」とテーブルひっくり返して俺をぶん殴って帰っても仕方がない状況ですよ。違うか? 山本くん!

——いや、なぜか言い出せなかったというか……(「長州さん、逆です、逆! ボク、井上です!」)。

長州 それをまさか『有吉の反省点』で突っ込まれるとは思わなかったぞ(笑)。

——すいません……(「長州さん、『有吉反省会』!」)。

長州 俺、人の名前を間違ったこと一度もなかったんですよ。

——そうなんですか。

長州 ホント、これは大変失礼なことをしてしまって(笑)。まあ、『有吉の反省点』で俺の滑舌が悪いとかなんとかみんなで寄ってたかって、なぁ。もうあれ以来、俺はホントに滑舌が悪いんじゃないかと思うようになって、自分でもびっくりするくらいずいぶんと寡黙な人間になってしまったという……。もう人と話すことすら怖いというか……ウン?

——どうかされましたか?

長州 おい……。俺にハンパな真似は通用しないと思うんだけど? (急に険しい表情で睨みながら)。

——えっ? ど、どうかしましたか……?

長州 (テーブルの上を指差し)これ……盗聴器だよな? ピカピカ赤いの光ってんじゃん。

——あっ! いや、長州さん、これはボイスレコーダーと言って、これで取材の録音をしてるんですよ。いつもボクが使っているものと同じやつですよ。

長州 (ボイスレコーダーをずっと見つめ)いや、見たことないぞ、こんなの。これ、盗聴器だよ……。

——違います、違います! 正規に録音する機械です。盗聴器なんかじゃないですよ!

長州 じゃあ、なんでこんな殊更にコンパクトなんだ? こんなもんにカセット(テープ)入んないだろ?

——いえ、カセットテープは必要ないですし、いまはこれが当たり前のサイズなんですよ。みんなこんなもんなんですよ。いや、ホントに盗聴器とかじゃないですから! 取材で録音をしてるだけですから!

長州 (ボイスレコーダーを手に持ち)こんなちっちゃいやつにちゃんと俺の声が入るのか?

——もちろんです! 盗聴なんかするわけないじゃないですか……。

長州 信じてもいいのか? なあ? 信じるぞ? 俺は山本くんを信じてもいいんだな?

——……信じてください。

長州 虎屋の羊羹でもないんだな?

「俺らがUインターに勝ったからってブラジルに行けるわけじゃなかったからな」

――全然違うじゃないですか（笑）。いま、本気であせりましたよ……。

長州　（しばらく沈黙して）……『有吉の反省点』でも、俺の滑舌が悪いとかなんとかずいぶん言ってたけども、ホントにこんなんで俺の声がちゃんと録れるのか？

――十二分に録れます。

長州　たいしたもんだな、コイツ……。凄いボルテージで録音してんだろうな。そういえば、山本くんの事務所は渋谷だったか？

――えっ？　あっ、そうです。

長州　やっぱり、サッカーの日本代表がワールドカップ（２０１４年ブラジル大会）出場を決めた夜はパニックだったのか？　うるさくて仕事にならなかっただろ？

――えっ？　いえ、試合後に大騒ぎしてるのは駅前のスクランブル交差点だけなんですよ。

長州　あっ、ピンポイントなのか。あんな殊更に騒ぎやがって……。いや、たしかにワールドカップ出場を決めたことは素晴らしいとは思いますよ。思うけども、だ。あれだけ渋谷で騒ぐ元気があるなら、なぜそのボルテージを国会に向けないんだ？　なあ？　俺に言わせると国会議事堂に向かってってってほしいよな、ウン。とはいえ、まあ俺に言わせれば、そんなことは絶対に起きっこない！　だってほら、学生運動だって60～70年代の安保が終わってからはなんにもないじゃん。もう、学生運動みたいなのが起こる国民性ではないんだよな。誰もあの頃のボルテージを持っていないですよ。（急に大きな声で）もう完全に牙を抜かれてるッ！　……いまのはコイツ（ボイスレコーダー）もしっかり聴き取れただろ？　こんな感じで大丈夫ですか？

――いえ、普通の声の大きさで問題ないですよ。ありがとうございます。

長州　まあ、いくら「不況だ、不況だ」って言ったって、日本はそんなに切羽詰まったアレでもないし、暴発するまでには至らないんだろうな。いまの若者は生まれたときから不況しか知らないんだから、結局のところ、いろいろと満足しちゃってる部分はあるんだろうな。山本くんはバブルを経験してるのか？

――いえ、大学を卒業した頃にはすっかり不況でしたね（笑）。

長州　そうだろうな。

――でもバブルが弾けたあとも、プロレス界はしばらく好調でしたよね。ちょうど長州さんが新日本の現場監督をやられていた頃で、まだドーム興行もバンバンやってましたもんね。

長州　髙田（延彦）とのアレとかね。

――Uインターとの対抗戦。

長州　でも、あれで勝ったからって俺らがブラジルに行けるわけじゃなかったからな、そんなもん（咳き込みながら爆笑）。

俺らがUに勝ったところで「渋谷にDJポリスが現われた！」なんて話、聞かなかったもん。

――DJポリス！　長州さん、ホントになんでもよく知ってますね（笑）。

長州　『ミヤネ屋』かなんかでやってたよ。いや、バブルのときは街が賑やかだったですよ。よく団塊の世代の連中が「勝ち逃げだ」って言われるけども、たしかにそうだと思う。しかし、いま世の中に勝ち組ってどれくらいいるんだろうな？　要するにですよ、勝ち組っていうのはバブルが弾けたときでも堅調に業績を維持してるか、それどころか倍儲けできてるヤツだろうな。バブルの頃にどれだけ儲けていようが、そんなもん、どんなヤツでも稼げてた時代なんだから。このインターネットの時代のなかで、それを継続できたヤツがどれだけいる？　しかもITバブルもリーマンショックですっかり弾けてしまったという。六本木ヒルズなんていちばん最初に入っていた企業、もうあそこにほとんど残ってないっていうもんな。山本くんとこも六本木ヒルズに会社を引っ越しちゃえばいいじゃん。

――越せるわけないじゃないですか（笑）。

長州　で、大コケして山本くんも『有吉の反省点』で反省すればいいんだよ（笑）。山本くん、これ知ってるか？　俺の聞いた話だと、世の中の景気が上がってきたときに街にある変化が起こるんですよ。なんだかわかる？　よくポケットのティッシュを配ってんじゃん。あれ、チラシだけじゃなくてティッシュをつけて配るようになったら景気がよくなった証みたいだね。

――ああ、なるほど。それはこないだの取材のときに弁護士さんが言っていましたよね……（笑）。

長州　あっ！　山本くんも聞いてたか！　これ（ボイスレコーダー）、いまの発言をすぐに消すことはできるか？　俺のとこだけでいいんだけど。

――えっ？　いえいえ、これをみんながそのまま聴くわけじゃないので大丈夫ですよ。お気になさらず。

長州　ふうん。でも、いいか山本くん。俺は「はたしてカネさえ持っていれば、人間、勝ち組と呼べるのか？」っていう疑問を常に持ってるんですよ。だって金持ちでもいるじゃん、「人間は信用できない。その点、動物はウソつかない」とか言うヤツ。そんなの聞いてたら、もはや誰が勝ち組で誰が負け組なのかわからないぞ（笑）。

「なんで俺が政治家を目指さなきゃいけないのか。だけどスクープほしい？」

――そんな人生、幸せなわけがないですもんね。

長州　たしかにバブルが弾けたときは、ほとんどの大人がしくじった。だけど俺、この業界には影響ないと思ったけどな。

――あっ、そうだったんですか？

長州　うん。昨今のプロレス界の不調は、世の中の不況とは関係なかったといまでも思ってますよ。ただ、勝手に業界が自滅しただけ。音楽業界もバブルが弾けたあとのほうがよかったっていうもんな。ちょうどレコードからCDに入れ替わるタイミングの真っただ中でさ、小室ファミリーとか凄かったじゃん。

——あー、はいはい。

長州　殊更に「♪ビー・トゥギャザー、ビー・トゥギャザー」とか連呼してさ、そう言うんなら俺も一緒に稼がせてくれたらよかったんだよ。

——アミーゴ！（笑）。

長州　まあ、ファミリーに入れるかどうかという決定権は、小室側が持ってるから俺からどうこうアクションを起こすもんでもないからな。だけど、浜ちゃん（ダウンタウンの浜田雅功）も入ってたんだから、別業種からのチャンスもあったという。で、あの小室哲哉っていうのは感覚的に生きている感じするよね。（急に小声になり）俺の聞いた噂だと、稼いだカネは全部遣っちゃうようなボルテージがあるらしいんですよ。

——それはめちゃくちゃ有名な話ですよね。

長州　あっ！　みんな知ってるのか？　まあ、いろいろとまわりの人間に騙された部分もあるんだろうな。しかも女にもだらしがないという……。でも、いいか？　俺は小室哲哉をカバーする気はないけど、そうやって女にだらしないって言うけど、まあ、あれだけ成功をおさめたら少なからずはそっちにボルテージはいくよな。しかし、私生活はいたって地味！　ファミレスでコーヒー飲んでたっていうもんな。立派ですよ。これ、書いとけよ。

——わかりました。そういえば猪木さんが参院選にまた立候補しましたけど、6月の頭くらいになぜかボクのところに政治部の記者から「長州力さんが出馬するって永田町で噂になってますけど事実でしょうか？」っていう問い合わせがあったんですよ（笑）。

長州　バカッ！　なんで俺が政治家を目指さなきゃいけないのか……。

——おそらく「維新」と「プロレスラー」のキーワードで、猪木さんを長州さんだと誤解されたのかなと思ったんですけど（笑）。

長州　またとぼけたことを……。だけど……スクープほしい？

——えっ？　なんですか、スクープって……？（ゴクリ）。

長州　いま考えてんだよ。山口県知事な。

——ええっ！　長州さんの地元、山口の県知事！

長州　そうしたら山本くん、第一秘書にしてあげますよ。バカッ、冗談だよ（咳き込みながら爆笑）。そんなもん、俺なんかが政治やったら日本終わるぞ。だけど俺、ハートはピュアだよ？能力はないかもわかんないけど、ここはピュアですよ。ウン。

——じゃあ、おとぎ話という前提で、もし長州さんが山口県知事になったら何をやりますか？

長州　山口物産展やるよな（キッパリ）。

――即答でしたね。

長州　ウン。俺、物産展やる。県を売ることに関してはがんばれますよね。そしていつかは国政に打って出ると。そうしたらホントに第二秘書ぐらいにはしてあげるから。

――でも、長州さんが選挙に出たら盛り上がるでしょうねえ。

長州　バカッ！「もう日本は終わった」って言われるのがオチだよ。まあ、選挙ポスターが似合うのは藤波さんですよ。

――たしかに似合いそうですね（笑）。

長州　（急に小声になり）でも俺、県知事はわかんないけども、市長だったらめちゃくちゃ高い確率で当選すると思うんだよ。だけど、県知事から国政に出るのがいちばんいいよな。山口、歴代総理をいちばん多く生み出した県ですから（得意げに）。新幹線の駅、いくつあるんだっていう。でも終わったよ、この国も……。冗談とはいえ、俺たちがこんなことを笑いながらしゃべってるんだから……。こうなったら、もう誰でも彼でも選挙に出せって。行くとこまで見たいよ。でも、アイツら政治家どもに壁はないんだろうな。宇宙の法則と同じで限界があるのか、ないのか？　たぶん限界ないんだよ。はてしなくバカだからな。殊更に「元・弁護士」とか多いじゃん。あれってなんで弁護士に専念しないのか。そんなに政治家ってオイシイのかね？だからと言って、何ひとつ役にも立たないしさ。俺、思うんですよ。なんか年に1回、「私はこれを成し遂げました！」っていう政治家どもの発表会をやんないかなって。たとえ小さいことだろうが大きいことだろうが、どんなことでもいいんですよ。「私はこれを成し遂げました！」という成果の報告が俺たちにまったくないもんな。そういう発表会があるとわかりやすい。年に1回、そんなの何日かけてくれてもいいから成果報告やれって。なんで、それをやってくんないのか？

「いまさら隠すことでもないが、俺はTSUTAYAの会員じゃないんですよ」

――長州さん、政治家が嫌いですもんねえ。

長州　だって、アイツらタヌキだもん。ポンポコリンじゃん。

――ポンポコリン。

長州　民主党政権時代の「仕分け」も意味なかったしさ、天下りの連中も順調に現役復帰してる。あれはいったいなんだったんだ？　あの仕分け作業自体、無駄に税金を使ったってことじゃん。仕分けなんてものは、バサーっといらないもんを根こそぎ全部切っちゃうもんだと思ってた。俺なんか「ざまーみろ」って手を叩いて見てたんだけどな。政治家よりも役人のほうが上手なのかね？　俺、当時はレンちゃん（蓮舫）のことは買ってたんですよ。たぶん俺だけじゃなかったはずですよ。もし、レンちゃんが単なるパフォーマンスでやってただけだったとしたら悲しいよな……。レンちゃん、仕分けを仕切ってたけど、いまから思うとその行為自体がまったく意味がなかったような雰囲気あるよな。ホント、もう終わってるよ。

――蓮舫議員が最後の希望だったんですね。

長州　一時はそう思わせるような流れを作っていたよね。でも「最後の希望」というのはちょっと言い過ぎだろうな。世の中はだいぶ鈍ってるよ。ニュースを観てても、もうよほどのことでもない限り驚きはしない、呆気にとられるだけっていう。親が子を殺す、子が親を殺す。人間同士の絆なんてありゃしないんだから、ホントに。

――そう感じますか。

長州　感じるね。みんな、身体を動かしたほうがいいんだけどな。俺、いまだにレスリング部の先輩に会うと、硬直しちゃうよ？　大学1年生のときの4年の先輩なんて大変だよ。ミュンヘンオリンピック金メダリストの加藤喜代美さんって人がいたんですよ。身体はちっちゃいのに獣みたいな人でさ。いまだに夜中だろうがなんだろうが、俺の電話が鳴って「誰だ？」と思って出たら「俺だよ、加藤だよ」って言われた瞬間、飛び起きて直立不動だもん（笑）。でも、かけがえがないよ、何年経ってもそういう緊張感を味わわせてくれる関係っていうのはさ。同級生だってそう。みんな、いろんな分野である程度のポジションについててさ、まあ、アイツらもがんばったんだろうな。大学なんて、俺はちょっとオリンピックという目標があったから進んでみたけど、当時は苦しかっただけ。だけど夢をそれなりに叶えることができたし、俺、あの時期にあの世界に入ってなかったら、どういう人間になってたかわかんないもんね、ホントに。背中にワッペン貼ってたんじゃないかなと思うよな。

――あ、入れ墨を。

長州　わかんないけど。大学のときと新日本（プロレス）のときの上下関係って全然違う。プロレスはプロなんだから先輩後輩関係なくお金が稼げちゃう。実力主義！　出来高制！　プロ野球だってそうじゃん。優勝すりゃ全員にお米（お金）が反映されるだろうけど、基本的には個人の世界だから。プロは結果を出すことしか生き延びる術がないんだから、そういう意味では、先輩後輩の関係は絶対ではないんですよ。プロ野球でもいくらチームが優勝しようが、解雇される選手はいるんだから。それは容赦ないぞ！

――長州さん、前に『週刊プレイボーイ』の連載で「幸運は準備をしている者にしか訪れない」と言ってましたよね。

長州　ああ。それはあれ、ロック歌手の大友康平って言ったか？　彼がテレビで言ってたんですよ。「幸運っていうのは準備をしている者にしか訪れない」って。ホントにその通りだと思ったよ。世の中にラッキーってもんはないんだと。「いつラッキーが来てもいいように」っていつも準備をしてる人に訪れるのはラッキーなんかじゃないんだよ。それ、自分の力で引き寄せたものなんだよな。俺もそう思う！　これは真理ですよ。どんなに大変な状況でも常に何かをしておくっていう。まあ、ラッキーってなんの準備もしてないヤツには来ないよ。絶対に来ない。

「幸運っていうのは準備をしている者にしか訪れない」、いい言葉だよね。これ、誌面にしっかり書いとけよ。〝ツイスター〟とかにじゃなくて。

――はい（「長州さん、ツイッターです……」）。

長州 そういえば最近、クサカリタミオさんの娘さんと仕事する機会があったよ。

――クサカリタミオ……？ ああ、草刈正雄さんの娘さんですね。草刈紅蘭さん。

長州 あっ！ そうそう、草刈正雄だった。あの娘さん、凄くいい娘さんだよ。ああいう娘さんがいて、お父さんは幸せだと思うよ。凄くしっかりしてるしね。ウン、お父さんは幸せだと思うよ（なぜか強調）。でもマスコミは、寄ってたかって彼女がイヤだと思うような質問をネチネチとしてくるんだよ。隣に俺がいたんだけど、もう「コイツら、ぶん殴ってやろうか」と思ったんですよ。で、マネージャーにサインを送ってたんだけど、またこのマネージャーが俺の顔色から事態を察したのか、情けない顔をしてバッテンマークを送ってくるんですよ。まあ、これはあとあとのことを考えたらファインプレーですよ、ウン。でもアイツら、ホントとんでもないよ。

――長州さんが手を出しちゃダメですよ。しかし、長州さんと草刈紅蘭さんが共演するイベントって、それはそれで凄いですね。なんのイベントだったんですか？

長州 映画。『パーフェクト・ヒート』っていう俺の嫌いなミッキー・ロークが主演のアクション映画。その映画の応援団長に任命されたんですよ。

――嫌いな俳優が主演の映画の応援団長を引き受ける意味がわかりませんけど（笑）。

長州 自分でもそう思いますよ（キッパリ）。でも、映画自体はおもしろかったというのはある。これは間違いないだろうな。映画自体は認めてますよ。ただ、俺から言わせてもらうと、ひとつ問題があるんですよ。これ、TSUTAYAだけでしかレンタルができないという。いまさら隠すことでもないんだけど、俺はTSUTAYAの会員でもなんでもないんですよ。でも、これもご縁かと思って、いよいよ会員になろうかと思った矢先に、知人から電話で「TSUTAYAで映画の宣伝してるね」と言われて、確実に足が遠のいたのは間違いないですよ。いまさら恥ずかしくて行けるわけがない。

――長州さんもなんだかいろいろと大変ですね……。

長州 だから、そっちに何がわかる？ よし、今日はこのへんで腰を上げよう！

【マネージャー・谷口氏の試合後の短評】

『有吉反省会』に出たあとですね。これがちゃんと名前を覚えていただく最後のチャンスだったんですけど、また〝山本〟に戻っていて。もうこれは山本として生きていただくしかないなと。

長州力vs山本
名勝負数え唄
第6戦

「すっかりエナジーが切れた。
俺、もう
死んじゃうのかなあ……？
死んでもいいけど
生まれ変わったら猫がいいな、
ウン。飼い猫ね」

［対戦日］
2013.11.27
（現役引退をほのめかし、体調不良による試合欠場をしていた頃）

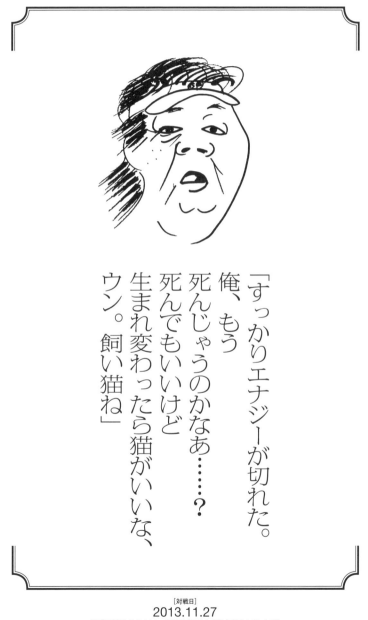

「山本くんがこうして元気でいるならきっとお母さんも安心ですよ」

長州　おお、山本くん！　ひさしぶり！（まるで太陽のようにまぶしい笑顔で）。

――お疲れ様です！

長州　ウン。元気でしたか？

――はい、おかげさまで元気です。

長州　そうか……。元気ならよかったですよ、ウン。元気でいたならそれでいい……（しみじみ）。なんかチラッと聞いただけだけども、ホントにお母さんも大変だったみたいで……。でも山本くんがこうして元気でいるなら、きっとお母さんも安心ですよ。ホントだぞ？（陽だまりのようにあたたかい笑顔で）。

――えっ？（「なんだろ……ウチの母ちゃんピンピンしてるけど」）。

長州　息子さんたちも元気？

――あっ、はい。元気ですね。

長州　ウン、ウン（と大きくうなずく）。まあ、よかったのか悪かったのか、まだいろんなことがはっきりと理解できない年頃ということなんだろうな……ふわ〜〜あ！（と大アクビ）。

――長州さん、眠いですか？

長州　眠いというか、ちょうどここ、上からエアコンの風が直で当たってくるじゃん。頭がぼーっとしてくるよな。

――ちょっと座るところをずれましょうか。

長州　いや、ここでいい！　ここいちばんあったかいもん。ところで、さっき読んでいた雑誌はなんだ？

――あっ、これ『ネオヒルズ・ジャパン』っていうオモシロ雑誌なんですよ。

長州　ふう〜ん、見して。（表紙を見て）あっ！　知ってるぞ！　これ、〝秒速10億円〟とかいう男だろ？

――いや、秒速で1億らしいんですけど、長州さん、与沢翼なんてよく知っていますね（笑）。

長州　よくは知らないよ？　知らないけど最近よくテレビに出てんじゃん。「また妙なのが出てきたな」と思ってるぐらいで、特にアレということもない。ヒルズに住んでようが何して稼いでようが俺にはなんにも関係のないことだから、いい印象も悪い印象もないですよ。勝手に生きててくれたらいい。ふわ〜〜あ！　よしっ、今日は山本くんの元気な顔が見れたからよしとしよう。さあて、腰を上げるかっ。

――長州さん、ちょっと待ってください（笑）。まだ始まったばっかりじゃないですか。

長州　まだなんかある？　なに、今日これは取材なの？

――取材なんですよ（笑）。

長州　（驚いた顔をして）あっ！　取材なのか！　最近、集英社の調子はどうなの？　順調？　最悪？　最低？　やっぱ順調？

――えっ？（「長州さん、ボクは集英社の人間ではないんですよ」）。

長州　まあ、殊更にまわりが「出版不況だ、出版不況だ」って騒いでるだけだろう？　そりゃだいぶ業界も縮小してるみたいだけど、そんなもん山本くんも気にすることはない。プロレスだってこれまでどんだけ「終わる、終わる」って言われ続けても絶対にくたばらねえんだから。

――ありがとうございます。

長州　だって、あいかわらず漫画は好調なんだろ？　山本くんも漫画におんぶに抱っこで漫画様様だろ（笑）。まあ、俺もガキの頃は漫画を読んでたもんな。『少年サンデー』とか『マガジン』とか。あっ！　『冒険王』ってのもあったよね！　だけどやっぱり、中学高校ぐらいになったら俺はほとんど漫画には興味を持たなかったよね。

――やっぱり体育会で忙しかったからですか？

長州　いやあ、そんなもんは関係ないだろ。どんなに運動やってたって読むヤツは読むんだから、そんなもん（笑）。それでもやっぱり好きな漫画家っていうのがひとりいて、「とみ新蔵」っていう人。よく時代劇ものを描いてたんだけど、凄くこう心を揺さぶられるものがあったというか。彼の漫画は好きでしたよ、ウン。タッチが非常に豪快に描かれたアレでさ。でも、それも小学生ぐらいまでだけどな。いまは週刊誌とか新聞の端っこに載ってる4コマのアレがちょこっと目に入るぐらいで、連載のものを読もうとかは思わないもんね。まあ、好きな人は単行本とかをいっぺんに買ってバババッと読んじゃうんだろ？　最近は大人も凄いボルテージで漫画を読んでるもんね。

――たとえば梶原一騎の作品とかも読んでなかったですか？

長州　あ？　『タイガーマスク』とか？　『巨人の星』とか？　『あしたのジョー』とか？　それもまあ、テレビでやってるアニメをちょこちょこと観たことがありますという程度で、そんなにずっと観てるっていうのはないよね。

――そうなんですね。

長州　ふわ～～あ！　ここはあったかいな。あー、猫になりたい。飼い猫ね。

「倦怠感というかダルいっていうかとにかくエナジーがない。平たく言えば風邪だろうな」

――先日、11月19日の『ドラディション』を体調不良で急きょ欠場されましたよね。

長州　ちょっと待った！　おい、山本くんはプロレス記者でもないのになんなんだ？　あんまりこっちの世界はまたがないほうがいいよ（ギスギス）。山本くんは山本くんの本分である音楽とかだけやってりゃあいい。

――えっ？（「ダメだ。この人、俺のことなんにも知らないし、知ろうともしていない……」）。

長州　ホント、こっちはまたがないほうがいいですよ。身のためだぞ。そんな山本くんからプロレスの話を振られるとは思わなかったよ。あー、びっくりした。

——びっくりさせて申し訳ありません……。

長州　いやあ、なぁに。まあ、こないだは最悪に調子悪かったよね……ウン。まあ調子悪かったな。いまも病み上がりなわけですけど、3日ぐらい前から道場に来てちょっと身体動かしてる。だけどもう身体にエナジーがないよ……。

——エナジーがないですか。

長州　まったくないよね、エナジーが。

——体調不良というのは倦怠感が強いという感じだったんですか？

長州　倦怠感というか、ダルいっていうか、なんていうか、とにかくエナジーがないんですよ。あのう、熱がバーッと出るわけじゃないんだよね。とにかく悪寒がしたりして兆候はあったんですよ。そうすると、今回なんかは咳だったわけだけど、頭ん中が氷を食い過ぎて痛くなるような咳ばっかりしてたから。

——まあ、風邪ということですかね？

長州　ウン、平たく言えばあれは風邪だろうな。なんか兆候はあったんだけどな、そこを俺がちょっと安易に考えすぎちゃった部分は正直ある。悔しいな……。いやあ、ホント苦しかった！　生まれてこのかた、咳がこんなに止まらないっていうのは経験したことがなかったんでつらかったですよ。奇怪なことに布団に入って横になってると、余計に出てくるんだよな、アイツら。

——咳を「アイツら」呼ばわり。

長州　もうとんでもないよ。起きてても咳が出っぱなし、ところが寝たらさらに止まんない。だから携帯が鳴っても出るのがおっくうだったし、地獄の数日間だったな……。その結果、おじいさんはすっかりエナジーが切れましたとさ。おしまい。

——昔話……！　年明け1月にも後楽園で『レジェンド』がありますけど、そちらのほうのエナジーは大丈夫なんですか？

長州　おい。1月だったらエナジーももう大丈夫だろう！（咳き込みながら爆笑）。完全に出るつもりでいますよ、ウン。もうそんときだったら完全にエナジーも大変なことになっちゃってるよ。

——安心しました。ただ、今年の7月に「来年あたりでリングを降りたい」という発言をされていましたよね？

長州　あ？　それ、毎年同じこと言ってんだよ。

——毎年恒例でしたか（笑）。

長州　もう俺の場合、とにかく道場に足が向かなくなったら、これはもう間違いなくジ・エンドだろうね、ウン。もっと具体的に言うとエナジーが道場に向かわなかったらおしまい。そりゃあね、最近は「今日は道場行くのやめようかな？」って思うこともありますよ。そんなことが頭の中をよぎってるから……なんだろう？「俺、気力も衰えてきてるのかな」っていう部分はありますよ。

——じゃあ、「来年かな？　来年かな？」っていうのがずっと続いている状態でここまで来たと。

長州　そうそう（笑）。それでも道場にはなんとなく来てるわけだから、ウン。まあ、道場に来れなくなったらリングにも上がれないのは当然だし。だから道場に向かうのか、向かわないのか？　そこんとこをしっかりとね……ふわ～～あ！

――長州さん、今日はあくびが過ぎますね（笑）。

長州　（涙目で）あ？　エアコンあったかいな。

――長州さんが道場に向かわなくなったら、いったい1日何をやってるんですかね？

長州　ああ、それは考えるね。何やってるんだろうな？　やっぱ引退したら毎日テレビ観てるんじゃないか？

――引退というキーワードで言うと今年、長州さんの好きな広島カープの前田智徳さんがついに引退をされましたけど。

長州　サムライ！　彼はサムライだったよね。いや、神様ですよ。まさに野球の神様の引退だったね。神様であり職人であり。やっぱ俺もやったことあるけど、アキレス腱の断裂が致命的だったよね。ホントに凄い選手だったから残念ではあるけども、本人はどうなんだろうな？　最後まで信念を貫き続けたことは素晴らしいことですよ、ウン。俺、今年はカープを応援しにドームまで行ったのになあ。

――クライマックスシリーズの巨人戦ですね。残念ながら巨人に3連敗してしまいましたね。

長州　あぁん。マエケン（前田健太）が投げたときに観に行ったんだけど、「もうこれ、マエケンで負けだったから絶対ダメだ」って思ったよな。まあ、でも広島がひさしぶりのAクラス入り、初のクライマックスシリーズ進出でちょっとボルテージ上がったけどね。

――長州さん、7月には広島で始球式もやりましたよね。

長州　ああ、やめてくれ！　もうその話はしたくない！　おい、だいぶいまエナジーが下がったぞ。なんせボールがバッターのうしろに飛んでったんだから……。

――やはりリングとマウンドでは勝手が違いましたか。

長州　まったく違う！　ただし、マツダのマウンドに立てたという意味ではひとつ夢が叶ったというか、やっぱり憧れの場所だったからな。北別府（学）さんにも会えたし。これ俺、もう死んじゃうのかなあ……？

――そこまで憧れてたんですね。

長州　死んでもいいけど、生まれ変わったら猫がいいな、ウン。飼い猫ね。

「いまは『クロコーチ』ですよ。『半沢直樹』は倍返しとかあんまりしないほうがいいと思う」

――ですね。
長州　ふわ～～あ！　なんか最近テレビもあんまりおもしろくないね。
――『あまちゃん』はご覧になっていましたか？
長州　「じぇじぇじぇ」か？　まあ、たまにリモコンをいじってたらチャンネルが合うってことはあったけど、殊更に毎日楽しみに観るということはなかったですかね。まあ、やっぱり『クロコーチ』だろうな、ウン。

——出た、『クロコーチ』！

長州　ウン。あれはおもしろい！　俺は3億円事件のアレみたいな、実際にあったことをアレしてるのがやっぱ好きだね。3億円事件に関しては何冊か本も読んだけど、相当謎だよな。う〜ん、謎！

——映画もドキュメンタリー系がお好きですもんね。じゃあ、『半沢直樹』もご覧になっていませんでしたか？

長州　「倍返し」？　ああ、観てないな。そんなこと言ったら、『半沢直樹』よりも弁護士のやつのほうがおもしろいじゃん。

——『リーガルハイ』ですか？

長州　『リーガルハイ』！　アレのほうが微妙にためらいもなく話しているなって感じがするよな。リアクションがあまりにもギャグっぽい部分があるけども、観ててタメになるよね。『半沢直樹』はまあ、倍返しとかあんまりしないほうがいいと思うね、俺は。銀行が貯金を倍返ししてくれるってんならいいけどな。

——銀行が立ち行かなくなりますね。

長州　まあ、でもいまは『クロコーチ』ですよ。だけどでかい事件といったら3億円のもそうだし、あとはグリコ森永事件な。あの番組は観たことある？

——あっ、NHKの『未解決事件』ですね。あれはグリコ森永事件の回がいちばんおもしろかったですね。

長州　あの犯人もあれだけの包囲網から逃げられたっていうのが凄いよな。驚くぞ。凄いっていうか、警察もなんであそこのインターチェンジのところで犯人とおぼしきヤツを押さえちゃわなかったのかなと思って。

——県警の本部から職質の許可が出なかったという。

長州　犯人とおぼしき人間が目の前でウロチョロしているわけだから、職質しちゃえばよかったんだよ。そんなのたとえ間違ったって、「どうもすいません」でいいわけだから。ホント、ああいうとこは臨機応変にやらないとダメだよな。テレビはそんぐらいだよ。あとはスター・チャンネルに切り替えて、古い映画を観たりとか、あの猪瀬（直樹＝東京都知事）がカネをごまかそうとしたニュースぐらいしか観てないよ。

——猪瀬都知事の話は長州さんに聞きたかったんですよ（笑）。借用書を出してきて会見をやっていましたけど。

長州　いいか、これは俺の私的な意見だぞ？　私的だぞ？　あの猪瀬って、昔『朝生』（『朝まで生テレビ！』）に出てたけど、その頃は「けっこう歯切れのいいこと言うじゃないか」って感心してたんですよ。「政治家なんかと話してられない！」ってけっこうキレたりして、途中で席を立って帰るっていうのが多かったんだけど、「なんだよ、てめえも同じ穴のムジナかよ」って思われてもしょうがないことが起きたよな。あの会見だって、目の焦点が合わないでしどろもどろだし、あれは誰が見たって「そりゃおかしいだろう！」ってなりますよ。

——おかしいですよねえ。

長州 私的な意見で言うと、俺のなかでは猪瀬はアウトだろうな。誰が聞いたって「それはないだろう」って言うよな。今年いちばんがっかりしましたよ。

——今年いちばん。

長州 あっ！ おい、あの尖閣（諸島）のお金ってどうなったの!?

——あっ、東京都が尖閣諸島購入のために寄付金を募ったやつですね。

長州 そのあと尖閣は国有化しちゃったじゃん。10何億集まったあのカネ、どこ行ったんだよ（笑）。

（※尖閣諸島が国有化された結果、宙に浮いた寄付金約14億円は関連施設の整備費用に充てることを条件に国に譲渡された。しかし都には寄付金の返還を求める電話が多く寄せられた）

長州 俺、募金しなくてよかったよ。マジでしかけたんだよな。ドッキリじゃないんだから、ったく！

「あ！ 俺、今年サイパン1回しか行ってねえや。あちゃ〜」

——そういえば長州さん、最近バラエティ番組でドッキリを仕掛けられる機会が多くないですか？

長州 ドッキリ……。俺がいちばん嫌いなやつですよ。めっちゃ嫌いだもん。

——去年ぐらいからバラエティ番組に出演される機会が多くて、表情からもあきらかに長州さんがイヤそうなのが伝わってくるわけですけど（笑）。でも、イヤがればイヤがるほど、観るほうはおもしろい、ニーズがあるっていう矛盾が生じてますよね。

長州 そんなこと、どうなのかわかんないよ……。テレビのスタッフは簡単にさ、「そこに座っているだけでいいですから」って言うんだけど、そんなのはないだろ。

——俺は置き物じゃないと。

長州 じゃあ、司会者から振られても何も答えないで、返事もしなくてもいいのかよって。「ホントに座ってるだけでいいです」って、座ってるだけっての、絶対ありえないよね？ だからよく言うんだけど、俺、迷惑かけたくないんだよね。

——番組作りに迷惑をかけたくない。

長州 ウン。やっぱり芸人さんは芸人さんの世界で厳しいだろうしさ。そこに俺なんかが呼ばれてホントに……。俺に振るぐらいなら、ほかの芸人さんに振ってあげてくださいって。

——確実にテレビに出られる枠というのは決まっているわけで、その枠に誰かのかわりに長州さんがいるっていうことですもんね。

長州 うん。もう終わり？

──いえ、では最後に今年1年を振り返っていただけますか？

長州　いやあ、そんなのここ数年ずっと一緒だよ。殊更に今年何がありましたってことはなんにもないよ、ウン。

──じゃあ今年、いちばんよかったことはなんですか？

長州　へ？　だからよかったことってのもそんなにないよ。あっ！　よかったことあった！　娘とニューヨークに旅行に行けたというのはよかったぞ！

──へえ！　いいですね。

長州　あっ、あれは去年か。

──今年の話題でお願いしますよ（笑）。

長州　いや、じゃあサイパンは今年も行ってるはずで……あっ！　俺、今年サイパン1回しか行ってねえや。年始に1回行っただけだ。あちゃ～！

──痛恨の叫びですね。

長州　でも年に1回か2回、娘と旅行できるっていうのはそれはうれしいな。毎日同じ屋根の下で暮らしているわけじゃないから、やっぱり娘のことが心配は心配だよね。「メシ食ってるの？」「ちゃんと生活できてるのか？」っていう。生きている限りは心配するね、俺は。だけど「あんな男と付き合うんじゃねえ」とか言えないし、言ったら逆にこそこそこそするだろうし……。だから「どっか行こうか？」って言って、そのときに付き合ってくれるぐらいの関係が距離感としてちょうどいいのかなって思うね、ウン。ふあ～～～あ！

──いつもそばにいたら煩わしいかもしれないですし。

長州　山本くんのところの子どももそのうちアレだよ。10年ぐらいしたら身体中にタツー（タトゥー）がいっぱい入ってますよ。

──そんなこと言わないでくださいよ（笑）。

長州　胸にこう、サソリのタツーとかさ。

──なんでウチの息子がサソリを入れるんですか（笑）。

長州　まあ、俺もタツー入れんのもおもしろいかなって考えることはあるけど、実際に入れるかって言ったら、やっぱりちょっとないかもわかんないよな。ドキュメンタリー番組でたまに観るけど、入れたタツーを女の子が手術して消すとかやってるけど傷痕が凄いよね。ちょこっと残るしさ。バカだよね。入れるのは数万だけど、消す手術は小さくても数十万かかるから。しかも痛い思いして。なんとなくタツーもいまがブームみたいなときない？　みんなそんときブームでバーッと入れてるだけで。

──では、今年いちばん悪かったことは？

長州　悪かったこと……。いや、悪かったってことはいまのところなんにもないなあ。

──悪いことがないのはいいですね。

長州　だから変わんない。もうなんも変わんないよ。ここ数年、ず～っと同じだと思う。俺はパターンが一緒だな。自分のやることの行動範囲がそんなに変わったことするわけじゃないし、一緒ですよ。

——だから行動範囲が世田谷かサイパンっていうことですよね（笑）。

長州 ウン。マジでそうだよね。もう何時間も飛行機乗るのもちょっとイヤになってきてるし、ニューヨークとかもう10何時間だからね。ああ、もうホントに。だけど旅行でブラブラしてるときがいちばんおもしろいよね。あとはもう楽しい酒を飲んで家に帰ってバタンキューとか。そんなのが楽しいよ。よ～し、腰を上げよう！　山本くん、来年もよろしく！　今年あった悲しいニュースを来年まで引きずらないようにがんばってください！（陽だまりのようにあたたかい笑顔で）。

【マネージャー・谷口氏の試合後の短評】

この頃、本人の体調が思わしくなくて、妙に弱気になっていたんですよね。元気がないときは誰の目にもあきらかなほど、とことん元気がないんですよ。これはいつも練習で使わせていただいている新日本プロレスさんの道場の隣にある合宿所で収録したんですけど、「生まれ変わったら猫になりたい」とか言っていて、通りすがりの若手のレスラーの方がギョッとした顔をしていました。そもそも、長州って猫が苦手なんですけどね。

長州力vs山本
名勝負数え唄
第7戦

「佐村河内を消したのは
小保方さんだよな。
で、その小保方さんを
消したのがオバマだよ。
うまくできてるよなあ」

［対戦日］
2014.4.24
（ダイオウイカがあちこちの海面で目撃されていた頃）

「頭がいいっていうのは『凡人には何を考えているかわからない』人間のこと。だから会長（猪木）も頭がいいよな」

長州　おおっ、山本くん。ひさしぶり！　どうしたの、そんなに激ヤセしちゃって？

――いえ、まったく痩せていないはずですが（笑）。

長州　そうか？　俺、今日機嫌がいいんだよ（ニコニコ）。

――はい、見るからにご機嫌よさそうです。

長州　なんでかわかるか、山本くん！（ニコニコ）。

――なんででしょう？

長州　すぐに答えを求めるヤツがいるか、バカッ！（ニコニコ）。まあ、いいや。じつは明日から1週間ハワイに行くんだよ。こんな寒いところからはしばしのお別れですよ、ウン。

――いいですねえ、ハワイ！　うらやましいです。

長州　そのあいだ、日本のことはまかせたぞ、山本くん！（ニコニコ）。だから、今日も早く帰って旅の支度をしたいんだよ。パパッと終わらしてくれよ。

――あっ、わかりました……。

長州　ただ、聞いてくれ。俺のマネージャーいるじゃん。アイツがインターネットかなんかでハワイの店で靴を注文してたらしくてさ。オールデンってやつの日本じゃ11万ぐらいするのが6～7万で買えるとかなんとかで。それを俺にピックアップして来いって言うんだよな。信じられるか？

――えっ、マネージャーが長州さんにそんなお願いを（笑）。

長州　俺にはそれがどういう意味で言っているのかまったくわからない！　荷物にもなるし。まあ、ハワイで靴を予約するって凄い趣味だよな。だけど、前に俺もマネージャーからその店を教えてもらって、1回利用したことがあるんだよ。『レザーソウル』っていう古くからあるいい店でね。俺も今回、ハワイでニューバランスを買おうかと思ってる。

――長州さんはニューバランスを狙っているんですね。

長州　なんだよ、アンバランスだと思ってんだろ？（呟き込みながら爆笑）。まあ、冗談はそこまでだ（ピシャリ）。俺がハワイに行くかわりにオバマさんがいま日本に来てるよね。俺が行くかわりってことはないけど（笑）。オバマは明日、韓国に入るんだっけ？

――そうですね。

長州　なんか日米安保第5条に尖閣（諸島）を盛り込む、盛り込まないってやってたけど、やっぱり盛り込んだよな。そんなに「尖閣」って言葉が必要なのかね？　殊更にそこにこだわってたけど、そんなんでいまの中国の嫌がらせが終わるのかね？

――まあ、中国もちょっと引いてみるでしょうけど、でも引くのも一瞬で終わるような気もしますね。

長州　なんかパズルゲームみたいだよな。ウクライナとロシア、中国と韓国と北朝鮮と日本と、なんか6カ国ぐらいがさ、こっちに行けばこっちが逆らう、こっちが逃げればこっちが追っかけるみたいなさ。なんかみんなが駆け引きしながら、こっちもちょっと、こっちもちょっとって。そんなもんに左右されて、とんでもない戦争が起きちゃうのかな。

――戦争、起こりますかね？

長州　なんか小競り合いぐらいはあるのかなっていう気はするよな。あー、やだやだ。しかし、オバマって名前がカッコいいよな。バラ～ク・オバマッ！　長州力とは大違いだよ。

――いやいや、長州力もなかなかのもんですよ。

長州　どこがだよ。オバマはスタイルもいいし、あの飛行機のタラップをタタタタタッと降りてくる感じとかね。あれを安倍（晋三）とか野田（佳彦）がやるとちょっと無理があるよな。ずっこけて、ドドドドッて転んじゃうよ（笑）。

――やっぱり世界最強はオバマ大統領ですかね？

長州　そりゃあそうだろう。オバマというよりも、やっぱりアメリカだろうな。ユナイテッド・ステ～～ツ！　アイツらはリンカーンの頃からずっと最強だろうな。凄い多民族国家で、ルーツは個々にあってさ、そのなかでピュアなアメリカ人がどれくらいいるかっていう。ルーツを探ればほとんどが移民っていうのが凄いよね。それでいて民主主義をホントに愛して団結するのはアメリカぐらいじゃないの？　やっぱり、日本も国に対してやさしい気持ちというか、「この国を守ろう！」っていうプライドと団結力はみんな持ったほうがいいよな、ウン。オバマはカッコいいよ。でもそんな、「世界最強は誰だ？」とかそんなの俺に聞かなくていいだろ？（笑）。「世界でいちばん頭のいいヤツは誰？」って聞かれたら、俺も答えようがあるけど。

――えっ、ちなみに世界一頭がいいのは誰ですか？

長州　（急に表情が険しくなり）俺のマネージャーですよ……。アイツな、しょっちゅうコレやってんだから（懐にお金を入れるポーズ）。もう会うたびに胸ポケットがパンパンに膨れ上がっちゃって大変だぞ。

「そうやって質問したりすんの、もうやめない？　俺、山本くんに質問とかされるとかまえちゃう」

――長州さんのマネージャーが世界一頭がいい（笑）。

長州　アイツはとんでもないよ、ホントに。まあ、世界一ってことはないだろうけど、でもアイツより頭のいいヤツって誰だろうな？　スティーブ・ジョブズかスティーヴン・ホーキングぐらいじゃね？

――谷ヤン、そのへんと張り合ってんですか！（笑）。

長州　まあ、頭がいいっていうのは「凡人には何を考えているかわからない」っていう人間のことだよね。そういう意味では、会長（アントニオ猪木）も頭がいいよね。冴えてるっていうか。こないだもバッタリ会ったけど。

――あっ、猪木さんとですか？

長州　ウン。居酒屋で偶然ね。あと、アイツもいたよ。名前なんだっけ？　あの、ほら。クリス松村に似たヤツ。

――クリス松村に似た人……。栗栖正伸さんじゃないですよね？

長州　違う違う、顔が！　あの、ほら……あっ、宮戸！

――宮戸優光さん！　まあ、たしかにちょっと似てますね（笑）。

長州　ちょっとじゃないだろう（笑）。顔そっくりじゃん。もう目がくぼんじゃってるとことかさ。会長、きのうもテレビに出てたじゃん。ダウンタウンの新しく始まったやつ。

――ああ、『水曜日のダウンタウン』。長州さん、やっぱ観てましたか（笑）。

長州　やっぱダウンタウンは、ウン。会長、北朝鮮のことをうまく伝えてたと思って。立派ですよ。こないだの国会の委員会で質問に立ったときに「元気ですかー！」ってやったじゃん。そうしたら、議長が「大きな声は元気でいいんですけど、心臓に悪い方もいらっしゃいますので、なるべく控えてください」って。そんなこと、よく言うなと思って。「心臓に悪い方も」って言い方、トンチがきいてるとでも思ったのかね？　「そんなに大きな声を出さなくてもちゃんと聞こえますから。もう少し声を小さく」とか言うならわかるんだけどな。

――たしかにちょっと得意げでしたよね（笑）。

長州　会長も有名人ってことで選挙に担ぎ上げられて国会に行ったんだろうけど、やっぱりほかのタレント議員とは違うよな。北朝鮮の問題とかマジで動いてるもんね。ああいうことをやれるのはほかにいないだろうし。だからヘンに目立っちゃうというか、ジジイの議員たちからすると「若造がジャマするんじゃねえよ」って思ってるんだろうな。「当選したら、任期中はじっとしてりゃいいんだよ」って。

――だけど、猪木さんは何かを成し遂げたくてしょうがない（笑）。

長州　なんかいたじゃん、〝ぶって姫〟とかさ、あんなのと会長を一緒にしないでくれって思うよな。

――ぶって姫（笑）。懐かしいですね。

長州　まあまあ、話は戻るけど、何をもってその、頭がいいっていうのか基準は難しいよね。ずる賢いヤツってのも、逃げ足が速いヤツってのも、言い換えれば「機転が利く」とも言えるわけだしな。

――では、とりあえずホーキング博士がいちばん頭がいいってことにしておきましょうか。

長州　ホーキング？　いや、俺の口からホーキングっていうのは記事としてはどうなんだろうな？　みんなシラけないか？

――べつにシラけないと思いますけど。

長州　いや、間違いなくシラけるからやめたほうがいいぞ。「長州力がいちばん頭がいいと言ってたのは、石坂浩二さん」。そう書いといてくれ。

――わかりました。

長州　まあ、ホントに誰が最強だとか、誰が賢いとか、そうやって質問したりすんの、もうやめない？　俺、山本くんに質問とかされると、かまえちゃう。

――えっ？（笑）。

長州 あれこれ頭で考えないで会話したいんだよね。俺はもう取材なんかべつにしてくれなくたってどうでもいいんだよ。こうして山本くんとたまにお茶をすすりながら、くだらない話ができたらそれでいいんだから。できたら、あと東スポの水沼くんと3人で。ホントだぞ？ それで山本くんの息子の成長過程とかが聞けたら、俺はもうそれでいいんだもん。

――ありがとうございます。とりあえず、レコーダーだけ回させておいてください。

長州 あとは何？

――いえ、質問することを封じられたばかりでして……（笑）。

長州 いや、逆にこっちが質問したいぐらいだよ。「何か楽しい話題はないか？」って。そういうのを聞くために今日は会ってるようなもんなんだから。べつに取材を受けるために会ってるわけじゃない。もう業界（プロレス）の話もなんもいらないし、聞きたいとも思わない。おっ、佐村河内（守）の話でもするか？

――佐村河内ですか（笑）。

長州 もうすっかりテレビでも話題になってないけど。アレだよな、佐村河内を消したのは小保方（晴子）さんだよな。

――まあ、消したというか（笑）、話題が取って代わりましたね。

長州 小保方さんが佐村河内を消したじゃん。で、その小保方さんを消したのがオバマだよ。うまくできてるよなあ。

――そんなにうまくできてるんですか⁉ 小保方さんの話題をそらすためにオバマ大統領が来日（笑）。

長州 佐村河内なんかもっとホッとしてるよ。なんかテレビでやってたけど、歌手の因幡晃が佐村河内と勘違いされたって。たしかに髪が長くてサングラスでヒゲだもんな（笑）。当の佐村河内本人は、髪もさっぱりしてヒゲを切って会見に出てきてな、あれはとんでもないぞ。

――とんでもないですか（笑）。

長州 とんでもない！ 西田敏行の若い頃みたいになってたもんな。俺、西田敏行のファンだから勘弁してほしいよ。それと、もうひとりのゴーストライターのほうは昔の三木のり平みたいだしな。ああ、こういうどうでもいい話がいちばん楽しいよ。頭を使わなくていいから。

「プロレスラーじゃなかったら、こんなのただのヘンなおじさんだからな（笑）」

――とにかく頭を使いたくないと。
長州 （急に眼光が鋭くなり）いやいや、頭を使わざるをえないような話もあるんだよ。俺、これはホントの気持ちで、日本にまた何か起きなければいいなと思ってる。というのは、いま世界のあちこちで揺れ動いてるだろ？

――ああ、地震ですね……。

長州　特にペルーとかメキシコの南米が揺れ動いてる。マグニチュード7とか8だもんね、怖いよな。俺、また同じような震災とか起こりませんように、っていつも祈ってるよ。2020年に東京オリンピック開催とか言ってるけど、基本的には日本もいまだに揺れてるわけじゃん。海底の魚が上のほうに上がってきてたりすんのもさ、怖いよね。

――もうダイオウイカもあちこちで上がってますもんね。

長州　アイツももう珍しくもなんともないもんな。

――ダイオウイカを「アイツ」呼ばわり。

長州　絶対におかしい。俺のガキの頃なんか、アイツらは何十年ぶりとかで姿を現わす程度で、「こんなイカがいたのかよ!?」って凄いインパクトを与えてたわけだから。それがもう、いまやどこでもポッコポッコ上がってきてな。あとは近海にイルカが何百頭もいたりとか。おかしいぞ、あきらかに。

――長州さん、メキシコ遠征時代にも大地震に遭われてるんですよね？

長州　あった！　マグニチュード7。あのさ、7が来たら揺れてるときはもう立ってられないからね。じっと床にしがみついてなきゃいけないから。ああ、あれは立ってらんないですよ。やっと余震のときに走って外に逃げたんだから。

――そのとき、小林邦昭さんも一緒にいらしたんですよね？

長州　そう。あのとき、サンペイちゃんが寝室のほうに逃げようとしてたから、俺、サンペイちゃんの首根っこをガッと掴んで止めたんだよ。

――そっちに行くなと。

長州　パニックになっちゃってたんだよね。で、俺が「そっちじゃない、こっちだよ！」つって。いいか、山本くんも家族がいるんだから、非常食とか水とかはリュックに入れて、いくら見映えが悪かろうが常に玄関先に置いといたほうがいいぞ。あとは逃げ場所の決定ね。もしも電話が繋がらなくなった場合のために、家族の間で「何か起きたらここにいろ」っていう集合場所を決めておけばいい。そうやって個人個人でできるだけの危機管理をしといたほうがいいよね。

――そうですね。ありがとうございます。

長州　ホントに。山本くんはプロレスの現場に取材に行ったりもしてんの？

――ええ。ちょこちょこと。

長州　ふ〜ん。ヘンなの。

――へ、ヘンですか？（笑）。

長州　だって山本くんは本職は音楽畑の人なんだろう？　まあ、音楽畑の人間で、プロレスを好きになるヤツ多いよね。

――音楽畑……。

長州　いまはやっぱり新日本が必死になってがんばってるから、業界がもってるっていうのはあるよな。まあ、俺らがいた頃とはだいぶ変わってんだろうけど、必死こいてやってるよね。

——だいぶ変わりましたけどね。まあ、それはそれで。

長州　まったく違うもんだよね。それはもう違うもんでいいし、いまの世代の連中にファンもついてきているわけだから。俺もこの歳になってまで、〝プロレスラー〟としてきているわけだよね。〝プロレス〟っていうものを、ある意味「保とう」としてきているわけだよね。それっていうのは、正直言うとしんどいんですよ。だから、だんだんとそういう「保とう」という気持ちが歳とともに薄れてきていたりもするんだけど、だからと言って、プロレスが世間からヘンにいじられたくもない。その葛藤ですよ。

——ああ、言わんとすることはよくわかります。

長州　やっぱり、俺のもっとも苦手とするテレビの仕事も、当然〝プロレスラー・長州力〟っていうのがあるから、成り立っているわけだ。まあ、プロレスラーじゃなかったら、こんなのただのヘンなおじさんだからな（笑）。

——いえいえ（笑）。

長州　ホントに。ただ、おかしなもんで、プロレス以外の仕事でため息が出ることはあるけど、いまだに自分の業界での仕事でため息が出ることってまったくないもんな。

——やっぱりプロレスラーなんですよ、長州さんは。

長州　そういえば、トモヒラはお客からいいリアクションもらってんの？

——トモヒラ？

長州　石井。

——ああ、石井智宏選手！　どこの会場でも凄い人気ですね。

長州　ああ、そうだろうな。あれだけ身体張ってりゃあね。俺は思うんだよ。新日本というか、日本のプロレスは、やっぱりトモヒラの世界をみんなで作り上げないと。アイツはいい。いいけど、身長がもう10センチあったらなあ。もう10センチ身長があったら、身体の負担もだいぶ違うだろうしな。いまはまだ大丈夫だろうけど、これからもっと負担を感じてくるだろうね。アイツ、おもしろいんだよ。顔を正面のまま、こう目薬を直角で入れるもんな。

——えっ、そんなんで目に入るんですか？（笑）。

長州　それが入ってるんだよ。最初、俺も「何をやってんだ？」って思ってたけど。ふあ～あ（と大アクビ）。じゃあ、山本くん。またハワイから帰ってきたときにご飯食べようよ。

——ああ、ぜひぜひ。

長州　今度は息子も連れてきなよ。

——あ、リアルにご飯を食べに行くんですね（笑）。

長州　そうだよ。焼鳥屋を夕方くらいにセッティングするから。よ～し、腰を上げよう！　トモヒラにもよろしく言っといてくれ。それと俺がハワイに行ってる間の谷ヤンの監視も頼んだぞ。じゃあ、また。

［マネージャー・谷口氏の試合後の短評］

2回目となるデニーズでの収録ですね。長州が取材場所を複数回デニーズに指定したということで、徐々に〝山本さん〟に心を開いているな、関係性がいい方向に進んでいるなと涙腺が緩んだ記憶があります。デニーズは長州の完全プライベート空間ですから。あと、社会で起きているありとあらゆる出来事の情報を、ほぼ『ミヤネ屋』を観て入手しているってことがそろそろバレ始めるんじゃないかと、マネージャーとしてはヒヤヒヤしていました。

長州力vs山本
名勝負数え唄
第8戦

「おい、山本！
今回ばかりはおまえは
完全に見誤ったぞ！（怒）。
おい、今日はキャメラはナシだ。
帰ってくれ！　ゲラウェーイ！」

［対戦日］
2014.7.30
（『KAMINOGE』編集部がプロレス雑誌『ゴング』復刊に動いていた頃）

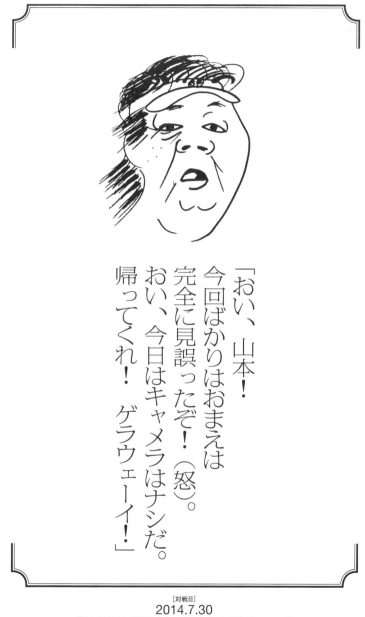

「ホントに『ゴング』が復活するのか。よし、俺はもう腰を上げよう！」

――長州さん、遅くなりましてすいません……。
長州　おう、山本くん！　座って、座って。こっちはもう先に飲ってるぞ！
――ええ、どうぞどうぞ。ご無沙汰しています。
長州　あれ？　今日は息子さんを連れてくるって話じゃなかったっけ？
――えっ？　来ませんよ、今日は取材でお邪魔させていただくのに（笑）。
長州　取材？（急に険しい表情になり）あのな、山本くん。ちょっと胸くそ悪い話を聞いたんだけど、違うなら違う、そうならそうだと言ってくれ。
――えっ？　あっ、はい……。
長州　『ゴング』をやるってホントか？
――あっ、そうなんですよ。まあまあ、ボクがやるっていうか……。
長州　ホントに復活するのか。驚くな、ホンットに……。よし、俺はもう腰を上げよう！（と立ち上がる）。
――えっ！　な、なんでですか？
長州　今日もこれ、『ゴング』なんだろ？（ギスギス）。
――いえ、今日は『KAMINOGE』です。
長州　『ゴング』じゃないのか？
――全然違いますよ。
長州　（ドカッと椅子に座り）いや、ちょっと悪いんだけど、いいか？　あのさ、てめえらが勝手にてめえらの首を絞めて廃刊になっちゃったものをだよ、こうしてまた復刊するだとかなんだとか……バッカじゃねえのかって俺は思ってんだよ。
――えっ？
長州　おい、山本！　いいか。今回ばかりはおまえは完全に見誤ったぞ！（怒）。（同行したカメラマンに向かって）おい、今日はキャメラはナシだ。帰ってくれ！　ゲラウェーイ!!
カメラマン　えっ、あの……！　あっ、はい、失礼いたします……!!（と言ってダッシュで帰る）。
――いや、長州さん……。どうしてそんなにお怒りなのか、ちょっとわからないんですけど……。
長州　どうしてそんなにって、おまえ……（ギスギス）。
谷ヤン　（ガラケーを不便そうに扱いながら）あっ、長州さん！　広島が9－1で勝ってますよ！　3回に7点入れてます！
長州　おおっ、ホントか！　ヨシッ！（と谷ヤンとガッチリ握手）。
――…………。
長州　だけどまあ、8点差？　星陵（高校）のように9回に0－8をひっくり返してサヨナラ勝ちっていう例もあるしな……。（谷ヤンに向かって）よし、おまえはこのまま試合の動きを追いかけておいてくれ。他球場の動向も忘れるなよ。で、今日はなんだっけ、山本くん（ニッコリ）。

――広島が勝ってるってだけで、そんなにゴキゲンになります⁉ いえ、カメラマンが帰っちゃいましたけど……。

長州 ああ？ だってさっきのアレ、『ゴング』にいたヤツだろう。知ってるよ。いつも金沢（克彦）と一緒にいたヤツじゃん。

――いえ、まったくプロレスとは縁のないカメラマンだったんですけど。

長州 えっ！ そうなのか……⁉ だって俺、「あっ、コイツ、『ゴング』のキャメラマンじゃん」と思って、追い返しちゃったよ。

――ちょっと勘弁してくださいよ……。さっきのカメラマンさんは、今日初めて仕事をご一緒させてもらう人だったんですよ。一発目がこんなんで、こういう業界だと勘違いされちゃいますよ。

長州 俺は昔っから脅かすのは得意だったからね。

――得意でも脅かさないでくださいよ！

長州 これ、ホントに『ゴング』じゃないんだな？

――違いますよ。『KAMINOGE』ですよ。

長州 あ、そっか。まあまあ、いいじゃん。写真なんてのは昔のやつを引っぱり出してきて、適当に「これが長州力です」って書いて載っけてくれたらいいんだから。よ～し、『ゴング』じゃないとわかったら、今日は思いっきりプロレスの話するぞ！（ニッコリ）。

「俺もさ、いまだにリキプロの使い方っていうものに対して考えることがあるわけだけども」

――ボク、長州さんのことがよくわからなくなってきましたよ……。最初からよくわかってないですけど（笑）。

長州 いやホント、今日、山本くんがさ、「『ゴング』の山本です」と言ってここに来たんだとしたら、これはもう今生の別れになってたよ、ウン。間違いない。俺たちの関係は切れてた。ホントだぞ？

――そんなことで今生の別れとか言わないでくださいよ。でも、長州さんはどうしてそんなに『ゴング』がダメなんでしたっけ？

長州 もうやめてくれ、今日は『ゴング』の話はナシだ！（ピシャリ）。

――長州さんがひとりで言ってたんじゃないですか……。

長州 でもな、いいか、山本くん。また新しい何かを背負って行動するっていうことに関しては、俺は応援するぞ？ そこの部分に関しては応援しますよ。ホントだぞ？

――ありがとうございます。

長州 俺もさ、いまだにリキプロの使い方っていうものに対して考えることがあるわけだけども、いまはもう殊更に背負わないほうがいいんじゃないかと思ってる。

――リキプロ。

長州　何かを背負ってやるってしんどいよな。まあ、いまは『レジェンド』というものがあるわけだし、とはいえ、『レジェンド』も来年以降はどうやっていくのか？　そこのテーマと向き合っていかなくちゃいけないというのはある。ただ、『レジェンド』は〝背負ってる〟というわけじゃないからな。

――年に数回、ファンに夢を提供するというもので。

長州　そう。昔は俺もよく現場で殊更に叫んでいて、「絶対によその団体とは違いを見せつけなければいけない」っていう感じで、大きなものを背負ってたけどね。

――新日本の現場監督時代ですね。

長州　そう。やれ、「メジャーはインディーとは違うんだ」とかって、よく言い合ってたけど、いまはもうインディーもメジャーも差がないもんな。ただ、新日本だけは組織がしっかりしてるからメジャーだっていうのはあるけど。一応テレ朝がついてるし。だけど、ほかはもうしんどいだろうね。そんなに全部を観てるわけじゃないけど、残念ながら猿回しみたいになっちゃった。まだ日光猿軍団のほうが稼いでるじゃん、ホントに。

――新日本以外でも、DDTなんかここ数年はずっとイケイケですけどね。

長州　デーデーテーのことは俺はよくわからないけども……。どうしてプロレスがこういう状況になったかわかる？　語って申し訳ないけども、人を育てないからですよ。育てる人間がいま、どこにもいないんですよ。

――新しい人材を育てる人がいない。でも、新日本はよくここまで持ち直しましたよね。

長州　それはやっぱりブランドだよね、ウン。もし、いま新日本がポンと傾いて、選手たちはどっかほかの団体に行けってなっても、新日本ほどの規模の団体がないわけで。最近はしんどくなると、すぐにオーナーを変えてみたり、とにかくスポンサーを見つけなきゃっていうことに躍起になりがちだけども、それと同時に、やはり俺は「選手をイチから育ててやる」ということを本腰入れてやったほうがいいと思う。10人なら10人、20人なら20人、素材のしっかりした選手を獲って、ちゃんと育てていって。とはいえ、厳しいやり方だけど、最終的にはそこから名前が売れた人間だけを残す。だから、いまの新日本と一緒だよ。新日本は上の選手をどんどん外していったことで回転がうまくできたわけだろ。回転が速いよね、ウン。まあまあ、さらに言うなら、そうなると『レジェンド』予備軍も増えて、俺にとっちゃあいいんじゃねえかって話もあるよな！（ニッコリ）。

――なるほど！（笑）。

長州　これはまあ言い方は悪いけど、いまの新日本以外はクズを集めてるのと一緒だよ、ホントに。どこの団体にもひとりかふたりぐらいしか「おっ、これは」と思わせる選手がいないもんね。大日本の関本（大介）とか。まあ、選手をちゃんとイチからしっかり育てるというピュアな考えを持つことだよ。いったん頭を真っ白にした状態で、そのピュアな考えだけを持つ。そういうことだろうな。それでもう、あとはリングの上でどれだけインパクトのあることができるか。新日本以外の団体は、なんかもう、みんなが「絶対にありえない！」と思うことを考えないと無理だよ。

——なにげにプロレス界も平和ですからね。

長州 もう「そんな殊更に望んでも……」っていう雰囲気はあるよな。

——だから、おそらく新日本はどこも脅威には思っていないはずですよ。

長州 よそはもう勢いを見せつけられてるもんね。「自分たちと何が違うんだろ?」っていうものもあるかもしれないけど、新日本はちゃんと個々のキャラや存在を作り上げちゃってるもん。まあ、でもプロレスに関して言うなら、やっぱりアントニオ猪木が強いよ。あの人のプロレスがいちばんだよね。

「Uインターとの対抗戦? 俺は髙田にめちゃめちゃ感謝してるよ。よくぞ乗っかってきてくれたっていう」

——すべてが詰まっていましたよね。

長州 あれは誰にも真似できないよ。人間性から何から全部がリングに出ちゃってんだから。会長はみんなが思ってるよりもずっと柔軟性がありますよ。俺はずっと現場で話してたわけだから、あの人の柔軟性は俺がよく知ってる。ただし、あまりにも柔軟性があるということで、突然なんかヘンなものをポンと入れて、どういう反応が起こるのかを見たがるという怖い面もある。あれはホントに怖いんですよ。あのね、プロレスの中に格闘技を混ぜちゃ絶対にダメなんだよ。

——猪木さんの格闘技路線には、長州さんはずっと否定的ですよね。

長州 いや、会長が自分でやるんならいいんだよ。ホントに格闘技をプロレスのリングに持ち込みたいのなら、昔、猪木さんが空手マンとやったじゃない。

——ウィリー・ウィリアムス戦ですね。

長州 あれぐらいの殺伐としたインパクトを生み出すようなものじゃないと。ああいう格闘技戦は会長の売りだったから、メインに持ってきてやってたじゃない。だけど、ああいうものを興行の途中で中途半端にやらせたりするのは絶対にダメ。というか、あんな格闘技と交わったりすんの、会長じゃなきゃこなせないだろ（笑）。

——猪木さんは自分ができることは、みんなにもできると思ってやらせるんですよね。

長州 無理ですよ。あの人は天才なんだから。牛殺しの大山倍達の弟子とかさ、「熊をやっつけました」とかさ、そんなヤツと闘うの、そりゃ1回観てみたいと思うよな（笑）。そりゃ武道館もパンパンになるよ。ただ、俺が現場を任されたときには、もう格闘技とは絡ませなかっただろ？　そりゃそうだよ、アントニオ猪木にしかできないんだから、あれは。やれないものをやらせようというのは、それは柔軟性じゃなくて無責任ですよ。あとは会長とは関係ないけども、アレも俺は反対だったな。交流戦！

――ああ、団体間での夢のカード実現。

長州　あんなのは最悪だ。ちょっと苦しくなると、すぐによその団体と交流戦をやってたよな。最初は見事に当たったよ。だから現場の連中はすぐには気づかない。で、交流戦をやりすぎて飽きられた。てめえでてめえの首を絞めておしまい。バカじゃないのって。いっとき、業界が仲良すぎたんですよ。それはいまもそうなんだろうけどさ。

――やっぱり、そこは団体の潰し合いじゃないと。

長州　俺はそのときに言ったもん。「最近、交流戦をちょこっとやってるけど、あんまりやらないほうがいいよ」って。しかも、上の人間同士がフレンドっぽい会話で交流しててさ。冷めるよな。あれはもうお互いのファンをそれぞれのリングに移動させようとしてるだけだから。あれはダメですよ。

――新日本とUインターとの対抗戦はかなり熱かったですよね。

長州　あれは……俺は髙田（延彦）にめちゃめちゃ感謝してるよ。まあ、向こうもお米（お金）が大変だったっていうのもあるんだろうけどさ。

――大変だけど、ちゃんと乗っかってくるっていうのが偉いですよね。

長州　そう。あのとき、髙田はよくぞ乗っかってきてくれたっていう。あれは俺、ホントに感謝してるんですよ。結果、あれだけの殺伐とした対抗戦を生み出すことができてさ。だから、そこは乗っかってきてくれたぶん、ちゃんとお米にも色をつけて出していたはずだよ。そういえば、クリス松村とも最近ホントに偶然よく会うからね。

――宮戸優光さん（笑）。

長州　昔は「あのクソ野郎！」って言い合ってたわけだけど、でも、ちゃんと頭を下げてくれるよ、ウン。

――宮戸さんは対抗戦前にUインターを離れちゃったんですよね。

長州　そうだっけ？　まあまあ、あのときUインターには契約以上のものは出していたはずだし。で、髙田はいまテレビで順調にやってんじゃん。ああいう柔軟性というか順応性というのは、プロレスで磨かれたっていうのはあると思う。あの対抗戦をやったことでアイツらが終わったっていう意見もあるけども、それは違う。あれをやらなかったらもっと早くにくたばってたよ。それぐらい髙田のとこは当時苦しかったと思うよ。本来なら、何もしないで勝手にくたばっていくとこを見届けてから吸収するわけだ。それをちゃんとくたばる前に仕掛けていって、結果、あれだけの大歓声のなかでやることができたんだから、絶対に経験した選手には何かのちの財産となるだろうし、そこはとにかく乗って、うまいところを食わないとっていう。でも、最終的にはやっぱりみんな苦しかったんだから、さっさとやっちゃえばよかったよな。だから、あれはそれ以降の無駄な交流戦とは違うんですよ。交流戦ってのはホントにバカだよ。てめえらが苦しむだけ。だけど週プロなんかはそれを綺麗に美しく書く。バカかって。いいか？　プロレスってのはリングの上でだけ張り合ってればいいんじゃない。裏の現場でも張り合えるようなものじゃなきゃ、リングの上だけが盛り上がるなんてことはありえない。

谷ヤン　あっ、巨人が今日勝ちましたね。

長州　ああ？　なんだよアイツら、今日は負けなきゃいけない日だろ……。よし、そろそろ腰を上げるか。

――えっ？　いや、もう少し長州さんのプロレスの話が聞きたいですね。

長州　あ？　いや、巨人が胸くそ悪いから帰るぞ。俺はもうパッと出ちゃうけど、お勘定は大丈夫？　領収書は「金沢」で切ってもらっとけよ（呟き込みながら爆笑）。じゃあ、山本くん、また！　キャメラマンによろしく！

【マネージャー・谷口氏の試合後の短評】

これは……。いまでは大変お世話になっているカメラマンのタイコウクニヨシさんに、初めて長州を撮っていただく日だったんですが、古くから『ゴング』にいるカメラマンさんと勘違いをされ、早々に追い返されてかわいそうでしたね。申し訳ないなという気持ちと同時に、「めちゃくちゃ逃げ足が速いな！」と思ったことも事実です。たしかにタイコウさんって『ゴング』にいそうな顔をしているんですよね（笑）。場所は六本木の『魚洋水産』でした。

長州力vs山本
名勝負数え唄
第9戦 hy4_4yh（ハイパーヨーヨ）乱入

「音楽で革命を起こしたい？
ああ、悪いことは言わないから
やめたほうがいい！
革命ってめっちゃくちゃ
シンドイんですよ」

［対戦日］
2014.12.29
（忘年会も兼ねた取材現場にアイドル乱入で気もそぞろの頃）

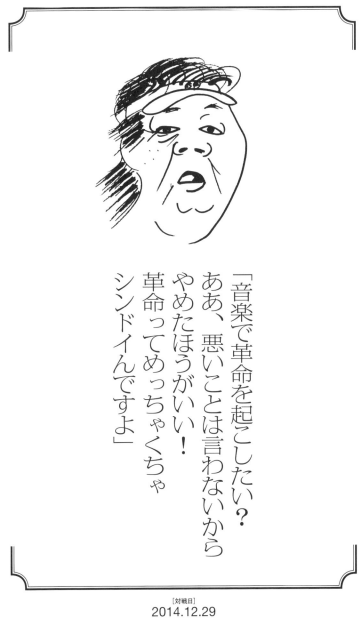

「ハイパーヨーコ？　聞いたことないな。ハーフの人？ローラちゃんみたいな？」（長州）

長州　山本くん、今日はホントに忘年会なのか？

――そうなんですよ。長州さんにはいつもお世話になっていますので、ささやかながら一席もうけさせていただきました。

長州　ホントか？　じゃあ俺、酒飲んじゃうよ？

――どうぞどうぞ。って、いつも飲まれてますよね（笑）。

長州　ヨ〜シ、飲んじゃおう！（ニッコリ）。俺、今日で仕事納めなんですよ。

――ああ、そうでしたか。今年もお疲れ様でした！

長州　なんか大晦日になんかのイベントに出てくれって話があったけど、それは断わったしな。

――ボクは大晦日に仕事で前田（日明）さんのイベントに行きますね。

長州　大晦日は友達からの誘いもあるかもわかんないしな。有事に備えて予定を空けてるんですよ、ウン。ところでアキラって何やるの？

――ディファ有明でトークショーをやるんですよ。

長州　えっ！　大晦日に？　ディファ有明で？　トークショー？　アキラはアイツ、ホントに狂ってるな！（笑）。で、アキラのほかに誰が出んの？

――あとはターザン山本！とか……。

長州　えっ！　あのバカも出んのか！　おいアキラに言っとけ、「殺せ！」って。あのバカ、まだ生きてやがったのかッ！　いきなり胸くそ悪い名前を聞いたな、ホントに……（怒）。

――正月は基本、オフですか？

長州　道場が開いてれば身体は動かすよね。あー、でもいまからでもサイパンに行きたいぐらいですよ。

――今年、めっちゃ寒いですもんね。

長州　それ毎年言ってるだろ。冬が寒いのは当たり前ですよ。でも三が日はいい天気になるみたいだからね。あれ？　山本くんの実家は岡山だよな？

――はい、岡山です。

長州　なんか知らないけど最近、岡山県っていうのが注目されてない？　テレビを観ててもいつも「岡山、岡山」って言葉が踊ってるような……。ウチ、こないだ新しいマネージャーが入ったんだけど、あとで来るから紹介するよ。〝松本〟っていって、俺は「松っちゃん」って呼んでんだけど、そいつも実家が岡山なんですよ。

――あっ、そうなんですね。ぜひぜひご紹介ください。

長州　いまちょうどクルマを駐車場に入れに行ってるところですから間もなく来ますよ。しかし岡山といったって、もうそんな東京から遠くないよね。こないだテレビでやってたけど、リニアモーターカーがアイツ、本気になって走ったら東京から名古屋まで40分らしいからな。俺、もう名古屋に移住も視野に入れましたよね、ウン。山本くんもいまのうちに名古屋で土地買うといいですよ。名古屋はこれから間違いなく変わる！　で、名古屋で暮らしたあとはもっと南に下りたいね。

――名古屋に移住して、そこからまたさらに南下しますか。

長州　ウン。まあ、最後は竹富、石垣、宮古、与論といったいずれかの島で民宿テイストの家でのんびりと過ごしたいと思うね。俺、最初は宮古にハマったけど、石垣もやっぱりいい。竹富も観光大使をやらせてもらっているし……もう悩みどころ！　ただし、そんなのんびりした暮らしはある程度仕事を終えたような人たちしかできないよね。まあ、俺も孫（正義）さんみたいな蓄えはないけども、そんなに蓄えなくても向こうじゃ暮らせるんじゃないかって気もするし、どうせ人生の最後ならのんびりとゴーヤでも育てて過ごすのもいいよな。

――そんなこと言って長州さん、絶対ゴーヤ育てないですよね。

長州　(聞かずに)ホント最近はそんなことばっか考えてるよ。「じゃあ、東京でちっちゃい店でもやるか」とかさ、そういう希望がないわけでもないけど、いざホントに経営で動いてみたら、たぶん俺たちが考えている以上に大変だと思うよ。とにかくこのトーキョー・ジャパンというところは目まぐるしく、ねえ、変わっていく街だし。やっぱり南のほうで暮らしたいよね、ゴーヤを作りながらのんびり……。しかし松っちゃん、遅いな。あっ！　そういえばあとでラップだかヒップホップやってる人たちも来るとかって聞いたけど？　なんて名前？

――ハイパーヨーヨっていう女の子ふたり組なんですけど。

長州　ハイパーヨーコ？　聞いたことないな。ハーフの人？　ローラちゃんみたいな？

――いえいえ、日本人なんですよ。

長州　日本人がラップをやってるのか？　不良なの？　タッツー（タトゥー）とか入ってる？

――いえ、不良とかじゃなくて、どちらかというとアイドルっぽい子たちでして。

長州　アイドル！　あ〜、ダメだ、ダメだ！

――えっ、アイドルとかマズかったですか？

長州　いいか。きのう辞書（※『実話ナックルズ』のこと）をトイレで読んでたんだけど、やっぱりアイツら枕営業ばっかやってんだから。イヤだよ、俺そんなのとメシ食ったりするのは。悪いけどいまからキャンセルしてくれ！　これはホントに！　キャメラもなしだ！

「なんでまだトーキョー・ジャパンにいるんだ？おまえはトーキョー・ジャパンで何を夢見てる？」

――いえいえ、彼女たちはそういうことはやっていないと思うんですけどね。

長州　バカッ！　やってる本人たちが「私たち、枕営業やってます」とかって言うわけないだろう（咳き込みながら爆笑）。

いやマジで頼む、キャンセルしてくれ。
――それが、まもなく到着すると連絡があったんですよ。
店員 いらっしゃいませ～！
長州 来やがった……………‼　あっ、なんだ、松っちゃんか。脅かすなよ、コラッ！
――あっ、この方が新しく入ったマネージャーさんですか？
長州 ウン。山本くんと同じ岡山出身の松本。
松崎 （震えながら小声で）じつは〝松崎〟なのですが……………。
――えっ？（笑）。
長州 コイツさ、俺も高校んときにレスリングの大会で行ったことあるんだけど、ヤカラばっかいる関西高校ってとこの出身なんだよ。だからコイツもヤカラみたいだろ。山本くん、関西高校って知ってる？
――えっ！　長州さん、ボクも関西高校の出身ですよ！（笑）。
松崎 あっ、そうなんですか⁉
長州 そうなのか！　おまえもあんなヤカラの学校に行ってたのか。
――いや、ヤカラの学校じゃないですよ。長州さんが高校生のときって何十年前の話ですか（笑）。
長州 そうか、同郷のヤカラだったのかぁ。
――松崎く……いや、松本くんはもともと東京にいたの？
松崎 はい。いま29歳になるんですけど、大学から東京に出てきまして。
――大学はどちら？
松崎 中央大学です。卒業はしていないんですけど、野球だけしてました。
長州 野球で中央に入るの難しいの？
松崎 どうなんでしょうか。
長州 ……おい待った！　ちょっと話を止めてくれ！
（※店内に忌野清志郎の歌が流れている）
長州 ああ、清志郎ってやっぱり独特の声だよなあ。独特で繊細な……。あの人は絵も描いてたけど、ちょっと普通じゃない色使いをしてたよね。もう感性が凄かったもの。清志郎はあの人と一緒だよ、なんだっけ、ニューヨークで凄い有名な人いるじゃん。ほら、あのマルしか描かないおばちゃん。
――草間彌生さんですか？
長州 そうそう。あの草間のおばちゃんって凄いよね。あの水玉づくし！　しかもあの水玉がとんでもない代物で。俺もあんなマルが描けたらなと思うよね。ダイナミ～ック！
――いきなり出ました、猪瀬直樹のモノマネ！（笑）。
長州 東京オリンピック、ダイナミ～ック！　きのう『TVタックル』に出てたじゃん。爆笑問題の太田（光）がけっこうツッコんでて笑ったな～。しかし、今年は俺あんまり笑うことがなかったけどね。
――2014年はあんまり楽しいことがなかったですか？

長州　楽しかったこと？　まあ、なかったね。プライベートでもグチこぼしてたことが多かったし。今年は3分の1ぐらい機嫌が悪かったよね。広島（カープ）も早めに消えたというのもあり（実際は3位でCSに進出するも惜敗）。まあまあ、笑うということもあったんだろうけど、それはパッといま出てこないね。高倉健さんも菅原文太さんも亡くなって、ホント昭和が終わったなって実感させられたよな。昭和は終わった。

松崎　そうですね……。

長州　……おい、松っちゃん。「そうですね」っておまえに何がわかるんだよ？　おまえこそ、まったく笑顔がないよな。あってもおまえの笑顔は暗いんだよ。

松崎　あっ、はい。失礼しました……。

長州　おまえが野球をやるために出てきたことは聞いたけど、なんでまだトーキョー・ジャパンにいるんだ？　おまえはトーキョー・ジャパンで何を夢見てる？

松崎　夢、ですか。いえ、自分はとにかくこの仕事で一人前になることしかいまは考えていませんね……。

長州　そうか。でも、どう低く見積もってもおまえがここから一人前になるにはあと10年はかかるぞ。いいか。10年後、このトーキョー・ジャパンの景色はいまとはまったく変わってるからな。それだけ目まぐるしいぞ、トーキョー・ジャパンという街は。わかってる？

松崎　は、はい……。頭に入れておきます。

長州　ちゃんと頭に入れといたほうがいいよ。それともこうするか、俺と南に行って、一緒に日本一のゴーヤを作るか？

松崎　ゴーヤ、ですか。いえ、どうしたらいいのでしょうか……。

長州　バカッ！　きっぱり断われよ！　まったく……。

店員　いらっしゃませ〜！

（※ここでハイパーヨーヨのふたりと、彼女たちのマネージャーが到着）

ユカリン　すいません、今日はおじゃまします！

チャンチャラ　よろしくお願いします！

長州　えっ？　ああ、どうもどうも。山本くん、この子たちがさっき言ってた人たちなの？

――はい、ハイパーヨーヨのおふたりです。

長州　……なんか思ったよりちっちゃいね。身長はいくつですか？

チャンチャラ　155センチです！

ユカリン　私はもうちょっとだけ低いです！

長州　へえー！　そんなタッパでラップを。トーキョー・ジャパンならではだな……。おふたりは姉妹？

「へえー！　そんなタッパでラップを。トーキョー・ジャパンならではだな……」

チャンチャラ　いえ、他人です。
長州　他人なんだ。いや、一緒にやってるんだから他人ってことはないだろう！（咳き込みながら爆笑）。顔が同じに見えるね。
チャンチャラ　そんなに私たち似てますか？
長州　似てるというか、若い子たちはもうみんな同じ顔に見えるね。おいくつ？
ユカリン　2人とも25です！
長州　えっ！　25！　もっと若く見えるけどね。高校生ぐらいかと思った。
チャンチャラ　うれしい！
ユカリン　超うれしい！
長州　そんなのが凄くうれしいの？　25でもかなり若いと思うんだけど、そんな子たちでも女性はやっぱ若く見られるとうれしいんだ？
ユカリン　それがいちばんうれしいです。
長州　なんかチラッと聞いたけど、ホントにアーティストなの？
チャンチャラ　えっと、アーティストです。
長州　歌を歌ってるの？　ふたりで？
チャンチャラ　はい！
長州　ほう。で、ラップを？
チャンチャラ　最近はラップをやっています。
長州　難しいでしょ？
ユカリン　難しいです、凄く。
長州　俺の考えは古いのかもしれなけど、やっぱり絶対にあのダンスとかさ、あのラップっぽい歌い方というのは黒人とかには勝てないんじゃない？　俺はよくわからないけど。いや、日本人はもともと腰から下を使って動く文化ってないもの。日本は上半身だけの文化ですから。
ユカリン　そうなんですか？
チャンチャラ　上半身だけの文化……。
長州　あのー、なんだっけ？　ちゃんと発音ができないんだけど、きゃりーぱむぱむ（ぱみゅぱみゅ）。あれだって海外でも人気っていうけど、そんなにウケてるのかね？　俺はやっぱりアーティストといえば、ABBAじゃないかと思うんだけど。
──やっぱりABBA（笑）。
長州　歌唱力があって綺麗でっていう。あういうのがアーティストって言うんじゃないの。いやいや、あなたたちがアーティストじゃないって言ってるわけじゃないんですよ？　誤解しないでくださいね？
ユカリン　大丈夫です！

「ふたりとも出身はトーキョー・ジャパンですか？
そうか、やっぱトーキョー・ジャパンですか……」

長州　そちらの方はマネージャーさん？
江崎マサル　はい、マネージャーをしております。

長州　（凝視して）失礼ですけど、マネージャーさんは……ストレートですか？

――ワハハハハ！

江崎　いえ、ストレートです、ストレートです！

長州　ホントかなあ？　めちゃくちゃかわいい顔してるけど……。で、どうですか、お歌の活動のほうは？

チャンチャラ　調子はいいです！　最近はテレビにいっぱい呼んでもらえるようになりました。

――今年は紅白かなと思っていたんですけどね。

長州　えっ、ホントに⁉　あっ、そんなレベルなんだ！　はあ～！

ユカリン　最後の最後で中森明菜さんと競って負けました！

長州　え――っ！　明菜ちゃんと競ったんですか……！　それはそれは……でもそれはよかった。俺、明菜ちゃんを楽しみに今年の紅白を観るつもりなんだから（笑）。

――長州さん、明菜ちゃん好きなんですか？

長州　ウン。彼女のライブはよく観に行ったよな。殊更に口に出してファンだとは言ってこなかったけど。ふたりとも出身はトーキョー・ジャパンですか？

チャンチャラ　はい、トーキョー・ジャパンです！

長州　そうか、やっぱトーキョー・ジャパンですか……。

ユカリン　長州さん、オレたち音楽で革命起こしたいんですけど、革命ってどうやって起こせばいいですか？

長州　ああ、悪いことは言わない。革命はやめたほうがいい。革命ってめっちゃくちゃしんどいんですよ。

チャンチャラ　やっぱしんどいんですか。

長州　そりゃ革命って言うぐらいだからね。めっちゃくちゃしんどいですよ。ただまあ、これは素人なりの意見ですよ？　それでもどうしても革命を起こしたいと思ったなら、腰から下をいかに動かすか。日本は上半身だけの文化だから、そこで下半身をいかに動かせるようになるかで、これはもしかしたら音楽という分野で革命というものが起こせるかもしれないよね。これはこと日本においての話だけどね。

ユカリン　なるほど……。下半身の動きですね。

長州　ああ、こんな時間だ。ごめんなさいね、俺はそろそろもう一件予定があるから出なきゃいけないんですよ。

ユカリン　あっ、そうなんですか。お会いできてうれしかったです！

チャンチャラ　ありがとうございました！

長州　そんなそんな、とんでもない。こちらこそ。

――（小声で）長州さん、枕営業のこととかは聞かなくていいんですか？

長州　（小声で）バカッ！　そっちの下半身じゃないよ。そんなこと聞くやつがあるか……。おまえ、絶対に聞くなよ？

――わかりました……。

ユカリン　ありがとうございました、長州さん！

長州　（大声で）だぁれがチャーシューだっ！
ユカリン　えっ……!!
長州　冗談ですよ、冗談（ニッコリ）。
チャンチャラ　超あせりました、いま！
ユカリン　アハハハハ！　ホントに怖かったです！（笑）。
長州　ワ～ハッハッハ！　よ～し、腰をあげますよ！（小声で）山本、おまえさっきの話は俺が帰ったあとも絶対に聞くなよ？　いいな？
――わかりました……。
長州　それではみなさん、よいお年を！　こら、松っちゃん！　はやくクルマ回せ、コラッ！

【マネージャー・谷口氏の試合後の短評】
２０１４年の忘年会ですね。松崎、いま何をやっているんだろうなあ？　長州のもとには1年くらいしかいなかったですね。この頃、長州は『実話ナックルズ』を熟読していて、〝辞書〟と呼んでいました。最新号の発売日もちゃんと頭の中で記憶していたくらいハマっていましたね。それで「芸能界は枕営業が横行しているとんでもない世界だ」と怖れ始めて、芸能仕事をことごとく断ってくるんですよ。だいぶ仕事に支障が出ましたね。

長州力vs山本
名勝負数え唄
第10戦

「正直言って、俺も新しい靴（リングシューズ）を作ろうか、もうこのままでいいか、考えるときがあるんですよ」

［対戦日］
2015.9.1
（盟友・天龍源一郎の現役引退で自身の幕引きも考えている頃）

「えっ！　菊地凛子ってあの『バベル』に出てた菊地凛子……？」

長州　おっ、山本くん、ひさしぶり！　でもひさしぶりとはいえ、べつに話すことも何もねえよな（笑）。

――た、たしかにそうですね（笑）。

長州　でも今日は目黒のサンマを送ってきてくれた人がいるから、山本くんにもサンマを食わせてやろうと思って持ってきたぞ（笑）。

――ありがとうございます！　……目黒のサンマですか？

長州　あ、目黒じゃねえや、釧路のサンマ。そういえばマネージャーから聞いたけど、こないだ田崎（健太）先生に会ったんだって？

――あっ、そうなんですよ。『KAMINOGE』で『真説・長州力』について取材させていただきました。

長州　ああ、ホントに。山本くんから見て、田崎先生の印象はどうだった？　会ったのは初めて？

――初めてでした。いやあ、おもしろい人でした。

長州　ねえ。

――やっぱり業界外の人だからちょっとタイプが違いますよね。ヘンないかがわしさがないというか（笑）。

長州　俺から言わせれば山本くんも田崎先生も一緒のタイプだけどね。人付き合いもいいし。田崎先生は、俺が専修大学のレスリングのOB会に行くって言ったら、「一緒に行ってもいいですか？」って言うぐらいだから。

――それは取材とかではなくですか？　めちゃくちゃフットワークが軽いですね。

長州　フットワークはめちゃめちゃ軽い人だねえ。まあ、それがあの人の仕事のスタイルなんだろうけど。ダメなものはダメってハッキリ言う人だもん。仕事以外でも、時間が許せば話をしていても意外とそんなに疲れないし。ある意味で山本くんと一緒だよ。山本くんはノンフィクションとか書かないの？

――ええっ？　いや、ボクはどうなんですかねえ？（笑）。

長州　書いたほうがいいんじゃないの、作家として（笑）。これまでいろんな人間に対応してきてるんだから、そろそろだろう。いきなりノンフィクションっていうのが無理なら、まずはコラムぐらいから始めて。

――一念発起してコラムから書きましょうか（笑）。

長州　じゃないと、なんのためにいままでこうして仕事をやってきてるのかわかんないじゃん。意外とここまで築きあげてきた人間関係が財産になってくるからね。もし山本くん、いや山本先生がノンフィクションを書くとしたら素材は誰だろうな？

ちょっと来月までに俺なりに考えておきますよ。

――よろしくお願いします。

長州　でも田崎先生、こないだケガしたって話だけど？

――そうですね。フットサルをやっていて右足の骨にヒビが入ったとかで。

長州 なんかバカなことをやってるなって思うよね。田崎先生も、この国も。

——フットサルでケガをした田崎さんと日本が並列で語られますか。

長州 いまのこの日本という国はおかしいよ。毎日毎日あちこちでいろんな事件が起こってる。しかも、女性や子どもの身に関わった事件が多いじゃない。なんか独特で、気持ち悪い、しかも弱い者による事件が多いよね。だから犯人が読めないヤツらばっかりだよ。それがまた怖い！　それでなんなんだ、JOCも舛添（要一）も。アイツら、いかにも自分は責任を果たしてるみたいな言い方しやがって。舛添はてめえ、自民党による支持で東京都知事になってんだろって、なのに調子いいことばっか言いやがる。俺の知るかぎり、舛添ほど言ってることに芯がない野郎はいないよ。文科省の下村（博文）だってそう。あの程度の人間がなんであの地位に就けるのが不思議だよな。おおっと、いまのはひとり言だぞ、山本くん！　社会派だとか思われるといろいろ怖いからな、この国は……。いつものようにユルい感じで頼むぞ。山本くんの雑誌ってなんだっけ？

——『KAMINOGE』ですね。

長州 ふうん。今月の表紙は誰だったの？

——葛西純選手と染谷将太さんですね。

長州 染谷？　なんか聞いたことあるけど。役者さんだっけ？

——ああ、そうですそうです。奥様が菊地凛子さんで。

長州 えっ！　菊地凛子ってあの『バベル』に出てた菊地凛子……？

——そうです。

長州 ええっ！　ああ、彼女はいい役者さんですよ。俺、ああいう個性的な人、好きなんだよね。ああ、俺、菊地凛子と対談したいなあ！

——えっ、ホントですか⁉　ぜひやりましょうよ！

長州 って冗談はここまでだよ、バカッ！（笑）。

——なんの冗談！（笑）。

長州 いや、でもあの人は凄い個性的だよね。ハリウッドスターだもんね。あの『バベル』とかめちゃくちゃいい映画だから。べつに全裸になろうがポロリしようがべつに。彼女はこれからずいぶん歳を取ったときにもまだやっていれば、とんでもない銀幕の女優になると思うね。あ、これもひとり言ね。話題変えて。

「俺が原監督と握手をしたっていうのは広島市民にとってはあまり気分のいい話じゃないと思うぞ」

——わかりました。この夏は何をしていましたか？

長州 いきなり難しい質問を……（しばし考えこむ）。この夏？

何をやってたって言われたら、仕事をちょこちょこっとやったりとか、道場に行ってトレーニングしたりとか。

――ずっと都内にいらしたんですか？

長州　うん。仕事で広島に行ったりもしたけど。

――あ、オールスター戦の開会宣言に出てましたね。巨人の原辰徳監督と握手をしてるシーンを見ました。

長州　原監督？　うん、会った、会った。えっ、もしかして俺が原監督と握手したってことは報道されてるのか？

――そうですね。ニュースで取り上げられてました。

長州　えっ、そうなのか！　それはマズいな……。

――何がマズいんですか？

長州　何がマズいんですかっておまえ……。だって相手は巨人軍の大将だぞ？　俺がそうやって咄嗟に大人の対応をしたことにより、広島市民がどう思うのか……。広島市民にとってはあまり気分のいい話じゃないと思うぞ、ウン。でも、何十年か前にも会ってるんですよ、原監督とは。そっちはもう時効だろうけど、どうか山本くんのほうで「本当は会っていませんでした」って書いといてくれ。俺が言ったって書くなよ？

――わかりました。じゃあ、今年の夏は海外には行かなかったですか？

長州　行ってないね。台風が立て続けにきたじゃん。で、いまはもう台風がくるってことが1カ月以上前から天気予報でわかるじゃん。だから行きたいと思っても、天気が晴れてなかったら南の島に行ってもなんも意味がないし。ただ、近いうちに、10月くらいには竹富、ダメなら宮古には行きたいなと思ってる。

――最近は海外よりも国内づいてますよね。

長州　ウン。ただ、行っても特にすることはないんだけど、なんかのんびりできるんだよね。竹富に行くのもサイパンに行くのも料金は変わらないし。

――そういえば、こないだタイガー服部さんが「光雄によろしく」って言ってました。

長州　おい！　そうやって長州さんに伝えたら、長州さんが即、中指を立ててたって言っとけよ（笑）。正男はアイツ、ちょっと脅かしといたほうがいいんだから。

――「あんなに怒ってる長州さん、初めて見ました」って言っておきます。

長州　正男なんかよりも、バッファロー吾郎（A）さんは元気ですか？

――ああ、木村さんは元気です。たまに会っています。

長州　吾郎さんにこそよろしく伝えてください。また時間でもあったら飲みましょうって。

――わかりました。今日も誘えばよかったですね。

長州　ああ、いいいい。吾郎さんも忙しいんだから、そんなに気安く誘わないほうがいいって。いや、マジで10月くらいに山本くんも一緒に竹富か宮古に行かない？　俺が毎日、山本くんの子どもと遊んでやるから。

――10月ですか。ちょっと先の予定が見えないんですよねえ。

長州 10月までは天気さえよかったら沖縄のほうはまだまだ暑いからね。竹富に1泊、宮古に2泊ぐらいして3泊4日で。子どもを竹富、宮古なんかに連れて行ったらホントに喜ぶよ。

――そうですねえ、連れて行ってあげたいですねえ。

長州 「あげたいですねえ」で終わっちゃダメなんだよ。「あげよう！」で終わらないと。

――でもなかなか時間が……。

長州 俺が毎日釣りに連れて行ってやるよ。

――長州さん、釣りやるんでしたっけ？

長州 大好きなの。そんなもん、釣りやるぐらいしか時間つぶせないだろ（笑）。竹富には釣り具屋がないから、マネージャーに石垣までフェリーに乗って竿を買いに行かせたりしたけどな。

――ひどい話ですね（笑）。

長州 すげえ釣れるよ、魚。それを民宿に持って帰って、おかあさんに唐揚げにしてもらって、ビールを飲みながらさ。朝いちばんで行けば1泊でも十分だね。

――長州さん、子どもの前でボクにも釣り竿を買いに行かせないでくださいね（笑）。

長州 いやもう、いっぱいあるから大丈夫！　俺が何回マネージャーに買いに行かせたと思ってんだよ（咳き込みながら爆笑）。マジで行こうよ、山本くん。ノンフィクションライターとして（笑）。

「最後に長州力という価値観を誰かに譲ってから降りたい気持ちは間違いなくある」

――なんで笑ってるんですか（笑）。行きたいですけど、10月のどのあたりですか？

長州 天気予報次第だよ。お天気マークが出てる3日間くらいを目指して行きたいな。予報が雨だったら中止！

――検討します！　そういえば、天龍（源一郎）さんが11月に引退をされますが。

長州 ああ、源ちゃんな！　まあ、引退とかそこらへんの話を源ちゃんとはちゃんとしたことがないからな。俺はもう源ちゃんはずいぶん前にどこかで引退興行をやってたのかなと思ったぐらいでさ。この世代はしぶといと。両国だっけ？

――そうですね。11月15日に両国で。

長州 なんてしぶとい！　俺なんかは最後は後楽園かどっかでさ、「ラストマッチ」とかそんな言葉も使わずに、あとになって「あれが長州力の引退試合だったのか」ってなるぐらいのひっそりとした感じで終わりたいよね。それで興行のあとに食事会がありゃ、それでいいよ。

――食事会は絶対やりたいですね（笑）。

長州 いや、正直言って、俺は新しい靴（リングシューズ）を作ろうか、もうこのままでいいか、考えるときがある。もういまの靴もボロボロだけど、それで俺が新しい靴を注文して履いてたらみんながどう思うか？　「あと何年やる気だよ？」って言われるのがオチだろ。

――そんなことはないと思いますよ。

長州　いいんだけど、いまのボロボロの靴、滑るんだよな。

――絶対すぐに作りましょうよ。

長州　ただ、まあ俺の引退興行はもう1回終わってるもんな。だからもう俺は『ファイナル』とか『ラストマッチ』とかそういう仰々しいのはやらないと思う。俺にはそんな名目は必要ないって。だからまあ、俺の引退興行に名目を付けるとしたら『消える』とか。

――『消える』!!　長州さん、それは最高のネーミングですよ！

長州　『ラストマッチ』っていうのはなんとなく引退興行じゃん。「ええ、ラストマッチ？」ってなるでしょ。そんなにみんなを脅かしたりしたくないんですよ。だから俺の場合は後楽園ホールで『消える』。本当にひっそりと消えてやりますよ（笑）。

――いや、『消える』は両国あたりでやりましょうよ。

長州　ダメ！　両国じゃなくて後楽園だよ。

――原監督にもきてもらって。

長州　バカッ！　いや、もう誰も呼ばないよ。『消える』にそんな派手な要素はまったくない。ただし！　俺はもう新聞社まわりとかはやらないよ？

――新聞社まわりはやめましょう。

長州　ウン、絶対やらないね。だけど、ひょっとしてまかり間違って『消える』にテレビとかが入った場合、そうしたら解説を山本くんがやってくれ（笑）。

――ええっ？　いやいや、ボクにはそんな大役は無理ですよ（笑）。

長州　いや、「長州の真の言葉を聞け！」とか「真のリングを見てみろ！」とかってがなってりゃいいんだから、そんなもん。そのへんのインパクトのフォローは頼みましたから。どっか山口県のローカル局とか、そういうのがついてくれりゃいいんだけど。

――でも、天下の長州力が最後はひっそりと消えるって、もったいないですけどねえ。

長州　いやいや、やってる本人としてはもったいなくもなんともないよ。でも、『消える』に向かったら俺はもっと苦しむよ。『消える』に向かって行くのはしんどいだろうな、ウン。精神的にじゃないよ？　コンディションの話で。最後の最後は「えっ、こんなに動けるのに消えるの？」って思わせるぐらいのモノをきっちり見せたいなっていう気持ちはあるよね。源ちゃんも最後はしっかりコンディションを整えて出てほしいよね。

――天龍さんとは人間的にウマが合いました？

長州　源ちゃんとはやっぱり現役時代のほうがバッチリ合ってたよね。お互いにバリバリやってる頃のほうが疎通って合うもんなんですよ。外で飲んでても話が弾むし。俺は平気で「源ちゃん、ショッパイねえ」って言えるぐらいの関係だったと思うよ（笑）。源ちゃんは最後は誰とだっけ？　オカダ（・カズチカ）？

――あっ、そうです。

長州　オカダとシングルなの？

――シングルでやりますね。

長州　それは本当に決定なの？

――決定しました。

長州　ふうん。源ちゃんとオカダね。もしもだぞ、もしも仮に俺が『消える』を本当にやったとしたら、この長州力という価値感を誰かに譲ってから降りたいという気持ちはある。それは間違いなくある。

――最後に長州力の価値観を譲る。

長州　そう。価値観を譲って降りたいよね、ウン。

――やっぱり後楽園なんですか？

長州　俺は最後は後楽園で消えますよ。1回、もうあれだけ東京ドームで派手な引退興行をやったんだから。もう俺には「引退」っていうのはないんだよ。だから『ラストマッチ』とか『引退興行』とか構えたものじゃなくて、『消える』。「レフェリー、服部正男！」とか言って。

――本名でコールして（笑）。

長州　でもホント、新しい靴を作るかどうかっていうのは、ちゃんと考えないとけいないだろうな、ウン。よ～し、このへんで今日は消えよう！

［マネージャー・谷口氏の試合後の短評］

常日頃から「しんどい、しんどい」と言うことが多くなってきた時期です。つまり本気で現役引退を考え始めた頃という。でも、それをインタビューで言うとは思いませんでしたけど、それ以前にインタビューだと思っていないんでしょうね。ただ、〝山本さん〟のほうもあまりスクープだとは思っていない様子で、私も最初は「これは沖縄に連れて行けというサインなのかな？」と誤解していましたので、いろんな意味で「まずいな」と思った記憶があります。

長州力vs山本
名勝負数え唄
第11戦

「俺に対応できる人間というか、
俺がリラックスできるというか、
気を使わなくていい人間
という意味では
山本は貴重なんですよ」

［対戦日］
2016.1.29
（タイガー服部と一緒にサイパンに遊びに行って帰ってきた頃）

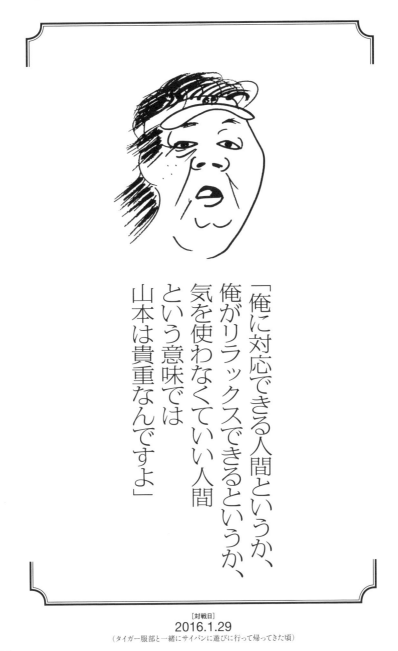

「正男（タイガー服部）と1週間だけサイパンに行ってきた。そんな、俺たち、怪しいアレとかじゃないよ？」

――長州さん、ご無沙汰しています！

長州　コラッ、ご無沙汰っておまえ……（笑）。２週間ぶりくらいだろ？

――いえいえ、去年の9月以来ですよ。

長州　えっ！　そんなにご無沙汰だったか！（目を見開いて）。

――そうですよ。あのとき長州さんに「10月に竹富島に行くぞ」って言われたきり、放置されてました（笑）。

長州　あ？　ああっ、そうだよな！　俺、すっかり忘れてたよ……。でも、それはおまえのほうから言ってこないと、俺も呑んでる席で言ってることだから。竹富はいいよ、いつでも。俺は休みが多いんだから。山本はいつが都合いいの？

――いえいえ、べつにおねだりをしているわけじゃないんです。ただ、こっちは日々仕事をやりながら、いつお呼びがかかるかとずっとドキドキしていまして……（笑）。

長州　いやいや、それは山本のほうから打診してくれよ。俺はいつだって行くんだから、そんなもん。なんか会っていきなり山本に怒られるとは思ってなかったな……（軽くギスギス）。

――いえいえ、まったく怒っていないですから！　結局、単独でも行かれてはいないんですか？

長州　竹富？　行ってないね。最近行ったのはサイパンだけ。でも、いまは沖縄も奄美も雪が降ってるくらいだからな。沖縄の人が「寒い」って言ってるっていうんだもん。まあ、異常気象なのは間違いない。なあ山本、奄美で雪が降ったんだぞ？　これはつまり何を意味するか？　わかるか？

――な、なんでしょう？

長州　「日本で雪が降らないところはない」っていうことだよ。

――なるほどです。

長州　で、山本は竹富に何日くらい行きたいの？

――いえ、殊更に行きたいというわけでもないんですが……。

長州　（聞かずに）２泊くらい？

――……まあ、行けたら2泊3日くらいじゃないですかね。

長州　（急に険しい表情になり）マジかよ……。２泊３日か……。そうしたら、初日はまず朝の7時半に羽田を発つことになるけど、それでもいいか？

――えっ？　いえ、ボクは何時でも合わせますが……。

長州　「何時でも」って簡単に言うけどな、おまえ……。これが難しいんだぞ。

――と言いますと？

長州　飛行機を取るのが。7時半の便はできたばっかりだから非常に人気なんですよ。だって初日から現地で半日過ごせるわけだから、鈴なりのプランなわけ。まあ、そこをだ。マネージャーがちょっとＨＩＳの人を知ってるからな（ニヤリ）。よ～し、

７時半の便で決まりな。それでまずは11時くらいに石垣に着いて、石垣から船に乗って竹富に行こう！　そうしたら、昼間から遊べるから楽しいよ。山本、遊ぶの好きだろ？（ニッコリ）

――まあ、好きか嫌いかで言ったら、好きです（ニッコリ）。

長州　だと思った（ニッコリ）。よし、石垣を拠点にすっか。それで明くる日はまた石垣から今度は宮古に行く。そして１泊して、さらに明くる日に東京に帰ってくると。これで２泊３日だろ。

――ああ、最高じゃないですか！

長州　パーフェクト！　石垣から宮古はさ、「飛びまーす！」って言ったらもう降りてるから、そんなもん（笑）。サイパンとはわけが違うよね、ウン。

――今回、サイパンにはタイガー服部さんと行かれたんですよね？

長州　うん。１週間だけね。

――長州さんと服部さんが２人でサイパンっていう画がどうも浮かびづらいんですよねえ。服部さんとサイパンで何をしてるんですか？

長州　ああ、もう日光浴をしてるだけ。ただ、正男は身体を動かすのが好きだから走ったりもしてるけど。正男はアイツ元気だよ。そんな、俺たち、怪しいアレとかじゃないよ？

――まったく疑っていませんでしたが。

長州　そんなゴシップみたいなのないから。あっ、吾郎さん（バッファロー吾郎Ａ）は元気？

――ああ、元気です！　じつは今日も誘ったんですけど、１月は舞台が入っているらしくてダメでした。吾郎さんも「長州さんに会いたい」ってずっと言ってまして。

長州　えっ、吾郎さんも？　俺も会いたいよ、そんなもん。おい、舞台ってそれ、今日もやってるのか？

――はい、新宿のルミネで。

長州　出ているメンバーは何人くらい？

――いや、そこまではわからないですけど。

長州　有名な人も出てるのかな？　吾郎さんの舞台にはあんまり有名な人が出ないほうがいいけどね。あの人はアングラっぽくやるのがいい。

「女子高生の制服泥棒ってあれは病気なんだよ。『かばうつもりはないが』ってちゃんと書いとけよ」

――アングラっぽく（笑）。

長州　吾郎さんはいい人だよ。俺もテレビを観ててたまに「あっ、吾郎さんだ！」ってなるよ。吾郎さんみたいな、ああいうタイプが俺は好きだよ。素朴でさ、そのへんを歩いてても誰もわからないようなさ。タイプ的に食レポをやるアレ、彦麻呂とか言ったか？　あんなんじゃないから好きですよ。ちょっと待ってて。

（※スマホでどこかに電話中）

長州　そっか。いやいや、いっちゃん、わかった。また電話する、ウン。

――どちらに電話をしていたんですか？

長州　あ？　いっちゃんに。いや、吾郎さんの楽屋に寿司でも差し入れようかと思ったんだけど、いまから新宿だと間に合わないって。なあ山本、おまえ早く言えよ。早くわかってたら俺、ちゃんと差し入れやってあげられたのに。

――ああ、すいません。そのいっちゃんっていうのはお寿司屋さんですか？

長州　バカッ！（笑）。いまケツメイシの子分で1FINGERっていうグループがいるんだよ。

――いっちゃんはそのメンバーですか？

長州　何をとぼけたことを……。石丸はマネージャーだよ（咳き込みながら爆笑）。だから彼らがライブをやるたびに俺、差し入れを出してるの。

――あ、いっちゃんはマネージャーさん。前から気になっていたんですけど、長州さんはなんでケツメイシと仲がいいんですか？

長州　ケツメイシとなんで？　いや、俺が行きつけの飲み屋の常連でもう長いんだよ。だからメンバーみんなと仲がいいよ。それ、みんなが聞くんだよ。「えっ、なんで仲がいいの？」って。

――そうですよね。いったいどういう接点なんだって思っていました。

長州　おい、余計なこと言うな。俺だって音楽を聴くんだよ。

――それはそうですけど（笑）。一緒に飲んだりする関係なのがなんでかなとずっと気になっていました。

長州　（唐突に）しっかしアイツもバカだよなあ、女子高生の制服泥棒って。

――こないだ逮捕された芸人さんの話でしょうか？

長州　そうだよ。でもアレはもう病気だからな、しょうがない部分もあるんですよ。だってさ、俺も高校時代にいつも財布をすられて、お米（お金）がなくなるんだよ。でも、みんなはもうわかってるわけ。「犯人はアイツしかいない」ってわかってるのにやるヤツがいるんだよね。わかってるんだよ、わかってるんだけど、そこで俺らも本人に言えないっていうのは、そいつ自身も苦しくてしょうがないっていう。カネがなくなったら「なくなった！　なくなった！」ってなるだろ。そこでそいつにも「おまえは大丈夫か？」って聞いたら「ボクのもない！」みたいな（咳き込みながら爆笑）。そういうヤツっているよね。あれは病気なんだよ。だからといって俺はかばうとかじゃないぞ。「かばうつもりはないが」ってちゃんと書いとけよ？　いや、病気といえば俺だって病気だよ。

――な、なんの病気ですか？

長州　だって山本と竹富に行く約束をしてたのに、すっかり忘れてたんだから。痴呆が始まってますよ。山本との約束を破ったことに関しては、じつは本気で申し訳ないって気持ちがあるんですよ。

——いやいや、ホント全然ですから（笑）。

長州　いやいやいやいや、ここでおまえは俺の前では「全然、大丈夫」って言うしかないじゃん。そう言うしかないけど、それ以前にいくらおまえが大丈夫だったとしても、約束を忘れてた俺自身にがっかりしてる部分がありますよ。でも、それはおまえからちゃんと「竹富に行きたいんですけど！」ってアピールしてくれないと。ああ、そうだよな。たしかにそんな話はあったあった。まあ、話のノリでね。

——いえ、違うんですよ。もしお誘いを受けてもボクも行けるかどうかわからないので……。

長州　（聞かずに）よし、わかった。じゃあ俺、これから毎日テレビで天気予報を観ますから。向こう10日間くらい出るやつがあるだろ？　テレビの上の端っこのほうに沖縄方面のが出るから、それでじっと俺は向こうの天気を見ながら、山本が行けるタイミングとを照らし合わせる。それでいいか？

——いえいえ、そんなに殊更に天気予報をチェックしないでください。

長州　竹富の宿には俺の釣り竿が2本くらいあるから、いつでも行く準備はある。これは約束する。

——いえ、本当に約束をされるとボクもプレッシャーですから……。

長州　（聞かずに）その宿のおじいちゃんがさ、釣りの餌を作ってくれるんですよ。まあ、餌って言っても魚の切り身だけどな（笑）。それで、おじいちゃんがヤドカリとかハブなんかを捕まえてきてくれりゃ、こっちも「わーっ！」って盛り上がるし。山本、知ってるか？　ハブって竹富にはいるけど宮古にはいないんだよ。なぜだかわかるか？

——いえ、なぜでしょう？

長州　どうやら地層が違うらしいんですよ。ああ、竹富は山本の人生のいい思い出になるだろうな。すげえ楽しみになってきた。

——ボクの人生観が変わりますかね。

長州　そこの旅館で料理をつけてもらったほうがいいか、それとも目の前にあるレストランに行って食ったたほうがいいかは山本の閃きで決めていいから。俺はそれに従う。

——あ、いま閃いたほうがいいですか？

長州　ただし！　旅館の料理はうまいぞ。どうする？

——で、では旅館の料理で……。

長州　やっぱそうなるか（ニッコリ）。ウン、旅館のやつはきちんとした沖縄料理だから。ホントにあそこは何ひとつ不自由がないよ。人がめっちゃめちゃやさしいから。いつだって旅館に行ったら、おじいちゃんとおばあちゃんが「おかえりなさい！」って言ってくれるからね。まあ、ベッキーは休業しちゃったわけだけど。

「俺はローカルからいきたい。岡山で山本とテレビ番組か……。なんか凄くしっくりきたな、いま」

――いきなりベッキーきましたね。

長州　休業ってことはいつか復帰するんだろうけど、ベッキーの場合、いつ「おかえりなさい」になるのかっていう……。甘利（明＝元・経済再生担当相）だっていくら「辞任した」って言ったって、閣僚を辞任しただけだろ？　バッジを外したわけじゃないんだから。しっかし、「♪わたし以外わたしじゃないの〜、だーからーマイナンバーカード」とかやってて、まさかこうなるとは思わなかったけどな（咳き込みながら爆笑）。

――古舘伊知郎さんも『報道ステーション』を辞めますし、石坂浩二さんも『開運！なんでも鑑定団』を降板しますし。

長州　ああ……。石坂浩二さんは俺、いちばん頭がいい人だと買ってたんだけどな。なんか当たり障りのない番組だけど、観てる人は「なんで石坂さんはひと言もしゃべってないんだ？」ってわかってたんだろうね。少なくとも、俺はまったく気づかなかった。

――長州さんも1回出ましたよね、鑑定団。

長州　あ？　ああ、谷文晁だよ、文晁の絵！　よく見たら（鳥の）羽根が切れてて、偽物だったっていう……。まあ、偽物なんじゃないかってことはだいたいわかってたけども、それを殊更に全国ネットで晒されたよな……。過去に文晁のホンモノのやつはなかなか出てないらしいんですよ。おっ、アイツはどうしてる？　金沢（克彦）のバカはまだ生きてるの？

――GK金沢さんはご健在ですね（笑）。

長州　今年も正月を迎えやがったのか、あの野郎……。いや、山本、何を笑ってる？　俺はマジで言ってるんだよ。

――すいません、金沢さんは正月を迎えられました。

長州　アイツと週プロの佐藤（正行編集長＝当時）は浮遊霊だよな。でも、山本。おまえも書く仕事だけやってるの？　それだけ？

――まあ、それだけですね。なんでですか？

長州　いや……。怒るなよ？　絶対に怒るなよ？　山本くんはいい人間だけど、そんなに才能があるようには見えねえんだよな。

――ワハハハハ！　おっしゃることはよくわかります（笑）。

長州　まあ、趣味が広そうというか、いろんなことを知ってるなとは思うけど……。じゃあ、そういうなんていうか、ちゃんとした人たちと会って取材をするときは、それなりの対応をしてるわけだ？

――いや、でも、このままですけどね（笑）。たしかにそんなに才能はないです。

長州　いやいや、自分でそんなこと言うもんじゃないよ。でも山本の最大の功績は、町山（智浩）さんが選んだ未公開映画を数十本、俺に手配してくれたことだよな。あれは本当に感謝してますよ。

――なんか、そんなことありましたね。

長州 それと、これはさっきクルマの中でもマネージャーと話してたことなんだけど、俺に対応できる人間というか、俺がリラックスできるというか、気を使わなくていい人間という意味では山本は貴重なんですよ。

――ああ、ありがとうございます。本当に……。

長州 俺、テレビの仕事やってんじゃん。ああいう、俺にとってはほとんどが初対面の人たちばかりのなかで、どこまでツッコんでいいのか、盛り上げとはいえ、どこまでやればいいのか、いまだにわからないんですよ。そんな俺にまわりにも気を使わせてしまってる。だったらホント、俺と誰かをつけて、『たかじんnoばぁ～』みたいなのができないものかと。

――ああ、それいいですねえ。

長州 いいって、じゃあ、おまえが俺と一緒にやれよ！

――ええーっ！ 長州さん、一緒にやりましょうよ！（笑）。

長州 おおっと、山本！ やるか！

――いやいや、やりましょうよ。『長州noばぁ～』！

長州 ノってきたな、山本。いや、なんかローカル局でいいんですよ。むしろ俺はローカルからいきたい。そのかわり「ピー」はナシだからな？

――危ないことばっか言いたいんですね。

長州 ローカルだからお米（お金）は期待しない。ただ、テレビに慣れるための練習としてはいいんじゃないかと思って。

――テレビに慣れるためにテレビに出ると（笑）。

長州 ただし！ 「ローカルなのにすげえ番組をやってるぞ！」っていうインパクトのある番組にする自信が俺にはある。時間は30分！ いや、俺、30分なら全然もつよ。

――長州さん、それ、ボクの地元の岡山の放送局に企画を持ち込んでやりましょう（笑）。

長州 いやいや、それが岡山さん、いや、岡山さんじゃなくて山本！（笑）。岡山で山本と番組か……。なんか凄くしっくりきたな、いま俺。とにかくなるべく「ピー」は入らない？

「第一希望は土曜日の深夜！ 長州力のデンジャラスト～～ク！ こういうのがあったら俺なら絶対に観るね」

――いえ、現時点では何も決まっていませんので、そこまでは（笑）。

長州 えっ、ホントにやらせてくれない？ 「なんか長州がわけわかんないことを酔っ払ってやってるぞ」とか言われるようなやつを。でさ、酔っ払って悪口とか言っちゃうんだよ、「あの金沢はなんなんだ！ ふざけんなよ、このバカ野郎が！」みたいな。

――凄く身近な悪口を（笑）。

長州　そうそう。いや、身近な話だよ。ベッキーの話とか、甘利の話とか、金沢の話とか。ベッキーや甘利のパートは山本が触れて、金沢の悪口は俺にまかせてもらって。これ、マジでどっかのローカルでやらせてくれないかな？　それをやるってなったときは、俺は山本と組むのがいちばんいい。そのかわり「話はまとまりません。いくら題目があっても、その題目に沿っての話にはならないかもしれないけど、そこに近づけよう、近づけようっていう努力はします」。そういう誓約書を俺と山本が連名で書いてローカル局に出したら、通らない？　そして第1回目のゲストは田崎（健太）先生！

――ことごとく身内ばかりですね！（笑）。

長州　田崎先生はずっと俺に接近して、俺のことを本にしたけど（『真説・長州力』）、俺のほうはまだあの先生の闇の部分を聞いたことがないから。それを第1回目でぶつけてみたい気持ちがある。だけど、俺は金沢の野郎の闇の部分はよ〜く知ってるから、ネタに困ったら金沢を呼びつけると。これやったらね、俺はめっちゃおもしろい番組にする自信あるよ。山本は毎回いろんな話題で、「今日はこの話です」って振ってくれればいい。そこで俺がすぐに脱線をするから、すかさず山本がツッコんで「いやいや、リキさん、今日はこの話題でお願いします！」って（咳き込みながら爆笑）。

――「また金沢さんの話はやめてください！」って（笑）。

長州　「いやいや、もう1回、金沢いくぞ〜」って（咳き込みながら爆笑）。ああ、腹いてえ……。山本の人脈で誰か呼べたりするの？

――う〜ん……。三又又三さんとかですかねえ。

長州　三又か……。でも、まあたまには三又も呼んでみたりしてな。あっ、吾郎さんがいいよ！　俺は絶対的に三又よりも吾郎さんのほうがいいよ。まず「この人たち、いったいどういう関係なの？」っていうのから入って……（咳き込みながら爆笑）。最高だよ、絶対にわけのわかんない番組ができるよ。よ〜し、俺、山本を育てるぞ！

――そんなそんな（笑）。

長州　責任を持って育てますから（きっぱり）。そのかわりじっくりを作戦を考えてね。（小声で）おい……。これ、下手すりゃど真ん中に行っちゃうぞ。

――テレビ業界のど真ん中に……。

長州　セットもカウンターだけあって、酒を置いててくれりゃいいから制作費もかからないと思う。もう収録の30分前から飲んでできあがってるみたいな（笑）。で、絶対に金沢を呼ぶんだよ。で、あの野郎が来たら俺がバッと「この野郎！」っておどかして、山本が「まあまあ」って止めに入ると。当然そういう修羅の回もあると思うよ。なんかそうやってさ、「この俺と山本の普段の感じを、いまこそテレビに映してほしい！」っていう部分もある。

──そんなそんな（笑）。

長州　そういう番組っていうのは時計の反対回りで絶対におもしろいと思うぞ。一歩間違えたら、「あの番組に出させてください」って言ってくる芸人さんがいっぱい出てくるんじゃない？　あとはそこまでやる勇気のある、制作してくれる人がいるかどうかだな。なんかそういう危険なプロデューサーってどっかにいないいもんかね？

──危険なプロデューサー（笑）。まあ、飲んでるときの長州さんの姿を観ることはあまりないですよね。

長州　清原（和博）とか呼べないかね？　そこで「今日はなんの話をする？　山本くん」「今日はタツー（タトゥー）と入れ墨の違いを話しませんか？」「おいおい、山本。清原さんの前でなんてことを」「清原さんのはタツーですか？　入れ墨ですか？」とかって。なんかおもしろいよな。「入れ墨は色が何色までとか制限があるのか？」とか、それを清原の前でするっていう。

──まさにそういう素朴なところからですよね。

長州　俺はテーマは素朴がいいと思うんだよ。年間に2000万人もの外国人観光客が来て、アメリカ人だろうが、中国人だろうが何人だろうが、タツーがいっぱい入ってるこの時代。凄く素朴なテーマだと思うね、俺は。第一希望は土曜日の深夜！　長州力のデンジャラスト～ク！　こういうのがあったら俺なら絶対に観るね。テレビが生き残るにはもう生しかないんだから。

──えっ、生放送じゃないですよね？

長州　あ？　いやまあ、生だろうが収録だろうがいいんだけど……。山本はなんでそこを気にするの？

──いえ、生だったら、ボクは毎週土曜の深夜に長州さんと飲んでるのかなあと……（笑）。

長州　なんだ山本、なんか及び腰だな……。

──いや、そんなことはありません！

長州　山本、もっと気軽に考えてくれていいんだよ。俺の構想の中ではもう山本だけは外せないから。それといいんだよ、いつ打ち切りになったって。おまえはそれぐらい軽い気持ちでいてくれたらいい。デンジャラスな部分は俺が引き受ける。よ～し、そうと決まったら山本、竹富で打ち合わせやるぞ。天気予報のチェックは俺にまかせてくれ！

【マネージャー・谷口氏の試合後の短評】

バッファロー吾郎Aさんは、〝山本さん〟のご紹介で会ってから早々に意気投合したんですよね。長州が大好きな芸人さんのひとりです。この頃には長州は完全に〝山本さん〟にも心を開いていますよね。ただ、あの人の人間の好き嫌いっていまだに傾向がわかんないんですよ。『おつな寿司』のおいなりは、長州の差し入れの定番です。

長州力vs山本
名勝負数え唄
第12戦 ［特別参戦］バッファロー吾郎A

「たとえば〝芸能界の闇〟とか、あるいは〝枕営業〟とかな。いたずらで〝長州力〟って言ったら何度も消臭力が出てきて……。『スマホ、おまえもか！』って愕然としたよね」

［対戦日］
2016.10.29
（人生で初めてスマホのユーザーとなり、音声入力にハマっている頃）

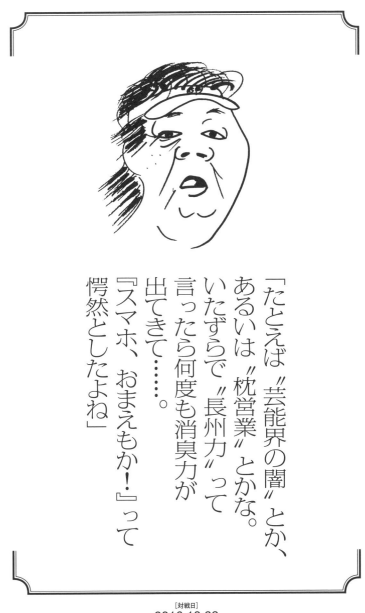

BSフジにて毎週土曜日12：00～13：55に好評オンエア中の『DO YOU？サタデー』。この番組は1週間に起きた事件やニュースをわかりやすく紹介、いま話題のモノや週末の得する情報を全国へお届けする2時間の生放送だ。司会に〝チータ〟こと水前寺清子、そしてコメンテイターとして我らが長州力も出演している。今回は『KAMINOGE』ファミリーであり、長州のお気に入りでもあるバッファロー吾郎A（バッファロー吾郎）が当番組にゲスト出演すると聞き、当日急きょフジテレビの楽屋を訪ね、収録後の長州をひさしぶりにキャッチすることに成功。A先生と一緒に近況を聞いてきたぞ、コラッ！（※同番組は2017年4月に終了している）。

「吾郎さんは髪が伸びちゃって、まるで浅草の古い女性のなんとかミツオ……光雄は俺か」（長州）

長州　おおっ、山本！　ひさしぶりじゃん（ドカッと椅子に座る）。

――お疲れ様です！　長州さん、お元気そうですね。

長州　いやあ、毎日あいかわらずですよ。YMOのほら、なんだっけ。

――えっ？　YMOのなんですか？

長州　YMOの曲でもあったじゃん。あっ、ルーティーン！

――それは『ライディーン』ですかね。

長州　（聞かずに）まあ、いまだにコメンテイターなんてのは慣れない部分があるけども、今日はゲストに吾郎さんがいたから、俺もなんかちょっと落ち着けるなっていう部分はあったけどな。しかし俺、吾郎さんがあんなにしゃべるとは思わなかったよ。

――そりゃ芸人さんですからしゃべりますよ（笑）。

（※ここでバッファロー吾郎Aも長州の楽屋にやってくる）

バ吾A　長州さん、お疲れ様でした！　今日はありがとうございました！

長州　お疲れ様でした～。いや、吾郎さん、さっきは悪かったね。番組中に「長屋のおばちゃん」なんて言っちゃって（笑）。

バ吾A　いやあ、ボクは長屋のおばちゃんじゃないですから（笑）。

長州　しばらく見ないうちにそんなに髪が伸びちゃって、長屋のおばちゃんかと思っちゃった。おそらくいまなら吾郎さんと外ですれ違っても絶対に気づかない自信があるね。頭を下げられても「誰だ？」ってなりますよ。なんか俺のイメージでは、吾郎さんはハンチング帽かなんかを被ってるっていうのがあったんだけどな。

バ吾A　長州さん、この髪型は長屋のおばちゃんじゃなくて綾野剛ですから（笑）。

長州　ワ～ハッハッハ、何をとぼけたことを！（咳き込みながら爆笑）。俺に言わせたらあの浅草の古い女性の、ほら、誰だっけ。なんとかミツオ……光雄は俺か。

――浅香光代ですか？

長州　それだ！

バ吾A　ちょっと待ってくださいよ、浅香光代さんとは全然違いますよ！（笑）。

長州　ほら、笑った顔も浅香光代そっくりだよ（笑）。

バ吾A　ええっ……？　だって浅香光代さんってホンマの女性のパーマじゃないですか（笑）。

長州　ワ〜ハッハッハ！　いや、俺ね、吾郎さんには前にも聞いたことあると思うんですけど、「バッファロー吾郎」っていうのは吾郎さんのフルネームじゃないの？

バ吾A　いや、コンビ名が「バッファロー吾郎」なんですよ。

長州　（急に険しい表情になり）コンビ名が「バッファロー吾郎」……。でも吾郎さんは吾郎さんじゃん。もうひとりの相方が「バッファロー」って名前じゃなく？　あくまでふたりでバッファロー吾郎なんですか？

バ吾A　あっ、はい。なんか紛らわしくてすいません。

長州　う〜ん。いやいや、俺に謝ることではないけども……。じゃあ、もうひとりの人も「吾郎」さんになるの？

バ吾A　いえいえ、相方は「竹若」っていう珍しい名前なんで、みんなからは「竹若」って呼ばれてるんですよ。

長州　竹若？　また浪曲師というか、浪花節とかをやるような名前ですね。

バ吾A　あっ、そういう古い由緒ある、料亭の名前とかであるような名前ですよね。

長州　でも、その浪曲師も芸名はバッファロー吾郎なんだ？

バ吾A　いえ、「バッファロー吾郎の竹若」になります。

長州　「ノタケワカ」っていうのか。

バ吾A　いえ、「の」はつかなくてただの「竹若」です……（汗）。要するにボクのバッファロー吾郎Aって、藤子不二雄Aさんみたいな感じで。

「長州さんがついにキレちゃいましたか！しかも次長課長の河本に（笑）」（バ吾A）

長州　ふうん。とにかく俺は吾郎さんがAだなんてまったく知らなかったよ。いままで「吾郎さん」って呼んでて申し訳なかったですね。俺は人の名前を間違えることなんて普段はないんですけど。

――……………。

バ吾A　いえ、吾郎で間違いじゃないですので！　とにかく今日は初めて長州さんと一緒にお仕事ができて嬉しかったですよ。しかも『DO YOU？サタデー』はずっと好きで観ていた番組だったので。

長州　こちらこそ。俺も吾郎さんがいたから、だいぶ気がラクでしたよ。

バ吾A　そう言っていただけてありがとうございます。でもボクも現場に長州さんがいると凄く楽しかったですね。コーナーMCをやっている次長課長も長州さんと絡んでいるときが凄い楽しそうで（笑）。

長州　いやあ、でも、やっぱりまだまだ慣れないっていうか……大変ですよ、ウン。大変なのは最初からわかってたことではあるけど、やっぱり殊更に大変だったですね。特に大変なのは（テレビで）何を言ってよくて、何を言ったらダメなのかとか、わからなくてついつい考えちゃうんですよ。こないだ失敗したのが和菓子で「おいしいですか？」って聞かれたから、俺は思わず「微妙」って言っちゃったんですよ……。

バ吾A　ワハハハハ！　味が微妙やったんですね（笑）。

長州　だから次長課長の井上（聡）くんが「ああ、ダメダメダメ……」って言ってて。

バ吾A　でも、そういう長州さんの歯に衣を着せないコメントをみなさん喜んでいらっしゃるんじゃないですかね？

長州　いや、自己嫌悪しかないですよね……。もう考える余地というか隙間がないですもん。たしかに老舗の和菓子に対して「微妙」って言ったのはマズかったよな。俺、前にカツ丼でも1回やってて。

バ吾A　カツ丼のときはどうされたんですか？

長州　あれはなんの番組だっけ？　たしかいろんな県のものを食べるっていうので、どっかの県がソースカツ丼を出してきたんだけど、そのときも「ボクは卵とじで作ったカツ丼のほうが好きですね」って言っちゃって、なんかちょっとそれで場の雰囲気が壊れたというか……。だからとにかく余裕がないんですよね。まあ、前は本番中は井上くんに助けてもらいながらやってたんですけど、いまはさらに河本（準一）くんも入ってきて、ちょっと雰囲気が盛り上がってるから助かってるなって。全部しゃべってくれるからね。でも河本くんの場合は「なんなんだ、おまえは？」というか、ひとり言を言ってるのか、俺に話しかけてるのかわからないという部分もある！

バ吾A　裏でずっと河本の肩をパンチしてましたよね（笑）。

長州　ああ、それ、吾郎さんに見られてたのか！（笑）。

バ吾A　「ああ、もううるさい！」みたいな（笑）。もちろん長州さんも笑顔でなんですけど、ずっと肩パンチを入れてて。

長州　ついついキレちゃった（笑）。

バ吾A　長州さんがついにキレちゃいましたか！　しかも次長課長の河本に（笑）。

長州　でも、現場ではみんなが気をつかって助けてくれてるからね。助けられてるっていうのは自分でもよくわかりますね。

——まあ、芸人さんは百戦錬磨ですからね。

バ吾A　とにかく凄い楽しい空気の番組でした。

長州　吾郎さんはそういう職業だから、ああいう雰囲気が楽しいって思うかもしれないけど、俺はちょっとまだまだ楽しさを味わえるような状態でもないし。それはここからずっとやっていったって変わらないでしょうね。冷や汗かくことばっかりですよ。

バ吾A　でも今日、初めて生で見させていただきましたけど、そんな感じには見えなかったですよ。

長州　また、とぼけたことを……。最初の頃はここまでクルマで来るのも大変だったんだから。クルマの中でずっと番組で詠む川柳のことを考えていて大変でしたよ。ホンットに夜も寝ないで川柳を考えてましたから。

バ吾A　アッハッハッハ！　でもボク、あの川柳コーナーは大好きだったんですけどね。

長州　いや、おもしろいことはおもしろいんだけど、なんか凄く深く潜りすぎちゃって、考えすぎちゃったね。サラリーマン川柳を見ると「なかなかだな」って勉強になる部分もあるし。

バ吾A　ボクはなんかこの番組がホントに好きで、最初、何気にチャンネルを変えたときに長州さんとチータさん、それでそのときのゲストが冠二郎さんだったんですよ。そこに次長課長の井上もいて、「なんておもしろい番組なんだ！」と思いましたよ。

長州　河本くんは最初はなんの役だったっけ？

バ吾A　河本は全国のイオンモールのレポートをやってましたよね。

長州　そうだ！　俺もアレを見てるのが楽しかったんだけど、それが実際にスタジオに来るようになっちゃって（笑）。

バ吾A　そこで肩パンチですね（笑）。

長州　だって、こっちは必死になってやってるんだから。

バ吾A　なぜか河本が長州さんの背後に回ろう、回ろうとするんですよね。それを長州さんがずっと警戒していて「なんでうしろに回るんだ！」って（笑）。

長州　ホント、彼にも助けてもらってるのはよくわかってるんですけど、ちょっとうるさいんですよね……。吾郎さん、最近は忙しいですか？

バ吾A　まあ、ぼちぼちです。ホントそんなに忙しくもない感じで。

長州　じゃあ、また時間があったら飲みましょうよ。

バ吾A　ぜひぜひ！　今日は昼間のシラフということで、ちょっと楽しみにしながらも緊張もしてたんですよ。

長州　それは絶対にウソですよ（笑）。

バ吾A　いやいや、ホンマですよ（笑）。

「最近俺、パン食に変えたんですよね。たぶんそれで花粉症になったんじゃないかと……」（長州）

長州　しかし、俺は吾郎さんがあんなにしゃべるとは思わなかったよなあ。いつも会うときはどちらかと言うとおとなしいじゃないですか。俺にとっては吾郎さんのあいう寡黙というか朴訥なところが魅力だったのにな。それがまさかこんなにおしゃべりだったとは……。

バ吾A　いえいえ、仕事ですから……（笑）。
長州　まるで浅香光代みたいにしゃべるというか、なんか声まで似てるような気がしてきて（笑）。
バ吾A　いやいや、ボク、それは全然言われたことないですから（笑）。だから長州さん、この頭は綾野剛さんですからね。
長州　ワ〜ハッハッハ！　吾郎さん、それやめてもらっていいか？「綾野剛」って言うの、もうやめて！　俺、笑いが止まらなくなっちゃうから（涙を流して喜んでいる）。
バ吾A　（低い声で）長州さん、こんにちは。綾野剛です。
長州　やめて、やめて、やめて〜〜〜（笑）。あっ、吾郎さん、来週も番組に来れば？
バ吾A　いや、ぜひご一緒できるのであればまた出たいですけど、長州さんが決められる立場にはないですよね？（笑）。
長州　吾郎さんがいるとホントにホッとしますから。来週のゲストは浅香光代さんということで（笑）。
バ吾A　だからボクは浅香光代さんじゃなくて綾野剛ですから（笑）。
長州　ワ〜ハッハッハ！　吾郎さん、それホントやめてって！
バ吾A　はい、もうこのへんでやめときます（笑）。
長州　で、山本。今日はなんだ？
――いえ、今日もこんな感じでいこうかなと（笑）。
長州　あっ、もう始まってるのか⁉
バ吾A　アッハッハッハ！

長州　近況とかそういう感じか？　だからべつに俺はまったく変わらないですよ。吾郎さんはなんか変わったことある？
バ吾A　いちばん変わったのはやっぱりパーマをあてたことと、それとどうでもいいんですけど、なんかカレーの何かのアレルギーっぽいんですよ。
長州　カレーの？
バ吾A　はい。ボクはもともとカレーが大好きでよく食べるんですけど、最近食べてるとあきらかに身体がダルくなって胃もたれが凄いんですよ。
長州　それは食べすぎじゃなくて？
バ吾A　食べすぎじゃなくて、人並みの量を食べてるんですよね。だけど何かずっと胃もたれがして、言ったらそれが夜中までずっと続くんですよ。それが最近ボクのなかでいちばんのショックで。
長州　それは検診したほうがいいんじゃないですかね。俺は先々週かな、これまで花粉症なんてかかったことないんだけど、ずっと目は赤いし、鼻水は出るし、なんか二日酔いみたいな状態でもわーっとしてるし、「これはいったいなんなのかな？」って思ってたんですよ。そうしたら「秋の花粉症がある」って知って「えーっ⁉」と思って。いまはちょっと落ち着いてきて、鼻水とかは止まったんだけど、まだかゆくてね。俺はそういうものには一生かからないと思ってたのに、どうも歳は関係ないみたいですね。

バ吾A　身体の許容量を超えちゃうとなるって言いますよね。お薬を飲んだりとかはしていないんですか？
長州　いや、何もしてないですよ。まあ、目が濁ってるから消毒液で拭いたりはしてますけど。これはなかなか苦しいですねえ。
バ吾A　たしかにそれは花粉症なのかもしれないですね。人によるのかもしれないですけど、「花粉症にはヨーグルトがいい」って言う方もいますね。
長州　ヨーグルトが？　いや、たまたま今日も番組で花粉症の話題になったけど、なんでも「お米がいい」とかってね。それで俺はハタと気づいたんですよ。ここだけの話ですけど、最近俺、パン食に変えたんですよね。たぶん、それで花粉症になったんじゃないかと思うんですよ。
バ吾A　いや、あれは近い将来にお米で花粉症が治るって話なんですよ。未来の話なので、それは関係ないと思います（笑）。
長州　えっ！　じゃあ、いまからお米に戻してもダメなのか？　もう治るのをじーっと耐えて待つしかないっていう……。
バ吾A　まあでも、食生活に気をつけて悪いことはないですからね。しかし、ボクもカレーが食べられんのはショックですよ。
——カレーが大好きで毎日食べているような人って、どこか調子が悪いからって聞いたことがありますね。だから本能的に身体が薬膳を欲してるっていう。
バ吾A　ええっ、そうなんですか？
長州　ああ、絶対に病院に行ったほうがいいな。いや、山本ちょっと待て。じゃあ、インド人は全員どっか悪いのか？
——そっ、そういえばそうですね……！
長州　そうだろ。まずはおまえが頭の検査しに病院に行ってこいよ。

「（小声で）そういえば高樹沙耶さんも石垣で捕まっちゃったね。山本、これ書くなよ？」（長州）

——わかりました。
バ吾A　でも、長州さん。花粉症なんかは精神論も言いますよね。かかってると思ったらどんどんひどくなって、極端な話「いや、俺は違う」って思うことが大事だっていうのを聞いたことがあって。そうやって認めないことがいちばんいいっていうのは聞いたことがあります。
長州　まさに「病は気から」ですね。吾郎さん、いいこと言った！　山本、ちゃんとこれ書いとけよ。
——わかりました。
長州　あとは俺、ちょっと視力が悪くなってきましたね。だからテレビのアレ（照明）が当たるとちょっとしんどいというか、見づらくて。ずっと視力はよかったんだけど、最近は夜とかに携帯を見るとダメですね。
——あっ、そうだ。長州さんがスマホを手に入れたっていう話を聞きました。

長州　おまえ、それ書くなよ？　長州力が最先端の文明についていってるなんてイメージダウンでしかないからな。

――ひょっとしてLINEとかもやられてるんですか？

長州　LINE？　LINEはまあやってるねえ。

――おーっ！（笑）。

長州　何をそんな殊更に驚くようなことが……。いまやマネージャーともほぼLINEでやりとりしてるからね。ただ、字を打つのが難しいよね。だからマネージャーからLINEが来ても俺はすぐに電話をかけちゃうから。

バ吾A　それは長州さん、スタンプとかを使われたらラクですよ。たとえば「明日は◯時集合です」ってきたら「OK！」みたいなスタンプを打っとけば大丈夫ですので。

――長州さんのスタンプもありますしね。しかし、あれだけポケベル回帰を唱えていた長州さんが、スマホを持たれたというのは大ニュースですよ！

長州　それ、山本の言葉だとしても書くなよ？　炎上とかアレしちゃうと怖いからな。でも、ホントにポケベルで十分じゃないかなと思う部分はいまでもありますよ。しかもアレでしょ、最近は公衆電話が増えてきたって言うじゃない。

バ吾A　あっ、そうなんですか？

長州　なんかで言ってましたよ。やっぱり震災が起きたときなんかのために必要だって。

バ吾A　ああ、なるほど。携帯を持たないで生活をされている方もいるでしょうし、そういう意味で増えてきてるんですね。

長州　でも、最近も日本のあちこちで揺れてるね。ゆうべも鳥取のほうであったし。

バ吾A　一説には東日本大震災の余震がまだ続いているという話もありますね。

長州　だって奄美、沖縄だって地震が起きたんだから。もういろんなところで起きてるよね。あっ！（急に小声になり）そういえば高樹沙耶さんも石垣で捕まっちゃったね。山本、これ書くなよ？

――いえ、それは周知のことですから……。

長州　医療用大麻をあれだけ推しててねえ。医療といえば、河本くんも若いときに飲みすぎて倒れたんでしょ？

バ吾A　ああ、そうですね。

長州　こないだ番組の食事会があったんですよ。そうしたら河本くんが「肉はダメなんです」って言ってて、でも豚肉は食えるんだと。「豚肉と鶏肉の脂はいいけど、牛肉の脂はダメなんです」って意味のわかんないことを言っててね。まあ、昔はけっこう飲んだみたいだね。でもやっぱり身体がちっちゃいから負担もあったんだろうな。まあ、大きくても飲みすぎたらアレなんだろうけど。

バ吾A　河本も最初は腰痛だと思ったんですって。ロケで激しいのがあったから、「あのときに腰を打ったのかな？」って要するに外科的な痛さだと思っていたんですよ。でもおかしいからってことで医者に行ったら急性膵炎やったっていう。

長州　なるほどな……。（Aの顔をまじまじと見つめ）しかしホント、浅香光代に似てますよねえ。

バ吾A　だから綾野剛ですって！

長州　ワ～ハッハッハ！　いや、ちょっとカジュアルな格好をしてる浅香光代にしか見えないですよ（笑）。キャメラマンさん、吾郎さんの首から下は撮らないで。そうしたら浅香光代と対談してるように見えるから。

バ吾A　いや、全然見えないですよ！（笑）。

長州　笑った顔もホントよく似てるよ、ウフフ。

——この「バッファロー吾郎A＝浅香光代」が定着してくると怖いですね（笑）。

バ吾A　ダメです、ダメです（笑）。

「その〝枕営業〟みたいな言葉を長州さんが直接声で検索されてるんですよね？」（バ吾A）

長州　でも、吾郎さんはもうこの世界は長いんですか？

バ吾A　ボクは28年目ですね。ちなみに次長課長はボクらの5年後輩なんですよ。なんでですか？

長州　いや、俺と吾郎さんで旅番組なんかもいいかなとふと思って。

バ吾A　旅ですか？　とか言って、浅香光代さんと浅草に行く旅とかじゃないですよね？（笑）。

長州　ちょうど涼しくなったしねえ。もし一緒にやるなら旅か、それとも映画を観て語るとか。

バ吾A　あっ、いいですねえ。最近、映画は何をご覧になられました？

長州　いや、最近は観てないんですよ。トム・ハンクスの『ダ・ヴィンチ・コード』のシリーズとか、クリント・イーストウッド監督の『ハドソン川の奇跡』は実話だからおもしろいなと思うけどね。あと、なぜか『君の名は。』っていうのが殊更に凄い興行収入をあげてるんでしょ？　だけどあれは俺に言わせれば、男と女が入れ替わるみたいな設定はよく深夜のドラマとかでもなかった？　総理大臣となんかが入れ替わったようなのとか。

バ吾A　ああ、ありましたね。

長州　ありましたよね？　ぶつかった瞬間に舘ひろしが女になったのとかもありましたよね。

バ吾A　ああ、ガッキー（新垣結衣）と入れ替わるやつですね。

長州　それがどうして海外でも売れてるんですかね？　やっぱり海外もヘンなところに興味があるんだな。「君の名は浅香光代！」っていう。

バ吾A　違いますって！（笑）。

長州　（聞かずに）それとピコ太郎！　あれも俺にはわからな

いんですよ。ピコ太郎がつまんないとかそういうことじゃなくて、なんでガイジンがああいうものにバッと食いついたんだろうっていう。

バ吾A ジャスティン・ビーバーが偶然に見つけたことが拡散されたんですよね。

長州 ジャスティン・ビーバー？ ああ、あのヤカラみたいなヤツ？

バ吾A そうです、そうです（笑）。それでピコ太郎が朝起きたら、ＹｏｕＴｕｂｅの再生回数が世界一になっていたんですもんね。

長州 凄いよね。それはピコ太郎も驚いただろうな。「ピコッ！」って飛び起きたのかな（咳き込みながら爆笑）。

バ吾A 世界一ですから飛び起きたでしょうね（笑）。

長州 それはそうと山本！ 俺、『ヤクザと憲法』が観たいからアレ（手配）しろって言わなかったか？

——あっ、あれはまた上映されますよ！ ボクもまだ観ていないんですが……。

長州 いや、上映するしないじゃなくて、手に入らないのか？

——すいません、手に入らないんですよ。

バ吾A じゃあ、映画館に行くしかないですね。

長州 いやあ、そこまでして観たいかというとどうなのかっていう。やっぱり俺は家でゆっくり観るほうがいいんですよね。スマホでもよく似たようなやつをやってるけどね。

バ吾A えっ、長州さん、スマホで映画も観ているんですか？

長州 アレはなんかね、声で検索とかできるでしょ。それでいろんなことを吹き込んでるとそっちのほうに辿り着いちゃうんですよね。

バ吾A えー？ たとえばどのような言葉で検索してるんですか？

長州 たとえば〝芸能界の闇〟とかさ、あるいは〝枕営業〟とか。

バ吾A ワハハハハ！ あいかわらずお好きですねえ！（笑）。

長州 そんなことをやってるとヤクザ映画とかにぶつかっていくんですよ。〝野球〟って打ったら今度は〝清原〟って出るじゃん。それで清原にアレを渡した人間が告白したっていうのが出てくるんだけど、それをおもしろいなと思って、次々とポンと押していったらそこからどんどん。もうキリがないですよ。

「細いヒモをつけて飼い主と犬が道いっぱいに広がって歩いてるヤツ、噛ませ犬にするぞ、コラッ！」（長州）

バ吾A その〝枕営業〟みたいな言葉を、長州さんが直接声で検索されてるんですよね？

長州 そうそう。どんどん言っちゃう。

バ吾A 凄い……。

長州 それと最初はいたずらで自分で〝長州力〟ってやったら、

どうしても〝消臭力〟って何回も出てきちゃってだな……（笑）。
――「違う、違う！」と（笑）。
長州　いくら俺がゆっくりしゃべっても消臭力のことばっか出てきやがってな！　それには俺も愕然としたね。「スマホ、おまえもか！」って思ったよ。
バ吾A　ワハハハハ。〝枕営業〟は一発でいけたんですか？
長州　枕営業とかはもうちゃんと発音できますからバッチリですよ。
――ほかに似たような単語もないですもんね（笑）。
長州　あとは〝消えた芸能人〟とかな。
――パッと思いついたことを言って検索できるって便利ですよね。
長州　あとは『マネーの虎』の虎たちのいま！　あの社長たち、ことごとく自己破産とかしてるんだよな。事業を広げすぎて大赤字こいてたりとかさ、けっこう強烈なアゴを回したんだろうな。カッコつけてたもんね。で、逆にアイツらに門前払いを食らったような人がいま大成功してたりとか。でも、その人たちもカッコつけてたらまた同じことの繰り返しですよ。
バ吾A　そういえば、ピコ太郎も過去に『マネーの虎』に出ていたんですよね。
長州　えっ、そうなんですか⁉
バ吾A　ええ。もちろん出ていたときはピコ太郎って名前じゃなかったんですけど、「海外でやっていきたいんです」って言っていて、最後はノーマネーだったんですけど、途中までいい額までいったんですよ。
長州　へえー。それがいまやホントに海外に届いちゃってんだ。今日の夜なんかも渋谷や六本木に行ったらピコ太郎がいっぱいいるよ。
バ吾A　ああ、ハロウィンですもんね。
長州　ピコ太郎のコスチュームが売り切れだってテレビで言ってたもん。きのうの金曜の夜なんて雨が降って、俺は「ざまーみろ！」って思ったよね。へンな格好してる連中全員、雨に打たれて風邪引いてしまえって思ったよ。そうしたらテレビのインタビューで「今日は寒いので帰ります」って言ってて、「ふざけんな、このバカ野郎！　予定通り繰り出せ！」って（笑）。
バ吾A　ちゃんと遂行しろと（笑）。
長州　去年のハロウィンのときも俺は怒ったんだから。タクシーで六本木を出るのに凄い時間がかかっちゃって。ちっちゃい交差点とか横断歩道で赤信号になっても歩行者が途切れないんだよ。で、運転手が「プッ」てクラクションを鳴らしたんだけど、俺は「プップーってもっと殊更に鳴らさないとダメだろう！」って怒ってね。「なんかあったら俺が出て行ってやるから。いいから鳴らせ！　轢け！」って言って。
――「いいから轢け！」（笑）。
長州　うん、ホントに。「どうのこうの言って囲まれたら俺が行ってやるから」って。

――いやいや、轢かれたほうはもうどうのこうの言える状態じゃないですよ（笑）。

長州　それは自己責任だから俺の知ったことじゃない（キッパリ）。こないだも俺がクルマに乗ってたら交差点で主婦がスマホを見ながら歩いてて、こっちは青なのにもう「クソ！」と思って「どこ見て歩いてるんだ、コラッ！」って言ったら、その女がビックリしてたけど。もう、ああいうのはイライラするんだ、ホントに。俺はああいうデリカシーのない連中にはすっごい気分が悪くなるな。

バ吾A　スマホとかはやっぱり気をつけないといけないですね。

――長州さんは昔、犬に長いリードをつけて散歩をしている人にも怒ってましたよね（笑）。

バ吾A　ワハハハハ！

長州　あれもホントに考えられない！　細いヒモをつけて飼い主と犬が道いっぱいに広がって歩いてるんだから。「噛ませ犬にするぞ、コラッ！」って話だよな（ギスギス）。

バ吾A　噛ませ犬！（笑）。

長州　ああ、思い出したらだんだん胸くそ悪くなってきた……（ギスギス）。よ～し、今日もハロウィンの連中が湧いて出てくる前に帰ろう！　じゃあ、浅香さん。またぜひ飲みましょう！　山本、セッティングを頼んだぞ。

バ吾A　だっ、だから綾野剛ですって……！

［マネージャー・谷口氏の試合後の短評］

『DO YOU?サタデー』という番組では毎回オリジナルの川柳を詠むコーナーがあって、しかもテーマがいつも直前じゃないと来なかったので、本人はかなり思い悩んでいましたね。ホント、当日スタジオに向かうクルマの中でもずっと唸っていたので非常に空気がピリピリしていましたね。ちなみに車中では私も気を利かせねばと思い、その時間に放送されているInterFMのハワイの番組をずっと流していました。もちろん無言で。

長州力vs山本
名勝負数え唄
第13戦

「アントニオ猪木は俺らとは人間としての次元が違うんだからさ。欠点があるとしたら、ダジャレがちょっと下手になってきたぐらいだよ」

［対戦日］
2017.6.29
（スマホで動画を観まくっていて、すぐに“ガガ数”が足りなくなっている頃）

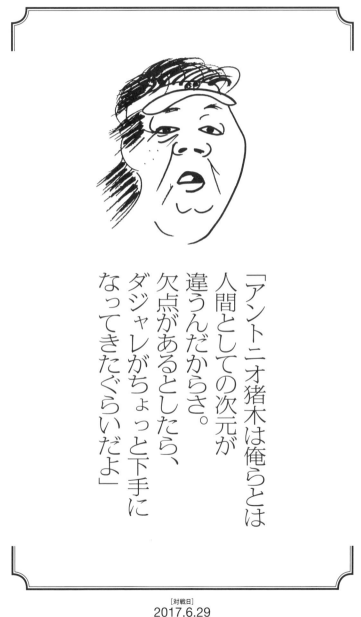

「あの豊田は日本国内の2000万人のハゲを敵に回したんだぞ！」

――長州さん、ご無沙汰しております。

長州　いやあ、とんでもないぞホントに……。

――えっ？

長州　聞いてくれ。さっきさ………。（沈痛な表情でしばし沈黙して）やっぱりいいや。

――なっ、なんですか、教えてくださいよ。

長州　いや、やっぱ山本には言いたくない。さっき起きたことを山本に言いたい俺、言いたくない俺という2種類の俺がせめぎ合ってるところだったんだけど、言いたくない俺というのがほんの少しだけ上回ったな。急に言葉が止まったよね、ウン。

――そうなんですか。それは残念ですね……。

長州　ウン。自分でもここまで急に止まるかって驚いてるよ。もう山本には言わないと思うし、だから山本も止まったほうがいいよ。これ以上、俺が何を言おうとしたかを詮索しようとすると、俺、腰あげちゃうかもわかんないし。

――なるほど……。

長州　（急に笑顔になり）おおっ、そうだ。山本は父の日に子どもになんかしてもらったの？

――えっ？　ああ、ちょっとしたプレゼントをもらいましたね。

長州　ユー・アー・グッドファーザー！（ニコニコ）。俺はね、いちばん上の娘から、なんでもこれさえテレビにつければ映画が見放題というアレをもらったね。そういうのは俺はあまり詳しくないんだけど、なんていうかアレな。だけどまだ取り付けてはいないっていう（ニコニコ）。

――へえ～、映画好きの長州さんには最高のプレゼントじゃないですか。

長州　でも、スターチャンネルもけっこう2～3年くらい前の映画ならバンバンやってるからね。最近観ておもしろかったのは『コンカッション』だろうな。

――アメリカ映画ですか？

長州　アメリカの、なんだあのフェデレーション、フェデレーションなんだっけ。フットボールはなんて言うんだっけ？

――NFLですか。

長州　ああ、NFL。アレの実話で、アレは世界でいちばん大きなスポーツ業界じゃん。そんなアレを相手に訴訟を起こして闘ったという映画なんだけど。アメフトってセンターにデカいヤツが来るじゃん？　そのなかでも凄い神様のように奉られていた選手が、最後にちょっとおかしな症状が出だしてすべてを失っていき、廃人となって亡くなっていくのよ。その原因をナイジェリアから移民してきた黒人のドクターが、チームドクターともうひとりの3人で追求していくんだよ。やっぱりNFLのような巨大な組織にはあまり逆らわないほうがいいとされているんだけど、その黒人のドクターはここ何年かで凄いスーパースターたちが50歳未満とかで自殺したりしてることを問題視して、まわりは反対したんだけど遺体を解剖するんですよ。それで脳みそをスライスしてみたら、ノミくらいの大きさの黒い点が頭に見つかってという。やっぱいくらヘルメットをかぶっていても衝撃のGが凄いらしいね。『コンカッション』っていうのは「脳しんとう」って意味なの。あとはニューヨークの飛行機が降りるやつ。

——やっぱり実話ものがお好きなんですね。その飛行機のやつは『ハドソン川の奇跡』ですね。

長州 そう、トム・ハンクスの。最近観て「おっ」となったのはそれくらいかなあ。あとは連続もののドラマだけど、トム・ハーディの『TABOO』をたまに観るぐらいで。やっぱ映画を観てるときがいちばんいいよ。だってさ、あの、豊田真奈美だっけ？

——違いますよ（笑）。豊田真由子議員ですよね？

長州 ああ、真由子か（笑）。あれはすっごいな〜。現実の社会はそういうのばっかじゃん。

——あれはなんとなく長州さん好みの事件だなと思って見てたんですけど。

長州 バカッ！　どういう意味だよ？（ギロリ）。あれはヘンな意味じゃないけど、お互いに言い合いになったときに「うるせえよ、このクソハゲ！」とかって言うのはさ、まあまあ普通にあることじゃん。だけどあれは違うよな。もう差別用語というか、まるでヘイトスピーチだよ。「ハゲは認めない！」っていう叫びだよな。

——「ハゲは認めない！」という叫び！（笑）。

長州 うん。俺、谷ヤン（マネージャーの谷口氏）とも話したんだよ。「谷ヤン、いま日本の人口は1億ちょっとだよな。その中でハゲは何人にひとりくらいかな？」って。そうしたら、まあ、谷ヤンの感覚だと「5人にひとりくらいじゃないか」と言うんだよ。そうしたら山本、おまえ、1億の5分の1ってことは……。

——2000万人ですね。

長州 そうだろ？　今回、あの豊田は2000万人のハゲを敵に回したんだぞ。とにかく普通の揶揄じゃないんだから。「もう絶対にハゲは認めない！」っていうような叫びだろ。だから真面目な話、俺はハゲの人たちがプラカードを持ってさ、デモをやるべきなんじゃないかって思うけどね。

「オリンピックにかけるカネがあったら、なぜ福島や熊本を復興させないんだ！」

——なるほど。だけど集まってデモしようって時点で、あまりハゲを気にしていない人たちですよね（笑）。

長州 「ハゲ」ってさ、ちょっと会話のなかで出るくらいならハゲの人も気にしないかもしれないけど、あの豊田のはやっぱまずいって。「ハゲは人間ではありません」っていう叫びだから。ちょっとひと味もふた味も違うよな。しかも自民党を離党しただけだろ？

——議員は辞めていないですね。それでいま入院中とのことで。

長州 自民党は崩壊するんじゃないの。この豊田と広島のアイツ（中川俊直議員）。アイツも離党だけだよな。いくら頭を30秒くらいガーッと下げたところでストーカー重婚！　そして今日は下村（博文）元文科大臣の加計学園からの政治献金！

——文春砲くらってましたね。

長州 アレもバッカだよなあ。でも、とにかく豊田の心の叫びだよ。政治家の人間が叫んでる途中でテレビがピーと入れるってのはあまりないことだぞ。少なくとも、俺は過去に見たことも聞いたこともない。だから、あのピーの部分は「この、クソ！」って言ったんだよな。それってコレ（中指）とまったく同じ言葉だから。ただし、だ。俺から言わせると、あの録音をしていた元秘書っていうのもなかなか匂うんだよなあ。誰かに焚きつけられて計画的にやったっていう話もあるみたいだけど。

——「運転中なので叩かないでください」とかちょっと煽ってますよね。

長州 ウン、煽ってる。言葉を引っ張り出そうとしてたのは間違いないよな。（急に険しい表情になり）なあ山本、そうすると世の中みんな闇じゃん………。（うつむいて）なんだかとっても腰をあげたい気分になったな。

——えっ？　いえ、長州さん、もう少しだけお話を……。

長州 だけど、あの人の家族、あの豊田は凄い学歴なんだよな。今回のことであの人の家族、身内はこれからどうなっちゃうんだろ？　旦那のほうの家族もあるし。（うつむいて）それを考えると胸が痛いぞ……。

——あっ、まだ腰はあげないでください。

長州 それで病院に逃げ込んだじゃん？　どこの病院かわからないけど、だいたい院長クラスだったら頭が薄いじゃん。そうしたらさ、院長が「私も髪が薄いんですけど、私ごときが診察しても大丈夫ですか？」とかって言うのかな。山本、どう思う？

——まさにボクもそれはちょっと想像したんですよ（笑）。

長州 おおっ、そうだろ!?　さすが山本っ！

——ありがとうございます（笑）。

長州 個人病院なんかなおさら薄い人が多いからな。

——個人病院だとなおさら（笑）。そんな統計があるんですか？

長州 いや、みんな薄いよ。「私、髪が薄いけど診察してもよろしいですか？」「嫌だーーー！　このハゲーーー！」なんて言うのか？　さすがに豊田でも言えないだろう。山本、おまえちょっとこの話題を楽しんでるとこない？

——えっ？　いえいえ、けっして楽しんではいないですが。

長州 ならいいけど。とにかく最近は魔女狩りをしようとする傾向が強いのも間違いない。不倫した宮崎（謙介）議員の奥さんがいるじゃん、金子（恵美）議員。アレのお母さんを公用車で送ったとかさ、そんなことぐらいはいいんじゃないかと思う。あれもダメだ、これもダメだって、みんなが寄ってたかって魔女狩りをしようと考えてるとしか思えないんだよ。東京オリンピックが決まったとき、みんなはワーッと騒いだけどさ、この日本というちっちゃな島国は敗戦国となり、そこから世界トップクラス……間違いなくベスト10には入る国になったわけだけども、どうして今回オリンピックを小規模でコンパクトにやろうっていう案が全部覆されたんだ？　オリンピックにかけるカネがあったらさ、なぜ福島や熊本をさ、その有り余る予算で復興させないかなって、俺は不思議でしょうがないぞ、山本！（ギスギス）。オリンピックは復興してからじゃダメなのか？　なあ？　そこで「こうして復興しましたよ！」ってアピールすりゃいいじゃん。日本の力だったら全然大丈夫じゃん。

――そうですね。前に『KAMINOGE』で所ジョージさんを取材したんですけど、「おもてなし以前にモラルがない。オリンピック開催地に選ばれたとしても、日本はまだ原発も片づいていないし、地震も多いので今回は見送らせてくださいって言うのが本来の日本だよ」って言ってましたね。

長州　ああ、そうだよな！　所さん、やっぱりなあ。うん、ちゃんと復興させてからだよ。これだけ原発で苦しんでるんだから。おっ、一方で明るい話題もあるんだよ。将棋の藤井聡太四段！　あの子は凄いよなあ。俺は思うんだけど、これからは日本もあらゆる分野で10代が活躍をする時代が来るんじゃないか？　オリンピックにしても東京オリンピック以降はメダルが増えるんじゃないかって気がしてる。俺たちの時代は「陸上や水泳なんて永遠にメダル獲れねえよ」っていうイメージがあったけどさ。山本はドン・ショランダーとか知らないだろ？

「結婚する前に女のコとサイパンに行ったのを撮られたと思うんだけど、アレは『Number』とは違うか？」

――知らないです。水泳選手ですか？

長州　水泳だよ。ドン・ショランダーなんて日本人が逆立ちしたって勝てるイメージがなかったんだから。逆立ちして無理ってことは背泳ぎでも勝てないってことだから（咳き込みながら爆笑）。それがいまは日本もハーフの選手とかが活躍していてな、たとえば陸上のサニブラウン・アブドーラ・ハキーム！

――長州さん、アブドーラじゃなくてアブデルです（笑）。

長州　おっと、名前を間違えたか。おまえはなんでもモロに書くから、人の名前だけは間違わないように気をつけてたんだけどな。

――…………。

長州　サニブラウンともうひとり、20代だけどケンブリッジ飛鳥っていうのも50メートルを過ぎてからの加速力が凄いんだよなあ。しかし、さっきの所ジョージさんの発言はさすがだよね。

（ビート）たけしさんとかもそうだけど、やっぱりあのへんの人たちの考えって柔軟でまともだよ。たけしさんとかも柔軟だもんなあ。もう腰をあげてもいい？

――いえいえ、もう少しだけいきましょう。

長州　あっ、そういえば山本！　谷ヤンから聞いたけど、おまえ、なんか俺のグッズ作っただろ？　なんかで見たけど、山本、あれはひどいよ。

――えーっ⁉

長州　谷ヤンが「山本さんがグッズを作りたがってるので許諾していいですか？」って言うからさ、ああ、山本も物書きだけじゃ食っていけないだろうってことでＯＫしたんだよ。それをおまえ、よっぽどのプロレスファンしか買わないようなのを作りやがって。

――いや、まあ、そこに向けて作ってるんですけど……（笑）。

長州　山本は志が低い！　今日、持ってきてるのか？　早く出せ、ほらっ！

――はい。このＴシャツとキャップを作らせてもらいました。

長州　山本、キャップはまあいいよ。もうちょっとツバが長かったらさらによかったけど。あれ？　おまえ、このツバ固くない？　これじゃ曲げられねえじゃん。

――これは最初からそういう感じのやつなんですよ。

長州　ふうん。キャップはまだいいや。だけどこのＴシャツだよ。これはなんでワンポイントにしなかったんだ？

――ああ、ワンポイントは思いつきませんでした。

長州　そんなさ、俺は昔みたいに毎日プロレスやってるわけじゃないんだから、そこはワンポイントで留めとかないと。

――すみません、以後気をつけます……。

長州　Ｔシャツとキャップだけか？　山本のカバン、ほかに何が入ってるんだ？

――えっ？　いえ、あとは清原（和博）が表紙の『Ｎｕｍｂｅｒ』ですとか……。

長州　ああっ？　清原ぁ？　ちょっと見せろ。おい、一気に10年ぶんくらい歳を取った顔になったな……。でも俺、清原は好きだよ。だけどまさかクスリはっていう、凄い衝撃だったよな。昔っから清原はヤンチャって言われてたけど、そのヤンチャって要するに番長みたいなことじゃん。やっぱり野球にしてもみんなとはレベルがケタ違いだったわけだし、だからいい方向に人生の華が咲いていくと思ったんだけどなあ。それがどんどんヘンな噂話が流れてきて、最後にはクスリにまでいっちゃったから。でも、清原に関しては俺はファンとしての言葉しか言えないよね。

――本当に清原が好きなんですね。

長州　好きだね。クスリはよく再犯率が高いって言うじゃん。だけどこの顔を見ると、彼はこの歳でいろんなことがあって、失ったものの大きさとかを悟ったんじゃないかと思うよね。やっぱりいまでも俺は清原が好き。完全にファンですよ。球界が生んだスーパースターとしては、長嶋（茂雄）さん、王（貞治）さん以降は、まあ松井（秀喜）くんも凄いけど、清原の輝きはまたちょっと違うから。プロ野球はいろいろと厳しい規約とかがあると思うけど、またこれからなんかの役を担ってもらいたいよね。日本では入れ墨だけど、アメリカではタツー（タトゥー）。山本、その入れ墨とタツーの違いってなんなんだ？ いまの時代、「入れ墨＝闇」って結びつけるのはどうかなって思うよね。それ以外は更生してるんだから、二軍でもいいからコーチなりさ、帽子をかぶってユニフォームでなんかやってる姿が見たいよな。俺、清原選手とは1回飲んでみたいよ。

――清原さんとは面識はないんですよね？

長州　ないない。まあ、俺たちファンから言わせたら、彼なら復活できると信じたいね。普通の人がこの写真を見てどう思うかわからないけど、なんか凄い安心感が顔に見えるよね。再犯率がどうとか言うけどさ、がんばって跳ねのけてほしいよ。そういえば俺も昔、『Ｎｕｍｂｅｒ』に載ったことあるぞ。

――いやいや、何回も載られてるんじゃないですか？

長州　あっ、ホントに？ 結婚する前に女のコとサイパンに行ったのを撮られたと思うんだけど、アレは『Ｎｕｍｂｅｒ』とは違うか？

――それは写真週刊誌じゃないですか（笑）。

長州　そんなことよりも山本。おまえ、今日はもっと俺に聞きたいことあるんじゃないの？（ジロリ）。

「スマホに変えてからはもう動画を観まくってるからね。〝ガガ数〟がすぐ足りなくなっちゃう」

――えっ、何かありましたっけ？

長州　おまえ、今日は俺に会長（アントニオ猪木）の話を聞きに来たんじゃないのか？

――あー、猪木さんの話は聞きたいですね！ 最近、またいろいろと騒がれていますよね。

長州　いいか、山本くん。俺だってもうかれこれ40何年さ、なんやかんや言ったってアントニオ猪木とはやりとりがあったわけだから。きのう、新日本の道場で週プロをちらっと見たけど、まあ週プロはプロレスの雑誌だから会長のインタビューといってもそんなにたいしたアレじゃなかったけども。たぶんね、ＩＧＦができたとき、みんな「そんなに長くはねえだろ」って思ってたんだよな。

――まあ正直、そう思っていましたよね。

長州　それはちょっと内情がわかってる部分でもさ。それをさ、いまどういうアレなのかわからないけど、会長とフロントが裁判まで行くようなことをなぜやってるのかなと思って。

――ＩＧＦも10年くらいやってきましたからね。

長州　えっ、ＩＧＦって10年もあったのか？ 俺はそれすらも驚きだよ。まだほんの2〜3年前だと思ってた。そんな10年もやってて、まあ、誰ひとり選手は育ってないじゃん。育つわけがないよ。よくあそこで大きな事故が起きなかったなって思うくらいでさ。まあ、今回は会長とフロントの問題だけど、じゃあ、あそこの選手たちは10年も何をやってたんだ？　俺が新日本でチャンスを与えたヤツのなかで、いくらショッパくったって上にあげていくのに10年はかかってないよ。まあ、もう裁判になってるからあまり余計なことは言うつもりもないけど、会長が直で選手に教えるっていうのはもうないわけだから。年齢的にもだし、議員なんだから。あっ、週プロで会長がしゃべってたからこれも言っていいのか。こないだ会長との食事会があったんだよ。

——じつは噂で聞いていたんですよ。表参道のレストランですよね。プロレス界から錚々たるメンツが集結したみたいで。

長州　そうそう。写真撮影は全部中止でやろうってことでね、いま新日本のがんばってる選手たちも坂口（征二）さんが連れてきたりね。ほかにもけっこういろんな団体の人が来てたよな。

——前田さんも行ったっておっしゃってました。

長州　うん、アキラもいたよ。なんて言うのかな、やっぱり会長がやってきたことっていうのは一括りにまとまるもんじゃないけど、たしかに戦後のスターは力道山とか言うんだけども、力道山のあとは会長が成し遂げたよね。そういう成し遂げてる人に対して、ああだこうだとやらないほうがいい。会長はもう80近い？

——いま、74歳ですね。

長州　いくら歳を取ろうがアントニオ猪木はアントニオ猪木なんだから。俺も会長にはああだこうだ言ってきたけど、もう俺らとは次元が違うんだからさ。だって会長に欠点があるとしたら、ダジャレがちょっと下手になってきたぐらいだよ。

——ダジャレがいまいち（笑）。

長州　ウケが少なくなってきたんだよな。そりゃそうと、山本んちの子どもはまだレスリングやってんの？

——それがですねえ、あっさりと辞めちゃったんですよ（笑）。

長州　あ、そうなの？　おまえ、ちょっとショック受けてんだろ？（笑）。でも、子どものうちは本人が辞めたきゃ辞めりゃいいんだよ。べつに強制じゃねえんだから。本人が好きなことをやったほうがいいよ。ただ、バスケにしろ、サッカーにしろ、スポーツだけはずっとやってたほうがいいっていうのはあるよ。スポーツをやって、疲れて家に帰ってきて、たらふくメシを食って寝てるってほうが安心するよ。子どもが夜遅くまでフラフラと外で何をしてるのかわからないのってのはまずいじゃん。

——長州さんの娘さんたちは、なんのスポーツをやっていたんですか？

長州　まあ、テニスとかやってたけどそれは授業のアレだよな。でも3人とも水泳はやらせたよ。俺がプールにぶん投げてたから。山本んち、わりと自由が丘から近いよな？

――自由が丘はまあまあ近いですかね。

長州 俺、スマホにヒビが2カ所入っちゃってさ、今度の日曜日に自由が丘に行こうと思ってて。

――あ、修理で。

長州 このバカ（スマホケース）が殊更に薄いんだよなあ。だからまったく本体をカバーできていないっていう。もう俺、ドコモからauに変えようかと思ってて。auには二つ折りのケースが売ってるらしいんだよ。

――いや長州さん、それならドコモにもありますよ。

長州 あ、ホントに？ ならいっか。俺、スマホに変えてからはもう動画を観まくってるからね。それで〝ガガ数〟がすぐ足りなくなっちゃうんだけど。

――ギガ数ですかね。

長州 そんなことより、ここに来るときさ…………。（沈痛な表情でしばし沈黙して）やっぱやめた。

――本日2回目の！（笑）。

長州 やっぱり山本には言わない。よ〜し、今日はこのへんで腰をあげるぞ！ 山本、俺もおまえも何もすることがなくなったら、全国をまわってちびっこたちにレスリングを教えに行こうよ。

――それは楽しそうですけど、ボクはレスリングを教えられないですよ（笑）。

長州 わかってるよ、バカッ！ おまえはほら、そこでもTシャツ作って売ってりゃいいじゃん。どうせ物書きだけじゃ食っていけないんだから（咳き込みながら爆笑）。ちょっとそのへん、前向きに考えといてくれ。じゃあ、また。

【マネージャー・谷口氏の試合後の短評】

この日の取材のことはほとんど憶えていないですね。日付を見ると、私の父親の3回忌がちょうどこの時期なので、ちょっと仕事に気持ちが入っていなかったのかもしれません。自分の気持ちが入っていないときって、長州と〝山本さん〟の会話ってほとんど耳に入ってこないんですよ。終始、内容がないですから。それと自分と長州との関係がマンネリになってきていた頃でもありますね。長く一緒にいすぎました……。

長州力vs山本
名勝負数え唄
第14戦

「SNSっていうのはなんなの？
アカウントってなに？
匿名にしたいわけじゃなくて？
裏アカウントってなに？
何の意味があるの？
毒を吐きたいだけなの？
憂さ晴らしなの？
裏アカウントって
バレるものなの？」

［対戦日］
2018.11.7
（ついにファイナルロードがスタートした頃）

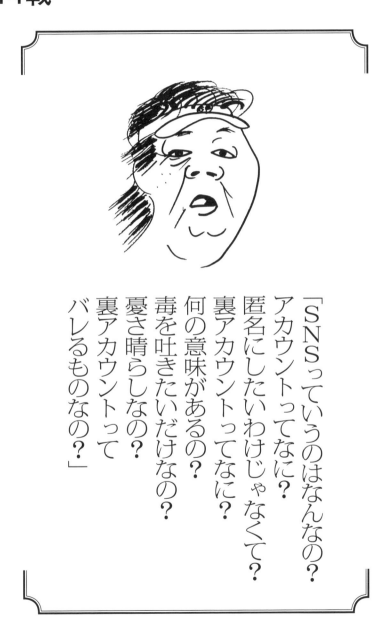

「山本、最近プロレスにハマってんの？さっきからなんだ、その聞き方は。質問攻めじゃん」

――長州さん、お疲れ様です！

長州　おっ、山本！　おい、ひさしぶりだなあ。

――大変ご無沙汰をしておりました。これまではいつも取材場所は六本木の居酒屋だったんですけど、今日は飯田橋ということで。じつはここ（『お肉酒場ＧＩＮＺＡ――ＴＥＩ　ｗｉｔｈ長州力』）には先日もプライベートで1回来たんですけど、長州さん、遅くなりましたがオープンおめでとうございます！

長州　そんな大きな声でおまえ……。今日はわざわざそれを言いに来たの？

――いえ、絶対にそれだけじゃないです。長州さんの近況と、それと年末にまた興行（12・28後楽園ホール『ＰＯＷＥＲ　ＨＡＬＬ　２０１８　イヤー・エンド・スペシャル』）を開催されるということで、そのあたりのお話もおうかがいできたらなと。

長州　後楽園はいつだっけ？

――12月28日ですね。

長州　後楽園で12月28日にやります。どうぞよろしく。

――えっ、以上ですか？（笑）。

長州　まだ何も決まってないからな。だから今日話せることはない。

――この大会が長州さんの「ファイナルロード第1弾」になると発表されていますよね。

長州　ファイナルってておまえ……。みんなが引退試合、引退試合って言うけど、もうめんどくさいよな。俺はもうとっくに終わった（※1回引退をしている）って。

――以前、長州さんは「今度はもう引退とかそういう言葉は使いたくない」とおっしゃっていましたよね。もし、そのときが来たら大会名も『消える』とかそういうのがいいって。

長州　消えたくもないよ（吐き捨てるように）。

――どっちですか……。年末に後楽園をやって、来年の上半期に出身地の山口県、そして長州さんの愛する宮古島でも大会をやることが発表になっていますけど。

長州　さっきから「発表、発表」って、山本！　いくら発表していようがなかろうが、俺は後楽園も含めて本当にまだよくわからないんだから（ギスギス）。いや、俺もやることは知ってるよ？（笑）。とにかく俺の口から言えることは「あと数試合」だってことだよ。

――今年7月の大会後に、長州さんは「もうリングに上がるのが怖い」と言ってましたよね。

長州　ちょっと待て、山本。最近プロレスにハマってんの？さっきからなんだ、その聞き方は。質問攻めじゃん。

――あれ？　なんかひさしぶりすぎてボクの調子がおかしいですかね？

長州　だから「怖い」っていうのは、それはもう、やっぱり何年も前からだよな。自分が現場を仕切っているときにも大変な事故が起きたりしたし、トレーニングさえしていたらケガはしないってこともないじゃん。まあ、個々のレスラーがコンディションを感じながらリングに上がらないと。ただ、それだけだよ。それより山本、息子たちは元気なの？　レスリングはもうやめたんだろ。いまは空手だっけ？

――空手はやったことないですね。いまはバスケとサッカーですね。

長州　おっ、いいじゃん！

――えっ、ホントですか（笑）。

長州　やっていればいいじゃん、なんだって。どうして今日連れてこなかったんだ？　連れてくりゃいいじゃん、ホント。

――子連れで取材に来るとか、あんまりそういう習慣はないですよね。

長州　いやいや、おまえ、子どもがスポーツをやってくれているなんて親はラッキーだぞ。強くなるとか、そんなの関係ないんだから。そのうち社会人になったら身体を動かすことなんかないんだし、スポーツを通じていろんな人間関係を作っていってさ、「俺、このスポーツをやっててよかったな」とか「俺、やっぱバスケ好きだな」って実感できればいいんだよ、ウン。（いきなり親指を立てて）どんなスポーツでもやってみろやぁ！

――いきなり髙田延彦ですか⁉　アハハハハ！

長州　あんまり店の中で騒がないで。

――あ、すみません……。

長州　ほかにお客さんもいるんだから。だけど息子もあっという間だろ？　すぐでかくなるだろ？

――そうですね、あっという間ですね。

長州　おまえ、あと2〜3回まばたきをしてみ？　彼女とか連れてきて「親父！　俺は結婚するからな！」とか言ってるから（笑）。ホントあっという間だよ。ところで山本、俺、ちょっと変わったことない？

「山本から見て元気に見えるだけであって、俺は元気じゃないんですよ」

――えっ、長州さんがですか？　外見ですか？　それとも雰囲気とか？

長州　やっぱり店をやるっていうのは大変なんだよ、山本（しみじみ）。そういうのを実感しながら最近は生きてる。ましてや、飯田橋のど真ん中に入っちゃってるから、もう人間が変わりそうだよ。

――人間が変わりそうですか。

長州　まだオープンしてからそんなに経ってないから、お店のことは常に気になるよな。

――数字とにらめっこをして、一喜一憂じゃないですけど。

長州　そうだよな。きのうなんか天気が悪かったしさ。

——長州さんに直で聞くのもなんなんですが、こちらのオススメのメニューとかあるんですか？

長州　やっぱ『肉盛り』だろうな、ウン。「熱盛‼」っていうのは野球のアレでもあるけどな。

——『報道ステーション』でしたっけ。でも、前々から飲食には興味があるとおっしゃっていましたもんね。今後はほかにも何か考えているんですか？

長州　あとはほら、ちびっこと。

——あっ、レスリング教室ですか？

長州　教室っていうか、まあまあ。あとはプロレスラーと。

——プロレスラーの養成もやられるんですか？

長州　まあ、そんなようなことをお願いされてるから。でも、もう昔みたいな厳しさはないけどな。まあ、ちびっこには教えたいね！　そういう自分ができることをどんどんやりたいよ。俺にはそれしかないもん。

——長州さんがちびっこにレスリングを教えるのはいいですね。できたら、あまり本気じゃないやつがいいですね。

長州　おい。いまそんなことをやったら大変だぞ……。

——でも、地方とかはまだまだスパルタは全然ありますよ。

長州　マジで？　おそろしいな、ホント。まあ、ちびっこ相手に新日本の現場監督みたいなことはやらないよね。だから、こないだも道場を一軒見に行ったんだよ。

——あっ、もうそこまで動いてるんですか？

長州　そういうのは素早いから、俺。それで大学の後輩からひとりかふたりコーチで来てもらったりしたらいいかなと思ってる。山本も道場ができたら遊びに来たらいいよ。

——ぜひぜひ。いやあ、長州さんがあいかわらずお元気そうでうれしいです。

長州　まあ、そんなに元気でもないんだよ。

——えっ、元気じゃないですか。

長州　いや、それは山本から見て元気に見えるだけであって、元気じゃないんですよ。そこで同じ時代の人間から「私、いまちょっと元気がないんですよ」とかそういうのを聞くとなんか寂しさが襲ってくるんだよな。マジで。いまはちゃんとがんばっていろんな仕事をやって、プロレスの業界とは違った社会にも行ってやってるけど、それはある時代の俺が作り上げたキャラクターというものが間違いなくあるわけだろ？　テレビ関係なんかはそういう部分で仕事をもらえるわけだよ。自分のキャラがまだそれなりに使えるのかなっていう部分ではありがたい。ただ、基本的に俺の人生はどう考えたって肉体的にも精神的にもキツかったんだよ。学生時代なんかは特に。そりゃラクだなって思った時代もあるよ。永遠とキツいだけできてるわけじゃないけど。

——学生時代というのは大学のときですか？

長州　うん。キツかったなあ。まあ、あそこからだとチョイスとしてこの世界しかなかったよな。まあ、ここしかないわけじゃなかったけど、そういう部分では先に（ジャンボ）鶴田先輩がこの世界に入っちゃったからな。俺の素質がどうのこうのじゃなくて、「あの人がこの世界に入ったんだったら俺も」っていう部分もあったのかなと。

——鶴田さんのデビュー戦は会場に応援に行かれたんですよね？

長州　いや、帰国第1戦だったんじゃないかな。駒沢かどっか、世田谷だったような気がするね。チケットが回ってきてさ、そのときに俺は初めてプロレスを観たんだよ。もちろんテレビでは観たことがあったけど。それがまさかな。

——その翌年に自分もプロレスの世界に飛び込むとは。

長州　あのまま、ずっと体育寮にいたかったよ（笑）。だけど、監督がこのままじゃしょうがないからってことで、「メシを食いに行くぞ」って言われて全日本プロレスのなんかの前夜祭みたいなパーティーに行って馬場さんと会ったんだよ。「いや〜、でっけえな」って思ったよ。

「アキラは常に何かを論破しようとするところがあるからな。だから聞きもしないのにしゃべってくる」

——そのとき、監督は長州さんを全日本に入れようとしたんですか？

長州　いや、全日本か新日本。そのあと六本木に行ったんだよ。六本木なんて大学の4年間で一度も行ったことない場所だよ。それでテレ朝の前にあった『らん月』っていう。

——すきやき屋さんでしたっけ。

長州　いやあ、野菜のないすきやきなんてそのとき初めて食ったよ。もう永遠と肉だけを食って、「肉ってこんなにもうまいものか！」と。野菜もあるんだけど、まったく入れないでとにかく肉だけ食ってさ。ビックリしたよ。でも、なんで俺がそこにいるのかわからなかったんだよ（笑）。そうしたらテレ朝の関係者がそこにやってきてさ。

「あ、これは新日本のスカウトか」と。

長州　ウチの監督とその人が話し始めて。そういう時代だよな。それであとから猪木さんもやってきて。やっぱカッコよかったよね。

——そのとき、おこづかいをもらったんですよね？

長州　それは、そのあとにもう1回会ったときだよ。凄い待遇だったよ。○○○万だから。

——○○○万⁉　それは「行きまーす！」ってなりますよね。

長州　だって仕送りが2万円の時代だぞ？　消えた灯台に光を入れてくれたよね。感謝したね。そのあと、俺の人生でやっぱり感謝するのは藤波（辰爾）さんだよね。

——ライバルとして藤波さんも光を当ててくれましたね。

長州　常に暗礁に乗り上げてしまう俺にパッと光をくれたよね。藤波さんには感謝だよ。これ、あとは何をしゃべればいいの？

——ちょっと前の話ですけど、日本ボクシング連盟の山根明会長が世間を賑わせていたとき、長州さんはなんて思っているのか気になっていたんですよ。

長州　俺が？　まあ、俺はそんなにハマった感じでもないけどな。レスリングの栄（和人）監督のアレもまったくよくわかんないアレだったし。まあ、どこも組織のアレだろうな。結局はアレじゃん。そもそも体育協会がアレだからいろいろアレだったんだろ。

――（アレが多すぎて話を見失いながら）だから各競技、東京五輪前のイニシアチブを取る動きですよね。どんどんいろんな競技で組織の内部告発が始まって。

長州　そういえばボクシングって東京五輪の競技に決まったの？

――ＩＯＣが除外する可能性を示唆していましたよね。どうなるんですかね？

長州　日大のアメリカンフットボールのアレからどんどん「体制を入れ替えてください」っていうのが出てきたよな。体操のやつもそうじゃん。旦那さんのほうはメキシコの金メダルだっけ？　まあ、それを獲った時代まではアレでもよかったんだろうけど、何十年も経ったいまも協会がずっとそのまんまのアレだったら、やっぱり巣は張ってくるよな。動かしてる人たちもどうしたって感覚が鈍ってきちゃうから。でも、いくら体制が変わってもまたいつか同じことを繰り返すだろうな。そういや、アキラは元気なの？

――あっ、前田さんはお元気ですよ。

長州　なんか芸能の仕事もやっていくとかなんとか聞いたけど。アイツは紙一重でしょ。

――情報が早いですね。

長州　でもアイツはそのまんまでいいじゃん。そのまんまのキャラクターでいけそうだよな。アキラは頭がいいから。ただ、しゃべりすぎだっていう（咳き込みながら爆笑）。

――おしゃべりですか（笑）。

長州　アキラは常に何かを論破しようとするところがあるから。だから聞きもしないのにしゃべってくる。俺の印象ではそうだよ。すぐ話しかけてくるからな。

――かわいい後輩じゃないですか。

長州　アキラがほかの人間と歴史観でやりあうと、自分はいかにも勉強してきたみたいなことで論破しようとするところがある。

――勝手に話しかけてきて論破しにくる（笑）。

長州　敵はそんなにたいした答えが出てないのにだよ。アキラは本とか読むのが好きなんじゃないの？

――日々、凄い量の本を読んでいるみたいですね。

長州　まあ、アキラもいい歳だからな。アキラのとこの子どももちゃんと育ってきてる？

――そうですね。前田さんは子煩悩ですね。

長州　おー、いいことだよ。俺、子煩悩なヤツが好きだよ。

「本当は犬派なんだけど渋々と猫を飼ってるのか、それとも『自分は猫派です！』と胸を張って言えるのか。どっちなんだ？」

――やっぱり遅くに産まれた子どもっていうのもあるでしょうし。いつも子どもの話ばっかしてますね。

長州　子どももアイツにいろいろ教えてくれるよ。アキラの場合、子どもが先生だよ。そうか、意外とそういうところでアキラはやさしいのか。子煩悩になるんだな。ただ、これから芸能とかやるにあたって、俺がアドバイスするとしたら、マネージャーだけは気をつけたほうがいいな。俺は長年ずっとコレ（懐にお金を入れるポーズ）やられてるから。

谷ヤン　なんてことを言うんですか！（笑）。

長州　いやいや、ホントに。俺はずっと泳がせてるんだからな（ギロリ）。でも、俺はこの仕事にはいまだに慣れない。ずっと慣れないだろうな。

――ある意味で長州さんも素のまんまでいい的なオーダーが多いと思うんですが、そこでホントに素でいくのか、それとも素のような感じを演じていますか？

長州　それすらもわかんない（笑）。やっぱ、やっているうちになんとなく染まってくるんじゃないの？　芸人さんも大変だなっていうのは俺にもなんとなくわかるんだよ。1本1本の仕事が次につながるように必死でがんばってますよ。それを俺なんかにも気をつかって話しかけてきてくれたりとかさ、そういうところを見てると反対にこっちもまた気をつかうというか。そこでまた疲れるんだよ。だから芸人さんたちは、ひとつの仕事が終わって移動するときにやっぱり疲れきってるっていうのが目に見えてわかるね。だからみんな大変だよな。芸人さんってどれくらいの数いるのかわからないけど、自分の力で仕事を取ってね。おもしろいよ。

――最近お気に入りの芸人さんっていますか？

長州　前から好きで、いまでもずっと好きなのはタカアンドトシ。

――あー、タカトシはおもしろいですね。

長州　ただ、タカさんはちょっと痩せすぎなんじゃないかなと思ってる。いま旅番組みたいなのが流行ってるから、それでけっこう歩くから体重があるとしんどいんじゃないのかね。

――そういえば、長州さんも『田舎に泊まろう！』に出てましたよね。あまり泊まりたがってないっていう、まさかの展開でしたけど（笑）。

長州　そんなことはないぞ、山本！　おまえ、営業妨害だぞ。いや、それとは関係ないけど、俺さ、よその家で出されるご飯を食べるのが昔から苦手なんだよな。

――あっ、わかります。ボクも昔はそうでした。

長州　ああ、そう？

――友達のお母さんが握ってくれたおにぎりとか食べられなか

ったです（笑）。

長州　たとえば、どんな綺麗な女性が弁当を作って持ってきてくれたとしてもだ。「うーん……」ってなっちゃう。

――あと子どもの頃は水道水を直で飲んでいたじゃないですか。でも友達の家の水が自分の家の水と味が違うじゃないですか。

長州　いや、そこまではわかんないな。山本、潔癖なの？

――いやいや、そんなこともないんですけど（笑）。

長州　俺は犬や猫がいたらもうアウトだよ。最近、みんな家の中で飼ってるじゃん。

――ウチ、猫を飼ってますけど（笑）。

長州　ああ、山本アウト。うわっ、家の中で？

――猫って家の中で飼いますよね？

長州　山本、本気か……。いやいや、本来はどっちが好きなの？本当は犬派なんだけど渋々と猫を飼ってるのか、それとも最初から「自分は猫派です！」と胸を張って言えるのか。どっちなんだ？

――いえ、犬と猫どっちも好きですけど……（笑）。

長州　だって部屋のどっかで1回か2回くらいは糞とか尿をされたことがあるだろ？

――トイレ以外でですか？　それはないですね。

長州　そりゃ賢いよ、山本のところの猫は。感心したな。そうやって山本みたいにきちんと育てられたらいいんだけど、本来、猫の尿なんて凄いからな。だから動物を飼ってる家に入ると、「あっ、この家はどっちか飼ってるな……」って俺はすぐにわかる。ああ、俺はすぐわかるんだよ。

――長州さんはあまり動物が好きじゃないんですね。

長州　いや、好きだよ。特に犬は好き。

――犬は好きなんですか。じゃあ、いまはちょっと猫バッシングをしているわけですね（笑）。

長州　山本には申し訳ないけど、猫は俺の中でちょっと違和感がある。

「よし、じゃあハッシュタグをつけて「#metoo」でやるか？でも「#metoo」っていうのは女性がやるものなのか？」

――違和感……。動物といえば今年の鯉はどうでしたか？

長州　いや、その話はもういいよ。俺はもうカープのことはしゃべらない。山本、いま俺に気を使ってカープの話を振ったんだろうけど、裏目に出たぞ。

――あっ、すみません。

長州　やっぱりね、これは素人の考えだよ？　俺は選手の技量については納得している。緒方（孝市）監督の采配にも納得している。ただ、やっぱり資金力が少しアレなのかな？　最後の粘りというか。そういえば山本、おまえハロウィンとかやんの？渋谷とか行ったの？

――えっ？　いえいえ、まったく近づきもしてませんけど（笑）。

長州　ああ、よかった。おまえが猫の格好をして繰り出したんじゃないかと思って。あれはハロウィンじゃないからな。ハロウィンっていうのは子どもがお菓子をもらいに行くアレだからね。最近はヘンなことばっか起きてるね。ナメクジを食って死んじゃったとか。あっ、アレがあったな。クルマで300キロ近く出して、それをYouTubeに乗っけたヤツがニュースで流れてたな。そいつは結局捕まったけどね。これがいまの日本だよ。GT－Rで300キロ出してパトカーも振り切ったっていうもんな。YouTubeって視聴者が多ければ多いほどお米（お金）になるんだろ？　だからみんなそういう無茶をしてあげちゃうのか？

――まあ、そういうことですね。

長州　アカウントっていうのはなんなの？

――アカウントっていうのはリングネームみたいなものですよ。

長州　ああ、ホントに？　匿名にしたいわけじゃなくて？

――あ、たしかにそういう側面のほうが大きいでしょうね。

長州　裏アカウントっていうのはなんなの？　SNSっていうのはなんなの？

――どんどん質問してきますね……（笑）。

長州　いや、だから俺は実名でやらない人が多いっていうのがよくわからなくて。それ、なんで？　なんの意味がある？　毒を吐きたいだけなの？　憂さ晴らしなの？

――うーん。いや、長州さんの中でもう答えを持っていますよね？（笑）。

長州　裏アカウントってバレるものなの？

――まあ、バレないのもあるんでしょうけど、最終的に追いかけていけば絶対にバレるものなんじゃないですかね。

長州　なるほど。まあ、俺はこれからもブログだけでいいかなあ。気が楽ですよ。嫌ならすぐにブロックできるしな。あっ！　そうそう！　ちょっと『KAMINOGE』で書いてほしいことがあるんだよ！　アイツ！　〇〇〇の野郎だよ（※某業界関係者です）。

――あっ、〇〇〇さんは最近いい話を聞かないですね。長州さんも何かあったんですか？

長州　あの野郎はホントに……。俺がいまからあの野郎のことを一生懸命にしゃべるから、マジでやってくれないか？　もうとんでもない！　まわりの人間関係からもとんでもない金額を搾取してやがる。ちょっと桁がおかしいぞ。みんなやられてるんだよ。人を見てやってるのか知らないけど、1万円も10万円も100万円も関係ないんだよ。すべての人間から搾取する気持ちでやってるわけ。

――ちなみに長州さんはいくらいかれたんですか？

長州　俺は言わない。アイツ、ホントにとんでもないことをやりやがって。いや、「コイツ、どうやって生活しているのかな？」と思ってたんだよ。そうしたら、みんなほとんどやられてるんだよ。知らなかった俺がいちばん最後にひっかかった。だから、これ以上の搾取被害が出ないためにさ、『ＫＡＭＩＮＯＧＥ』でやってくれよ。もうアイツは病気だよ。

——どっかで楔《くさび》を打っておかないと被害者が増えるだけですよね。ただ、こっちもちゃんと裏を取ってからでないとまずいかもです。

長州　なんだ山本、やってくれないのか。『ＫＡＭＩＮＯＧＥ』との付き合い方も考えないとな。

——いえ、それは待ってください。

長州　だからほら、アイツもＳＮＳだよ。ＳＮＳで次のカモを探してるんだから。よし、じゃあこっちもハッシュタグをつけて「＃ｍｅｔｏｏ」でやるか？

——なっ、なるほど！

長州　ＳＮＳにはＳＮＳ。でも「＃ｍｅｔｏｏ」っていうのは女性がやるものなのか？

——いや、たしかにこれも「＃ｍｅｔｏｏ」です。

長州　じゃあ、山本が俺のアカウントを作ってやってくれよ、「＃ｍｅｔｏｏ」で。

——そこはやっぱりボクなんですか……。

長州　よし、山本！　それで行け！　ホントおまえ、これをやらなかったら裏アカウントからおまえをアレするからな。

［マネージャー・谷口氏の試合後の短評］

これ、どっぷりとスマホ依存症になっていますよね。そのわりにＳＮＳのことがまったくわかっていないという。この1年後に本人はツイッターを始めるわけですけど、まさかここから1年経ってもあそこまで使い方を理解できていないとは思ってもみませんでしたね。あと驚くのは、このインタビューの中で「ハッシュタグ」という言葉を使っていることですよ。のちの「ハッシュドタグ」という強烈な言い間違いはどうして生まれてしまったのか……。

長州力vs山本
名勝負数え唄
第15戦

「プロレスは特殊で不思議な
世界だよ。はたして40年の間に
『プロレスをやった』という
感覚が俺にはあったのか？
満足感というものが
どういうものなのか？
どのくらいの人間が納得をして
プロレスを終えれるのかね？」

［対戦日］
2019.5.15
（現役最後の頃）

「慎太郎、おまえはあいかわらず家出をしてきましたみたいな格好をして……」

長州　おっ、山本！　ひさしぶりじゃん。
――お疲れ様です！
長州　俺はべつに山本に飢えていたわけじゃないけどな。まあ、「生きててよかったね」ぐらいは思うよな。
――はい、なんとか生きておりました。
長州　で、今日は何を話すんだ？
――今日はちょっとアレですね。
長州　なんだよ、その言い方（笑）。「ちょっとアレですね」って、アレじゃわかんないだろ。
――6月26日、後楽園のファイナルマッチのチケットはすでに完売しているのですが……。
長州　完売してたら何か問題でもあるのかよ？　そうか、今日は俺にプロレスの話をしろと？
――できたらお願いします。
長州　はあ。さっきさ、俺は道場で汗を流してからここまでタクシーで来たんだけど、ラジオからプロレスの話が流れてきたんだよ。「いま新日本プロレスが凄いですね。プロレスブームなんですね」って。それで運転手が俺に気を使ってボリュームを上げた途端に「いまプロレスラーは若い選手から上は70代までいるんです」とか言ってて、70代って誰がいるんだよ？って。ひょっとして俺のことを言ってるのか？
――藤原組長が70歳になられたので組長のこととか？　あっ、グレート小鹿さんが77歳でまだ試合をやっていますね。
長州　じゃあ、俺のことじゃないのか。俺はまだそこはまたいじゃいないからね。
カメラマン　すみません、遅くなりました……！
長州　おう、慎太郎！　あれ？　今日キャメラはおまえなの？
（※説明しよう。「慎太郎」は長州さんの長女の婿で、職業はカメラマンなのだ！）
慎太郎　そうなんです。今回、『KAMINOGE』さんから頼まれまして。
長州　おい山本、おまえはなんでそうやって俺の一族に取り入ろうとしてくるんだよ。
――いえいえ、取り入ろうなんて気はさらさらないです。慎太郎さん、はじめまして。
長州　しかもいまが初対面なのか⁉（笑）。
――事前にメールではやりとりをしていましたけど（笑）。
長州　えっ、山本は見知らぬ人間とメールをするのか？　おまえ、意外といつもそうなの？
――まあ、意外とそういう機会はありますね。
長州　令和だなぁ。しかし、慎太郎。おまえはあいかわらず家出をしてきましたみたいな格好をして……。結婚したばかりなのに大丈夫か？
慎太郎　あ、はい。大丈夫なつもりですが……。
長州　もし、おまえが俺の実の息子だったとしたら、そんな家出みたいな格好をしてたら家から叩き出してるぞ。
――いやいや、慎太郎さんはなかなかシュッとしたいい男じゃないですか。
長州　はあ？　どこがシュッとしてんだよ。山本の「シュッとしてる」と俺の思う「シュッとしてる」にはかなり開きがあるぞ。慎太郎、おまえ結婚してどんどんちっちゃくなってない？ちゃんとメシを食わせてもらってるのか？
慎太郎　いえ、一応は大丈夫ですけど……。
長州　一応ってなんだよ。ところで山本、これ今日はなんの仕事なの？
――『KAMINOGE』でございます。
長州　ワ～ハッハッハ！『KAMINOGE』か！（笑）。
――えっ、なんで笑うんですか⁉（笑）。
長州　おまえもずっと同じことやっていて飽きないね。いや、感心するなと思って。『KAMINOGE』って、おまえ……（笑）。
――ひどい（笑）。そういえば長州さん、4月に藤波さんの大阪の興行に出られましたよね。
長州　ああ、出た出た。それがなんだよ？
――あのときターザン山本！が1列目に座って観ていたの、知ってますか？
長州　はああ？　あの野郎があ？　知るかよ！（吐き捨てるように）。おまえ、俺の前でよくあの野郎の名前を出す気になったな……（ギスギス）。金輪際、アイツの名前は出すな。

「慎太郎、おまえらに子どもができても、俺のことを『おじいちゃん』って言ったらホントぶっ飛ばすぞ」

――すいません。
慎太郎　……その人はどんな方なんですか？
長州　慎太郎は知らなくてもいい野郎だよ。いや慎太郎、俺はおまえをよく家まで送っていってやってるけど、「ウチに寄っていってください」っていつも言うよな？　なんで？　誰がおまえの家に寄っていくか！　行きたいとも思わない！　山本、俺はコイツらの家にはまだ1回も行ったことがないんだよ。
――ご結婚されたのはいつでしたっけ？
慎太郎　去年（2018年）の12月1日ですね。
――あっ、長州さんの誕生日の2日前だ。
長州　バカッ！　そことなんの関係があるっていうんだよ。
慎太郎　さっき、母の日だったのでお義母さんに白ワインを渡してきました。
長州　慎太郎、おまえから渡してなんの意味がある？　それでウチのが喜んだか？

慎太郎　喜んでいただいていたような気が……。

――長州さんの娘さんとはいつからお付き合いをしていたんですか？

長州　見合いだよ。

慎太郎　み、見合いではないです。じつは彼女とは小学校からずっと一緒だったんですよ。

長州　小学生で見合いをしたのか？

――そんなバカな（笑）。えっ、ということは同級生？

慎太郎　そうなんです。地元が一緒で小学校からずっと同級生で、しかも彼女とは同級生の中でも特に仲がよくて、常に一緒に遊びに行く感じだったんです。

長州　でも同級生と結婚ってうらやましいなと思うよな。同級生で結婚するんだよ？　凄くね？

――お互いに子どものときから知っている上でのことですからね。

長州　俺なんて小学生の頃って、毎日鼻を垂らしながら女の子をいじめてたからな。来る日も来る日も鼻水を垂らしてたぞ（笑）。

慎太郎　ただ、ボクらは友達からそういう関係になるときの切り替えがちょっと急ではありましたね。

長州　切り替えときたか。

――そこが切り替わったのはいつ頃だったんですか？

慎太郎　えっと、去年の……。

――最近ですね。お義父さんの前で恐縮ですけど、どうしていきなり恋愛関係に発展したんですか？

長州　おい、山本。「お義父さん」って言うな。

――えっ、なんでですか？

慎太郎　ボクも「お義父さん」って呼んだことはまだ一度もなくて……（笑）。

長州　おい、慎太郎。これからおまえらに子どもができても、俺のことを「おじいちゃん」って言ったらホントぶっ飛ばすぞ。俺のことは「師匠」か「ボス」だよ。

慎太郎　は、はい。

――えっ、なんでですか？

長州　いや、「お義父さん」はどうも聞き捨てならない。馴れ馴れしいだろ。

――じゃあ、慎太郎さんはいまは長州さんのことをなんて呼んでるんですか？

慎太郎　「リキさん」ですね。

――めっちゃマブじゃないですか（笑）。

長州　まあまあ、普段は「リキさん」だよ。だけど「お義父さん」って言ったらホントぶっ飛ばす！

――で、どうやって恋愛に発展したんですか？

慎太郎　ずっとお互いに長いこと恋人もいなくて、もう歳も歳なので落ち着こうかなということになりまして。

——いま、おいくつですか？
慎太郎 31ですね。それでリキさんはボクのことをずっとゲイだと思っていたみたいで……。
長州 そう思ってたんだよね。それで娘に聞いても「うん、そうなの」って言うから、「ああ、いいじゃん。人それぞれだよ」って言ってたんだけど、それがウチの娘と付き合ってるって聞いて、俺は頭が混乱したね。「ということはウチの娘はなんなんだ？ いったいどういうことなんだ……」って。

「総括って山本は気が早い！それは6月の後楽園ホールが終わって、そのときに何を思うかだろ」

——それで慎太郎さんはいま、長州さんのマネージメントのサポートもされているんですよね？
慎太郎 そうですね。カメラマンをやりつつ、そっちもやらせていただいてます。
——事前のメールのやりとりから、慎太郎さんが真面目な方だというのは文面から伝わってきましたよ。
長州 山本、何をもって真面目って言うんだ？ 慎太郎が真面目な人だって言うんなら、俺なんかめっちゃくちゃ真面目だぞ。
慎太郎 リキさんからは「おまえはメールの文章が固い」って言われています（笑）。
——「カ、カテェ……！」と。いやいや、メールの文面はかなりいいですよ。
長州 おまえに何がわかるんだ（笑）。
——ボクも一応社会人ですから（笑）。
長州 そういえば慎太郎、そろそろアレだな。水遊びの季節が来たな。
慎太郎 あっ、コストコに大きいのが売ってましたので今度買っておきます。
——水遊びってなんですか？
慎太郎 リキさんは自宅のベランダでビニールのプールに入られるんですよ。
長州 まあ、プールというかパラソルだよな。
慎太郎 ベランダでプールに水を張って、パラソルを立てるんです。
長州 山本はいつもスクープを持っていくな。
——長州さんがベランダで水遊びすることをスクープだとは捉えていないです。
長州 今日はこんな感じでオッケーだろ。
——いえ、ちょっとだけプロレスの総括的なお話を聞かせていただけたら……。
長州 総括って山本は気が早い！ 俺はデビューしたときから総括だよ。それは6月の後楽園ホールが終わって、そのときに何を思うかだろ。やっぱり「プロレスとはこういう世界でした」

っていうのは、選手それぞれでみんな捉え方は違うし、途中で辞めていく人間もいるし、いろんなところを回りながらずっとやっているのもいる。それが苦しいのか、苦しくないのか。ハッピーなのか、ハッピーじゃないのか。そしてプロレスから何を見出したのか？　俺の口から一言では言えないよ。最終的にレスラーは自分で決めて最後のピリオドを打つわけだから、俺がどうたらこうたら言うつもりはまったくない。「おまえはまだやるの？　大変だよな」って言うつもりもないよ。ただ、なんとなく40年やってきて、はたしてその40年の間に「プロレスをやった」という感覚が俺にはあったのか？　やっぱり俺は体育会系みたいな感覚でやってきたような気がするね。

――大学からの延長でっていう。

長州　俺自身はそんな感じがするな。でもプロレス界っていうのはいろんな意味で一般社会とはまったく違うものだよ。そこに俺は長く居すぎたなっていう感じがする。俺みたいにアマチュアから入った選手もけっこう多くなったけど、そいつらもちゃんと切り替えができた上でプロレスの世界に入ってるのかなって聞いてみたい部分もあるよな。おそらく延長っぽくありつつも、自分なりに「プロレスはこういう世界なんだ」ってことを理解して取り入れてやってるんだろうけどな。新日本のアレらもう50代くらいだろ。永田（裕志）とか中西（学）とかはアマレスでは活躍したけど、プロレスではどうだったのか？　そこを俺がどうだこうだって言うのはまったくない。まあでも、何十年もやればプライベートのスタンスも変わってくるしな。結婚もして、子どももできて、家庭を持っていくわけだから。ただ、俺の場合は、ある意味で昭和の時代からスタートできてよかったのかなという部分はあるよ。だからやれたのかなっていう思いもある。じゃあ、「満足感はありますか？」って聞かれても、どういうものが満足感と言うのかが微妙にわからない。もう時代も令和になって、俺なんかギリギリ枝にぶら下がってるようなもんだから（笑）。

――なかなか本人が「満足しきった」と思えることってないのかもしれませんね。

長州　あるのか、ないのかもわからないからな。まあ、勝っても負けてもイーブンみたいなものだよ。やっぱりプロレスはアマレスとは違うんだよ。だからこそ、ある意味ではおもしろいんだけど、そのなかでどのくらいの人間が納得をして終われるのか？　これもまた厳しいものでさ。プロレスって不思議な世界だよ。なんだかんだ言っても誰かがコントロールをするわけだから、選手自身が「こうやって打ち出そう」って思うものすべてが通る世界ではないんだよな。やっぱりそれぞれに役割があり、それぞれがその役割を作り上げていく。「いや、ボクはこうやっていきます」とかが通らない世界だから。

――そういう部分も体育会系的ではありますよね。長州さんは大学のレスリング部でキャプテンをやられていましたけど。

長州　それはあまり関係ないぞ。

――ひとつの集団をまとめることが得意なわけではないですか？

長州　それはその立場になれば、そのときはやりますよっていうだけで。面倒はみるけど、人を育てることって難しいんだよ。

「山本、おまえがしゃべれ。おまえは幸せなの？その幸せっていうのは、どこまでの枠なの？」

――「面倒をみる」と「育てる」は一見同じことのように聞こえますけど。

長州　でもちょっと違うんだ。「育てよう」とすると、そこは自分の考えとか感覚で「これはこうなんだぞ」という具合に教えなきゃいけないだろ。それは俺にはできない。ただ、面倒はみることはできる。面倒はみてやるから、そこで個々がいろんなことを理解していきながら自分自身に付け加えていくんだよ。その付け加えるものというのは、それこそ人それぞれだよ。俺自身にも自分に付け加えたもの、付け加え方というのがあったわけだから。ただ、それって一般社会でも一緒なんじゃないの？　俺はわかんねえけどさ、サラリーマンだって同じだろ。「よーし、俺が面倒をみてやるから、俺の言うことを聞けよ！」ってイチからスパートして育ててやるって言ったって、そんなの同じ人間にはなりきれねえわけだから。

――そもそも自分と同じ人間は必要ないですしね。

長州　そうだよ。だけどレスラーの中には「憧れて入ってきました！」っていうのがいるじゃん。憧れて入って来てる時点でそういうヤツは挫折も早いよ。

――そこが難しいですよね。いまの現役レスラーは憧れてこの世界に入ってきたというのが大多数ですし、それは何よりだとも思えますし。

長州　とにかくプロレスの話はしたくねえんだ。みんなそれぞれに俺に対するイメージを持っていて、その印象というのは人によってまったく違うだろ。俺はそれにいちいち何十年も前にさかのぼって話をしなければいけないのか？「あのときの心境はどうでしたか？」って聞かれても、そんなのはガキの頃に両親に叱られた原因をしゃべるのと一緒だからな。それをひとりひとりの俺のイメージに合わせてどうやって対応できるっていうんだ。ホントに頭を下げるからもう勘弁してくれ。これ、普通に働いてる人はこれまでの人生を問われて答えられるもんなのかね？

――ただ、たいていの人は自分の半生というか人生を、自分自身で肯定したいもんなんじゃないですかね。

長州　出たな、山本節。おい、これ（レコーダー）を自分の前に置いて、おまえが自分自身を吐け。

――ボクの半生を聞いてくれます？（笑）。

長州　聞いてやるからおまえがしゃべれ。で、それを『ＫＡＭＩＮＯＧＥ』に出せ。そのとき俺は初めてカネを出して買ってやるから（笑）。山本、おまえは幸せなの？

――ボクは幸せですね（笑）。

長州　その幸せっていうのは、どこまでの枠なの？

――そこは個々が思う幸せですよね。ボクはそこの能力だけは高くてですね、いろいろイヤなこともありますけど、自分ではめちゃくちゃ幸せな人生のような気がしているんですよ（笑）。

長州　それは俺だって、生きていて困ってることがなくはないけど、だけどそれは家族で解消できるレベルのものだよ。それは幸せの枠の中に入るようなものなのか？

――だったら幸せなんじゃないですか？

長州　いや、俺が聞いてるんだから答えろよ。

――幸せですよね。困ったこととかっていうのは頻繁にやってくるのが普通じゃないですか。

長州　それが当たり前だと思うんだったら幸せだよな。

――ボクは単に能天気なんですよ。

長州　その能天気というのは、どこまでの枠が能天気なのか？これもまた難しい。だから俺はガキの頃から「おまえに俺の何がわかるんだ！」といつも言ってきたけど、俺自身もいまだに自分のことがハッキリとわかってないんだよな。それなのに、他人に俺のことをああだこうだと言われたくないんだよ。俺はいまでも「おまえに俺の何がわかるんだ」と思ってる。ただ、俺も山本と同じで能天気なヤツだよ。昭和の時代は楽しかった。貧しさを感じたこともなかったし。それで平成になったといっても、そこで人間の顔とか姿形がガラッと変わっていったわけでもないし、言葉が変わったわけでもないし。だからいまは令和まで来たけど、なんか交通事故が多いよなとかさ、それくらいだよ。単純だもん、俺。だけど昭和のほうがもうちょっと情緒っぽいものが感じられたよな。ちっちゃな田舎町でも賑やかなお祭りがあってさ、ましてや俺らの頃なんかベビーブームだったから、中学のときなんか1学年で13組まであったんだぞ。1クラスが50人くらいでだぞ？　高校に行ったら15組だよ。学校の上から下までだと２０００人くらいいたぞ。なのに意外と個々の名前を覚えられたんだよな。年寄りの怖い先生たちもいまだに印象深いし、愛着もあったから、卒業するときは「お世話になりました！」って言ったもん。それがいまなんか、生徒に「おまえ、もっと頭を使えよ」って言われるぐらいだからな。慎太郎の世代なんかは絶対に学生の数が少ないよな？

慎太郎　ボクの小学校は2クラスでしたね。

長州　ほら！　そんなもんだよ。中学は弁当？　給食？

慎太郎　弁当でした。小中はずっと弁当ですね。

長州　弁当だったの？　東京のほうの中学校ってわかんねえなあ。俺らなんておまえ、給食委員が取りに行って配膳をしてたぞ。

慎太郎　いえ、リキさんのとこと同じ学校なので……。

長州　あっ、そういえばウチでも娘に弁当を作ってたな！（笑）。弁当ということは私立？

慎太郎　私立です。いえ、ですから同じ学校ですので……。リキさん、面接で並んでましたよね。

――えっ、長州さん、面接に出たんですか（笑）。

長州 あ？ ああ、俺は朝の4時から並んだよ。六本木で飲んでいてそのまんま行って（笑）。

――なんでそんな朝早くから行かなきゃいけないんですか？

長州 「どうしてもここに入れたいんです」っていう親の誠意を見せるというのかな。とにかく家内が「絶対に10番以内を取ってきて！」って言うもんだからさ。子どもはそこに入りたいっていう意思なんかねえんだから、親の熱意のほうが重要視されるんだろうな。俺もちゃんと親をやってるだろ？（笑）。

――素晴らしいですね。

長州 そうしたら先生みたいなのが懐中電灯みたいなのを持ってやってきて、「お寒いのに早くからご苦労様です」とか言ってさ、俺は「いえいえ、さっきまで六本木で飲んでましたから大丈夫です」なんて言えるわけもなく（笑）。だからレスラーも子どもも一緒だよ。俺は面倒をみることはできる。ただ、育つのは勝手に育て。それで慎太郎みたいな家出少年みたいなヤツと一緒になろうが、それで幸せならいいじゃん。だから特殊なのはプロレスだけじゃないよな。社会全体が特殊な世界で、人間も全員特殊なんだよ。とにかく山本、総括は6月の後楽園が終わってからだよ。そこでおまえも自分の人生を吐け。ヒマになってるだろうからゆっくり聞いてやるよ（笑）。

【マネージャー・谷口氏の試合後の短評】

引退の1カ月前ですね。このあたりから現場はセカンドマネージャーとして慎太郎が入っているんですよね。慎太郎の本業がカメラマンなので、〝山本さん〟も撮影をお願いするのに都合がよかったんでしょう。引退前の雰囲気は感傷的になっているわけでもなく、普段と変わらない感じでしたね。この頃、本人の頭の中は飯田橋でやっていた酒場『ＧＩＮＺＡ－ＴＥＩｗｉｔｈ長州力』の売り上げのことがほぼ支配していたと思います。

長州力vs山本
名勝負数え唄
第16戦

「みんな壊れかかったヤツ
ばっかりだ。
ホントにぶっ壊れたら
どうすんだよ？　変な末路で
終わらなきゃいいなってヤツも
たくさんいる。だから俺は
〝プロレス〟を身体から
抜いてるところなんだよ」

［対戦日］
2019.7.10
（引退から2週間後、初孫誕生を控えてそわそわしっぱなしの頃）

2019年6月26日、後楽園ホールで革命戦士・長州力が45年のプロレス人生の幕を閉じた。

チケットは発売初日に完売。当日は全国27カ所の映画館でライブ中継された。

ファイナルマッチは6人タッグマッチでおこなわれ、長州は越中詩郎、石井智宏と組み、藤波辰爾、武藤敬司、真壁刀義組と対戦。

永遠のライバル・藤波にサソリ固めを決めれば、弟子である真壁にもラリアットを浴びせてダウンを奪うなど見せ場を作ったが、最後は真壁のトップロープからのキングコング・ニードロップ4連発を食らうと、そのままピンフォール負けを喫した。

試合後、長州はひとりリングに残り、ファンや関係者に感謝の挨拶。そして英子夫人をリングに呼び込み、熱い抱擁を交わしたのだった。

あれから2週間が経った7月10日、引退後初めて話を聞いた――のだが。

「まだ道場には行ってる。俺は練習に行かないとマグロみたいに沈んでいって死んじゃうタイプかもしれねえな」

――あれ？　慎太郎さんは今日は来れないんじゃなかったでしたっけ？

慎太郎　いえ、さっき急きょ予定が変わったので、やっぱり顔を出させていただきました。

（※あらためて説明しよう。「慎太郎」は長州さんの長女の婿であり、職業はカメラマンだが、現在は長州さんのマネージメントのサポートもおこなっているのだ！）

――予定が変わったって、今日は奥さんが出産される日だったんですよね？

慎太郎　それが明日になっちゃいまして。（スマホを見て）あっ、もうすぐリキさんも来ますので。

――そうなんですか。それでも明日なら、もう顔を出さなくても大丈夫だったのにすいません。

慎太郎　いえいえ、どうせ今日はもうすることもないので。

（※ここで長州力が登場）

長州　おう。（ドカッと椅子に座り）おい。なんでまた、こうして山本と会わなきゃいけないんだよ。今日は何をやりたいんだ？（そわそわ）。

――お疲れ様です。先日の後楽園でのファイナルマッチを終えて2週間が経ちましたけど、いまの心境というか。

長州　終えて？　終えたのに？　もうすべてが終わったのに「終

わりました」以外に心境も何もないだろう。何をしゃべれって言うんだ。おい、慎太郎。今日はホントに「ない」のか？（そわそわ）。

慎太郎　はい、今日っていうのは絶対にないです。

長州　そうか。俺、ずっと家で待機してたよ。

慎太郎　すみません。

長州　じゃあ、今日はゆっくり飲むか。

――当日になって「やっぱり今日はなし」ってこともあるもんなんですね。

慎太郎　そうですね。今日も何回か経過を見てのことなんですけど。

長州　なんだ、山本も知ってるのか？（そわそわ）。

――はい、きのう慎太郎さんから聞きました。男の子か女の子かはもうわかってるんですか？

慎太郎　はい、男の子です。

――おー、男だ。

長州　おい山本、そんなことを聞くな。男だろうが、女だろうが、中性だろうがおまえには関係ないだろう。今日は男か女か中性かを聞きにきたのか？（そわそわ）。

――いえ、長州さんが現役を終えられたいまの心境です。

長州　……。もう終わった。俺の総括はない。

――……。じゃあ、「総括はない」という話をたくさんしてもらってもいいですか？

長州　ああ？　何もない。何もありません。何もございません（笑）。これから俺の人生にあるのは宴だけだよ。

――宴だけって鬼じゃないんですから。

長州　これからは鬼だよ。鬼の宴が毎日繰り広げられるだけだよ。

――後楽園の翌日からはどんなふうに過ごされているんですか？

長州　翌日じゃないけど、1日置いて山口に行ったよ。テレビの仕事ね（テレビ山口『週末ちぐまや家族』）。もう1年ぐらいやってるんだけど、それで山口には毎月行くんだよ。

――以前、現役を終えたらもう練習はしないんじゃないかとおっしゃってましたけど。

長州　まあ、練習はそんなにしてないよ。軽く身体を動かしてるくらいで。

――まだ道場には行かれてるんですか？

長州　道場には行ってる。ちょっとシャキッとしなきゃいけないって思った日とかはな。

「花束を贈呈だとかそんなことはしてほしくはないし、ホントなら終わったらすぐにパッとリングを下りてパッと帰りたかったんだよ」

――やっぱり汗をかかないと気持ちがすっきりしないような感じですかね。

長州　俺は練習に行かないとマグロみたいに沈んでいって死んじゃうタイプかもしれねえな。マグロと一緒だよ、俺は。

――止まると死んでしまうと。もうリングに上がらないとなって、何か劇的に変わったことはないですか？　気持ち的にとか。

長州　変わんない。だから山本から「ボクが保証しますからカムバックしてください」って言われたら、すぐにでもカムバックできるぞ（笑）。

――なんの保証ですか？（笑）。

長州　すべてだよ。あらゆる意味での保証。まあ、冗談だけどね。でも、もう俺としては正解ですよ。やっぱり長い間、自分が考えていることとはまったく反対のことをやっていたね。

――どういうことですか？

長州　だから考えていることと真逆になってたんだよ。まさかこんなに長くプロレスをやろうとは。何をここまで長くやっていたんだろうな。まだリングに上がってるヤツらはどうか知らないけど、俺はもうダメだな。だからといって、これからの人生で何をやりたいかって言われても俺はなんにも考えてないんだよ。いろいろやらないとは思うんだよ？　でも「10カウントのゴングを鳴らしてないからまたカムバックするんだろ」って声があるのを聞いたぞ。何をとぼけたことを……。まあ、そう思われてもしょうがねえ部分もあるからな。でも、もう俺は終わってるんだよ。完全に終わった。最初からそう言ってるんだから。

――あの試合後のマイクは事前に考えていたものだったんですか？

長州　進行（台本）はあるよ。

――そうじゃなくて、長州さんがしゃべった内容ですね。

長州　まあ、最後に回った会場ではどこでも一言はしゃべってきてたからね。

――事前にこんなことを言おうと決めていたわけじゃなく、その場で思いついたことをしゃべった感じですか。

長州　そうだよ。何が悪いんだ？

――何も悪くないです。いや、素晴らしいスピーチだったなと思いまして。

長州　ああ？　おまえに何がわかるんだ？

――ただ聞いたまんまをいいなと思っただけですけど。そんな、みんなの前でしゃべっておいて、「おまえに何がわかるんだ？」ってひどくないですか（笑）。

長州　だって、そうやって聞くからさ。普通は聞かねえだろ。だって、前もって言うことを考えてたら失礼だと思わないか？

――べつに失礼ではないですよね。それも自分の言葉には間違いないですから。

長州　えっ、失礼にあたらないのか？　それはおまえの意見であって、俺のアレじゃないよな。前もって考えていても失礼じゃないというのなら、考えといたらよかったな。まあ、どっちにしろ、たいしたことを言ったわけでもないし。

――たいしたことを言ってましたよ。

長州 ああ？ 大阪、山口、沖縄とやってきて、言ってることは全部同じだよ。何も変わってない。後楽園だけちょっと来てる人が多かったっていうだけで、それ以外は何もアレだよ。本来、俺は花束を贈呈だとかそんなことはしてほしくはないんだから。でもまあ、最後の最後はお世話になった人たちには失礼のないように。ホントなら終わったらすぐにパッとリングを下りてパッと帰りたかったんだよ。

――でも、それはそれでアリでしたよね。試合が終わったらさっさと帰って終わりっていうのは長州力らしいですよ（笑）。

長州 んなこと、できるわけねえじゃん！

――さすがに（笑）。

長州 さすがにだよ！（笑）。

――そして奥様との熱い抱擁も感動的でした。

長州 またとぼけたことを言いやがって。熱いっておまえ。バカにしてんのか？

――絶対にバカにしてないです。

長州 慎太郎、本当に間違いなく今晩はないな？（そわそわ）。

慎太郎 今晩はないです。

長州 絶対だな？（そわそわ）。

慎太郎 なくもないというか、陣痛が来ちゃったら可能性はありますけど、その可能性は凄く低いと思います。

長州 おい、山本もなんか飲め。今日は宴だ。

――長州さんは長女がお生まれになったときはちゃんと病院にいらしたんですか？

長州 そんなの、俺は病院にいたよ。

――ちょうどオフだったんですか？

長州 オフじゃないけど、俺は父親だからどんなことがあっても行くだろう、そんなもん。

――でも地方巡業中とかだったら無理じゃないですか。

長州 あれは静岡の土肥温泉で仲間とどんちゃん騒ぎをしてるときだったよな。電話がかかってきて、朝、正男（タイガー服部）にクルマを運転させて東京に戻ったんだよ。

――とんぼ帰りで？

長州 とんぼ帰りじゃないよ。あくる朝だよ。まあ、なるべく早く帰って。

「山本、言葉足らずっていうのは怖いよな。俺は最近、言葉が足りないということに対して過敏になってる」

――タイガー服部さんが運転したんですね。

長州 でも山本、おまえも立ち会ってるんだろ？

――ボクは分娩室の外でずっと待っていました。

長州 なんだ。中に入って立ち会わなかったのか？

――はい。長州さんは中で立ち会ったんですか？

長州 いや、おまえ、俺たちは古いタイプのアレなのかね？

中に入って立ち会うってのがちょっとよくわからないんだよな。はたしてあそこは男が入っていい場所なのか、出産を見ていいものなのかっていう。外にいて子どもの泣き声が聞こえてきたときがいちばん感動するんだよ。慎太郎、おまえもそう思わないか？

慎太郎　いえ、ボクは中で立ち会いの予定ですね……（笑）。

長州　えっ、そうなのか？　まあ、それはおまえ、自分の嫁のことが心配だったら立ち会いたいっていうのもあるだろうけどな。

——いまってほとんど中で立ち会うんですかね？

慎太郎　だいたい50パーセントって言われてますね。だから半分の人がそうみたいです。

——長女が生まれたのは長州さんがいくつのときですか？

長州　アレがいま31だから、俺が36～37くらいだよな。それですぐに年子でまた娘だろ。それから何年かしてアレ（三女）で。でもまあ、出産を中で立ち会おうが、外で立ち会おうがそれは人それぞれ！　山本、言葉足らずっていうのは怖いよな。俺は最近、言葉が足りないということに対して過敏になってるからな。こないだ蝶野（正洋）が司会をやってる番組（ＴＯＫＹＯ ＭＸ『バラいろダンディ』）に出たんだよ。

——あっ、その話、知ってます。

長州　えっ、知ってんの？

——ネットのニュースで見ましたよ。

※衆院議員の丸山穂高氏について「（国後島で）『おっぱい、おっぱい』って言ったヤツ。彼、東大だって凄いよな。やっぱり哺乳瓶で育ってるのかな？　母乳で育ってないよな」と発言して、ネットで波紋を呼んだ。

長州　あれはおまえ、俺はたまたまニュースを観てたからアイツのことを知ってたんだよ。それでたまたまアイツの話になったから俺は言ったんだよ。でも山本、ちょっと考えたら俺の言いたいこと、わかりそうなもんじゃないの？

——いえ、一発でわかりましたよ。「お母さんのおっぱいを吸っていないから、おっぱいへの執着心が凄いんじゃないの？」っていうジョークですよね。

長州　それをあたかも俺が哺乳瓶で育てることを悪いことかのように言ったんじゃないかと捉えられてな……。いや、だってさ、ウチだって家内がしんどい思いをして3人の娘を育てたんだよ。そんで俺だって家内を休ませようと思って、教えてもらって哺乳瓶で娘たちをアレしてたんだから。でもそんな言葉足らずとか、バラエティでそんなところまで気にしてしゃべってたら遠回しになっちゃうだろう。たしかにわかるよ。そういう批判というか、言葉足らずだったのは。お乳が出ない人もいっぱいいるよ。俺だってベースは母乳ではあったけど、米汁におっぱいいるよ。俺だってベースは母乳ではあったけど、米汁にお砂糖をちょこっと入れたやつを飲まされてたんだから。

——米の研ぎ汁に砂糖を入れてですか？

長州　それにむしゃぶりついてたっていうんだから、おまえ。

——うまいんですか？

長州　そんなの憶えてるかよ、おまえ！（笑）。それで腰には縄を巻かれてな。

——腰に縄！（笑）。

長州　親が目を離しても大丈夫なように柱にくくりつけられてたんだよ、おまえ。ホントだよ。

——長州さんも米汁にお砂糖を入れたやつを飲んでいたからこそ、おもしろいジョークを言える大人に育ったわけですもんね。

長州　いやいや、俺はおまえの言葉足らずには一切付き合わないからな（そわそわ）。そんなさ、俺は昭和の人間だぞ？　哺乳瓶だって使って娘を育てたし。じゃあ、番組の短い時間のなかで何をしゃべれって言うんだ？　だったら俺はもうしゃべれないぞ。俺がアイツのことを本気で揶揄しようとしたらもっと強烈なことを言ってるよ（笑）。

——「死んだら墓にクソぶっかけてやる」的な（笑）。

長州　だから、あのとき蝶野が「私にはわかります。しっかり的を射たコメントです」とか言ってたけど、「ホントにコイツわかってんのか？」って思ったけどな（笑）。まあ、蝶野もこれはのちのち誰かがツッコむだろうなと思ってああ言ったんだろうな。あっ！　ところできのう俺がどこに行ってたかわかる？

——どこに行ってたんですか？

長州　専修（大学）の体育寮だよ。レスリング道場に行ったんだよ。

——へえー！　何をしに行かれたんですか？

長州　まあ、「ちょっとお願いできませんか？」ってことで行ったんだけど。

——ああ、指導をお願いされたんですか。

長州　でも、きのう練習を見に行ったけど、もう俺には無理だよな。時代がまったく違うもん。ちびっこたちが小さいうちからレスリングをやっていて、その子たちが10代、20代になっていく。それを俺が出て行ってああだこうだと言えるか？　そこで昔のやり方をして教えても捕まるだけだよ、ホントに（笑）。

——専修大にはちびっこのチームもあって、何十人もいますよね。

長州　専修で週2日くらい練習してて、ちびっこで50人くらいいるって言うもんな。俺はそのちびっこと遊んであげるのはいいんだけどな。

慎太郎　子どもはみんな、どれくらいからやってるんですか？

——もうだいたい幼稚園からですよね。

慎太郎　そんな早くからやるんですか？

長州　やるやる。全然やるよ、いまは。だからちびっこにレスリングのおもしろさを教えるぐらいしか俺にはできないよ。で、そのちびっこが大きくなって学生でやってるんだから、なんとなく雰囲気も和気あいあいであったかいんだよな。

——大学レスリングでも長州さんからは和気あいあいにしてい

るように見えるんですか？

長州　ウン、見える。そこに俺が入っていって、その穏やかな雰囲気をぶち壊す必要がどこにある？（笑）。ホントに捕まるよ。だからそうやって時代は変わってるんだよ。そこを「いや、昔は……」なんてことを言ったらもうとんでもないことになるぞ。「なに、このおっさん？」って言われるぞ。

慎太郎　リキさん、すいません。ボクは今日はそろそろ失礼してもよろしいでしょうか？

長州　ああ？　な、なんで？（そわそわ）。

慎太郎　カミさんが出産したらしばらく髪を洗えないので、これから戻って髪を洗ってあげようかと思いまして……。

長州　おまえがアレの髪を？　はあ〜。おまえは旦那じゃなくて床山か。戻れよ。

慎太郎　すみません。井上……いえ、山本さんもすみません。ボクはこれで失礼させていただきます（と店を出る）。

「そろそろカンカンとした陽にさらされてえなあ！なあ、やっぱり太陽を浴びないとダメだよな！」

長州　……なあ、山本。慎太郎ってアイツ、すげえいいヤツだと思わない？　アイツはいいヤツだよ。

——そうですよね。優しい男ですね。

長州　長い間、俺はプロレスの世界で毒されてきたからな。あいうタイプの男はひとりもいないんだから。あの世界はみんな頭が壊れたヤツばっかりだよ。「おまえはいったい何をやってるんだ？」って聞きたいよ。どういう世界もそうだろうけど、みんな壊れかかってる。これがホントにぶっ壊れたらどうすんだよ？　ヘンな末路で終わらなきゃいいけどなって思うヤツもたくさんいるよ。

——みんなずっと幸せでいてほしいですよね。

長州　ああっ？　おまえがそんなことを願うわけねえだろ！（笑）。

——願うわけがないって、なんてことを言うんですか（笑）。ボクは家族の幸せ、友人たちの幸せ、そしてレスラーたちの幸せをいつも願っているんですよ。

長州　ウソつけ！（笑）。レスラーの幸せって、そんなことをいちいち願ってたらおまえ、仕事になんねえじゃん。

——でも、不幸になりますようにとは思っていないですよ。

長州　まあ、その言葉の真偽は誰もわかんないけどな（笑）。何をおい、おまえは今日もいったい何をしゃべってるんだ？　何を言ってるんだよ。これでよくインタビューになるな。山本、おまえも変わってるよ。

——ボクが変わってますか？

長州　相当変わってる。これを仕事だと思ってないだろ？

——ええっ？　それは褒め言葉ですよね？（笑）。

長州　バカッ！　俺はマジで注意してんだよ（笑）。おまえがこれ以上そっちに向かって歩いていかないように、ホントに注意してんだよ。こういう変わった仕事をしてたらおまえ、〝あっちの山本〟になるぞ。

——ターザンですか？

長州 いや、ホントに。アイツみたいにすべてが壊れちゃう。危ないぞ、マジで。

——このままだと危ないんですね、ボクは。

長州 いや、こういうことはホントに言ってやらなきゃ自分じゃわからなくなるんだよ。

——うわ、ありがとうございます！

長州 ホントだよ。俺もヤバイんだから。だって、いまだに昼ぐらいになると毎日エバラに電話しちゃうんだよ。

——エバラ？

長州 エバラってのはタクシー会社（荏原交通）だよ。

——ああ、いつも道場にはタクシーで行かれるんですよね。

長州 それで決まって12時になるといつもエバラに電話しちゃうんだよ。ヤバイと思うもん、自分で。

——長年の習慣って怖いですね。

長州 ホントに怖い！　だから、まだ延々とリングの中にいるヤツらがよくわけのわからないことを言うじゃん。俺はいまプロレスを一生懸命に身体から抜いてるんだよ（笑）。

——ちょっとボクも何か抜いたほうがいいんですかね。

長州 そうだよ。何を抜くかは知ってるんだよな？

——えっ、何を抜けばいいんでしょうか？

長州 この『KAMINOGE』の仕事を抜けばいいんだよ。

——『KAMINOGE』を抜くんですか。

長州 おまえの場合は『KAMINOGE』を抜けばいいんだよ。それでおまえは毎日子どもと遊べばいいんだよ。で、「明日からどっかに遊びに行こうか」って言ってみ。そうしたら子どもとか家族みんなが言うよ、「パパが壊れた」って（咳き込みながら爆笑）。

——ひどい！（笑）。

長州 なぁにがだよ！（笑）。おまえ、「ひどい」って言葉が出るってことは、まだ助かると思ってるんだろ？

——ひどいと思えるということは大丈夫（笑）。

長州 山本、そう思えるってことはまだ助かる見込みがあるってことだよ。おまえ、こんなことを言われて「ひどい！」って思える感覚がまだあるんだな。ホッとするよ。

——長州さん、どこまで本気で言ってます……？（笑）。

長州 ああ？　ハッキリ言ってほしい？

——ハッキリ言ってください。

長州 今日は無礼講？

——いつだって無礼講です。

長州 山本、（ハッキリと目を見つめて）あのさ、おまえは年々変わってきているよ。2～3年前はこんなんじゃなかった。前のおまえはもっとシャキッとしていたけど、いまは毒されてるんだよ、完全に。自分じゃわからないだろ？　これは自分ではわからないんだよなあ。だから俺もあまり『KAMINOGE』には関わりたくないんだ。ホントのホントは。

――……長州さん……無礼講ってめっちゃ傷つきますね（しょんぼり）。

長州　ああ？　いや、山本！　梅雨の野郎でずっとじめじめしてるけど、そろそろカンカンとした陽にさらされてえなあ！　なあ、山本、やっぱり太陽を浴びないとダメだよな！

――長州さん、急にボクのことを気遣ってくれてます⁉（笑）。

長州　気遣っちゃいないよ（そわそわ）。やっぱ南のほうに行かなきゃダメだな。

「よくみんな『人生は山あり谷ありで……』って言うけど、それを聞くたびに俺は『そんなこと人生であったか？』って思う。山とか谷とかはそいつ自身の感じ方なんだよ」

――あっ、長州さん。こちらのカメラマンの当山さんは沖縄の出身なんですよ。

長州　えっ、沖縄？　どこ？

当山　玉城（たまぐすく）です。

長州　あっ、本島か。東京はもう長いの？

当山　そうですね。もうこっちのほうが長くなってるんですよ。

長州　あなた、結婚はしているの？

当山　まだしていないんです。

長州　まだ独身なのか。おいくつ？

当山　41です。

――長州さん、聞いてあげてください。彼女はずっと彼氏と同棲をしてるんですけど、どれくらいしてるんでしたっけ。

当山　もう14年間ですよ！（笑）。なのに結婚してくれないんですよ。

長州　彼氏はあなたよりも上？

当山　2つ上なんですけど。

長州　ああ、大丈夫だよ。

当山　大丈夫なんですか？（笑）。

長州　だって大丈夫だからずっと長いこと一緒にいるんでしょ？（笑）。

――家賃とかは折半？

当山　折半です。

長州　あっ、折半でやってるのか。それはちょっと話が違ってくるな……（そわそわ）。

当山　えっ！

長州　いや、そうか、折半か……。やっぱり俺は古い考えだから、いまはどうなのかな。折半っていうのはなんか……まあでも、仲がいいのであれば他人が口を出す問題でもないけど、なんか折半っていうのはちょっと寂しいな……。

当山 そうですよね……。
長州 俺たちの年代の感覚だったらだよ？ まあでも、ここから何か異変が起きるとすれば、かならず前触れ的な兆候が表れてくるから。それがない限りはずっと一緒にいたほうがいいよ。自分で納得していればだよ？
当山 もう納得ができないです（笑）。
長州 ぐっ！（そわそわ）。あなたのご両親は健在なの？
当山 はい、健在です。
長州 でも、だんだん歳がいってくるとそれは心配だろうねえ。
当山 だから5年くらい前にウチの親が「娘をどうしてくれるんですか？」って東京に来たんですよ。
——礼ちゃんの親が彼氏にそう言ったの？
当山 はい。そうしたら彼は「自分はまだ一人前じゃないので結婚できません」って言ってて、「じゃあ、いつ一人前になるんですか？」って言われてました（笑）。
——だって一人前でしょ（笑）。
当山 ホントですよね（笑）。
長州 もうハタチになったら、みんな勝手に一人前になるんだよ。それは解釈の仕方だよな。
当山 40過ぎてしまうと私もほかの人になってなかなか行けないんですよね。
長州 でも、いくつを過ぎていようが……。子どもを作ろうとはしないの？
当山 私のほうはほしいんですよ。
長州 子どもがいれば全然心配することはないんだけどね。うーん。折半か。もう1回聞くけど、あなたが41で彼氏が？
当山 43です。
長州 とにかく「もう私はタイムリミットが近づいてきてるけど、子どもはどうする？」って言ってみ。いまの医学は女性は40歳だろうが子どもは問題なくできる。やっぱり日本であろうとどこの国であろうと、やっぱり自分の子どもの顔や孫の顔は見たいよね。ただ、一概にそういうわけでもなく、中には「いやあ、俺は子どもは……。ふたりで仲良く暮らすほうがいい」と言うヤツもいるから。それが本音かどうかを見極めるのも大変だけど、まずはあなたがどう思うか。その気持ち次第では、いまの生活はちょっと考えなきゃいけないかもしれない。
当山 決断しなきゃいけないですね。
長州 ずうっと同じ線路を歩いたら、それは遠くをずっと見ていたからひとつに見えて、ふたりで一緒に歩いているように思うんだけど、永遠と分かれてるからね。俺なんかは時代も時代だから、いま俺が言ったようなことを逆に誰かから言われたら、「おまえに何がわかってそんなことを言ってるんだ！」って怒鳴るかもしれないよな。結局はふたりにしかわからないんだから。まあでも、いろんなことがあるよね。昔は俺も結婚式によく出ていて、いろんな人がスピーチするじゃん。俺なんかはスピーチは絶対にやらないし、「いや、来てくれるだけでもいいから」って言われるから行くんだけど、よくみんな「人生は山あり谷ありで……」って言うだろ？　それを聞くたんびに俺は「山あり谷ありってそんなこと人生であったか？」って思うんだけど、いまになって振り返って考えれば、「あっ、あれが山で、あれが谷だったのかな」って思ったりもするよ。山とか谷とかはそいつ自身の感じ方なんだよな。

「じつは俺、宮古に住民票を移そうと思ってるんだ。ちょっと考えてるのは焼き鳥屋をやろうかなと」

――たしかに山を登ったかもしれないなって（笑）。

長州　いまはもうゆっくりと降りるよ。急いだらおっかないもん。だからまあ、あなたにしてあげられるアドバイスも俺はないよ。ただ、ご両親が健在のときにいい話をしてあげられるのがいいけどね。それだけだよね。

当山　ありがとうございます！　もっと自分なりに考えてみます。

長州　いや、沖縄の結婚式って大人数で凄いんだよね。あそこには遠い縁者の人もいるんだろうけど、知らない人もたくさん入ってきてるんじゃないの？

当山　そうですね。普通に200人とか300人くらいいますね。私も同級生のおねえちゃんの結婚式に出たことがありますから（笑）。

長州　でも楽しいことは楽しいよね。沖縄本土もあの「おとおりさん」はやるの？

当山　やらないです。あれは宮古だけですね。

長州　そうなんだ。俺はあれだけは真似できない！

――おとおりさんってなんですか？

長州　そういう飲み方があるんだよ。すっごいよ。泡盛をイッキで次々に飲むんだよ。あれこそが鬼の宴。いや、あれは鬼でも倒れるだろう。じつは俺ね、宮古に住民票を移そうと思ってるんだ。

当山　あっ、そうなんですか？

長州　だから毎日おとおりさんをやって死んでいこうかなって。

当山　私、宮古には行ったことがないんです。

長州　沖縄の人でもそんなもんだよね。竹富は行ったことあるの？

当山　竹富島は仕事で行きました。

長州　俺、竹富の観光大使なんだよ。

当山　えっ、そうなんですか？　じゃあ、私よりも詳しいと思います。

長州　だけど沖縄の那覇のほうも若者なんかは酔うと凄くクセが悪いよね。沖縄の人って道端のどこにでも酔っ払って寝てるよ。やっぱりあの独特の飲み方なんだろうな。宮古もおとおりさんをやったら延々と飲んでるわけ。

――それで道端で朝まで寝ちゃうと。

長州　そう。多いよね。

当山　クルマの運転は気をつけるようにってよく言われてますよね。「人が寝ています」って（笑）。長州さん、泡盛は大丈夫なんですか？

長州　好き。6～7年くらい前に宮古を行ったり来たりして、宮古の防波堤で1カ月間くらい魚釣りをしたんだよ。「ああ、石垣から船が入ってきてるな～」って眺めながら、マジで1カ月以上やってたよ。

当山　もう現地の方ですね（笑）。

長州　もう時間が違うよね。沖縄は東京と変わらない。竹富はおもしろいよ。

当山　竹富は島自体はホントにちっちゃいんですよね。

長州　米粒みたいだよね。石垣と本土に挟まれたところに宮古がちょこっとあるんだよ。それで宮古にはハブがいないから。

当山　あっ、ハブがいないんですか？

長州　いないんだよ。石垣と竹富にはいるんだけど。

当山　宮古の人って喧嘩っ早いって言われてませんか？

長州　それ、宮古の人が聞いたら怒るぞ。楽しく話して飲んでるには大丈夫だよ。

――長州さん、ホントに宮古に住民票を移す気があるんですか？

長州　まあ、気持ちとしては半々くらいだな。

――けっこうありますね。

長州　でも、ただ行くってわけにはいかないから、やっぱり何かはしなきゃいけない。じゃあ、宮古で何ができるかなっていう。ちょっと考えてるのは焼き鳥屋をやろうかなと思ってるんだよ。

――焼き鳥屋を。それも半分は本気ですか？

長州　いや、半分以上。出すのは焼き鳥だけでテーブルを5つくらい置いて、本土からの観光客を予約でさ。あとは泡盛をいっぱい並べて。

当山　そこ行きたいです（笑）。

長州　とにかく何かをしたい。糧となるものを作りたいんだよな。

「俺の最期は『ホタルの里』から送ってくれ。真っ暗闇の中でホタルの光しかないんだよ。俺はあんな幻想的なものを見たのは初めてだ」

――ただ住民票を移しただけだと危ない人ですもんね（笑）。

長州　でも最近は宮古も人が多くなったよ。観光客が多いんだよ。俺のなかでは宮古はサイパンと同じような状況になると思い描いてる。宮古はもう飛行機のチケットが取るのが非常に難しい状況になってきてるからな。自分が求めてる時間帯のやつがない。何カ月先まで予約が入っていてさ、料金もめっちゃ高いんだよ。サイパンだって昔は誰も知らなかったのに、サイパン、サイパンって叫んでたら、人でいっぱいになってしまったもんな。それで環境が悪くなって、海だけはあいかわらず綺麗だけど。だから成田からのサイパン直航便がチャーターだけになったよね。いまサイパンに行こうとしたら韓国の仁川に行って、そこからグアムに行ってからサイパンだよ。すっげえ時間がかかる。それで、いま宮古は飛行機が取れたとしても今度はホテルが取れないんだよ。同時に押さえることが不可能。しかも料金がハンパじゃない。やっぱり人気があると上がるわけだよ。

――時価ですからね。

長州　まあ、そういうやり方でやっていて人が来なくなったらどうするのかなって思うよ。タッパのある（高い）建物はまだ建っていないけどな。でもやっぱり仕方ない部分もあって、やっぱりそこにいる人たちは潤いたいわけだから凄く気持ちはわかるけど。山本、宮古に行ったことがある？

――いや、だからないんですよ。

長州　1回行ってみ。俺に「ホントに住民票を移すんですか？」って聞くよりも先におまえがポーンって越しちゃうよ。「えっ、おまえ、宮古に行ったのか⁉」「そうなんです」って（笑）。ホントそれくらいいいところだよ。ただし、そこで糧を何にするか。問題はそれだよ。俺はもう大きなものは求めていないから、小さくていいから何か糧となるものがほしいんだよ。おまえ、沖縄には行ったことがあるんだろ？

――はい、あります。石垣もあります。

長州　石垣だったら船場までタクシーでもワンメーターで行けるぞ。そこから船に乗って20分でビューンと宮古に着く。そのときに海を見てみ。いかに『ＫＡＭＩＮＯＧＥ』がおまえを汚してるかがよーくわかるぞ。宮古でおまえ自身を洗ってこい。

――洗ってきます。

長州　なんだよ、怒ってるのか？（そわそわ）。

――怒っていないです（そわそわ）。

長州　ふうん。でも宮古もいいけど、俺はアレだな。俺の最期は『ホタルの里』から送ってくれ。

――『ホタルの里』ってなんですか？

長州　山口の豊田町ってところに『ホタルの里』っていうところがあって、屋形船に乗って川からホタルの光を見るんだよ。俺はあんな幻想的なものを見たのは初めてだよ。真っ暗闇の中でホタルの光しかないんだよ。

――街灯もない？

長州　な〜んにもないんだよ！　あれは日本一だよ。見れる期間が短いんだけど、あそこも1回行ったらいいよ。ホントに凄い幻想的なんだよ。あんなところがあるなんて思わなかった。でも、俺が行ったときでも桜で言えば二分か三分咲きくらいですって言ってたから、もう満開状態のときだったら何万匹っていうホタルがピカーッと光るらしいぞ。それはまだ見たことがないんだけど、俺は二分咲きでも最高に感動したな。

――長州さんがつとめて自分自身を洗おう、洗おうとしているんじゃないですか？

長州　そうなのかね。とにかく俺も抜いていかないとな。山本、今日はこんな感じでいいんじゃないか？

――45年のプロレス人生の総括を……。

長州　俺のプロレスの総括はナシだ。もう終わったことだよ。

――じゃあ、「長州力、最期は『ホタルの里』で死にたい」っていうことでいいですかね。

長州　山本、さすがだよ（笑）。それでいけ。あっ、俺はもうちょっと飲んでいくから先に帰っていいぞ。

――えっ。いえいえ、それならお付き合いしますよ。

長州　ああ？　いや、いいから。ちょっとアレだ。ひとりでやるから大丈夫だぞ（そわそわ）。

――長州さん、やっぱり今日は落ち着かない感じですよね。これからの人生はお孫さんの成長を見ていくという楽しみもあるじゃないですか。

長州　ああ？（そわそわ）。そんなのおまえ、親がいるんだから。慎太郎たちが見て楽しむもんなんじゃないの？

――でも、子どもよりも孫のほうがもっとかわいいってよく言いますよね。親の責任がないから、ただただかわいいだけっていう。

長州　それは誰が言ったんだ？

――いや、昔から言われてませんか？

長州　誰も言わないよ（そわそわ）。そんなもん、孫と会うのはたまにでいいんだよ。年に1～2回くらいで。

――そんなに少ないんですか（笑）。慎太郎さんたちの家はけっこう近いんですよね。

長州　いったん地方に引っ越ししてもらって、そこから年2回って感じでいいよ。それでよちよち歩きくらいの頃に俺がめちゃめちゃ驚かしてさ、恐怖心を植えつけるっていう。「あのジジイにはもう二度と会いたくない！」って思わせるんだよ。

――なんでそんなことを（笑）。

長州　そうしたほうがアイツらの育児が助かるじゃん。もし言うことを聞かなかったら、「あそこに連れて行くよ！」って言えばいいんだから。とにかく帰っていいぞ。

――いやいや、今日はずっと一緒にいますよ（笑）。

長州　だから帰れって！（そわそわ）。

――初孫は男の子でしたっけ？

長州　山本のとこは男だもんな。おまえ、女の子はほしくなかったの？

――うーん。そんなにほしいとは思わなかったかもですね。

長州　いや、もし娘がいたとしたら、おまえはまちがいなく『KAMINOGE』を作ってないよ（笑）。

――いや、ちょっと待ってくださいよ（笑）。

長州　ちょっと待ってくれって、おまえは「やっていない」っていう意味をわかってるのか？（笑）。

――こんなお仕事、恥ずかしいってことですよね。マジでひどい！（笑）。

長州　俺がもっとひどいと思うのは、『ＫＡＭＩＮＯＧＥ』を買って読んでるってヤツがいるんだろ？　わっかんねえなあ。世の中が病んでるとしか思えねえな……。大丈夫か、この国は（そわそわ）。

※このインタビューを収録した2日後である２０１９年7月12日の午後4時33分、長州の長女・有里さんが慎太郎さんとの第一子となる長男を無事に出産した。出生時の体重は２９６７グラム、名前は「由真」（ゆうしん）と命名された。長州にとっては初孫となり、誕生以降、自身のブログで毎日のようにデレデレの内容が記されている。

【マネージャー・谷口氏の試合後の短評】

後楽園ホールで引退試合を終えて、奥様との感動的な抱擁シーンがあったじゃないですか。あのあと、花道を引き揚げてきた本人が私に握手を求めてくれたんですよね。長年、行動を共にしましたから嬉しかったですね……。その頃は現場はもうほとんど慎太郎がついていたので忘れられてなくてよかったです。その後の打ち上げも最後はふたりっきりで……。朝6時になった頃、いきなり「もうおまえは帰れ」と言われて呆然としました。

長州力vs山本
名勝負数え唄
第17戦

「あと20年も生きられないのに、
いまさら欲をかくことはない。
やりたいことをやりたい、
見たいものを見たい。
食いたいものを食いたい、
わからないものはわからない
って言いたい。これがいまの
俺のなんとなくの感覚だな」

［対戦日］
2019.11.13
（初孫誕生から4カ月が経った頃）

「山本、なんでおまえは『KAMINOGE』を持ってこないの？毎月俺んちに送ってくるのが筋じゃん」

――長州さん、いま道場からの帰りですか？

長州 ああ？　そうだけど？

――やっぱりずっと練習はやるんですね。

長州 アホか。何をいまさら（笑）。

――いや、だって現役を辞めたら道場には行かなくなるかもしれないとおっしゃっていたじゃないですか。

長州 そんなに行きはしないよ。だけど身体を動かしておかないと長生きしないだろ。山本はまだ『KAMINOGE』をやってるの？

――そうですね。これも『KAMINOGE』の取材でして（笑）。

長州 それと一緒だよ。おまえは『KAMINOGE』を作っていないと長生きできないのと同じ。

――べつに長生きしたくてやってるわけではないんですけど……。前回、長州さんにお会いしたのは、お孫さんが生まれる2日前だったんですよ。

長州 じゃあ、もう4カ月も経つのか？　あっ、慎太郎。おまえはもう家に帰っていいぞ。俺は全然かまわないんだから。

慎太郎 いえ、これもお仕事ですから同席させていただきます。

長州 『KAMINOGE』が仕事だという認識なのがおかしいよ。おい山本、なんでおまえは『KAMINOGE』を俺のとこに持ってこないの？

――うっ！　すみません、今日持って来ればよかったですね。

長州 月刊なんだろ？　じゃあ、毎月俺んちに送ってくるのが筋じゃん。

――ちゃんと慎太郎さんのところには送っていますよ。

長州 えっ、そうなのか？

慎太郎 まあ、はい。

長州 それ、俺のとこに持ってこいよ。とにかく俺は見たことがないんだから。コンビニに売ってるの？

――コンビニには売ってないですね。

長州 アレか、ハイクラスなのか？

――いえ、そこまで売れていないから置かれないっていうだけです（笑）。

慎太郎 ウチの奥さんは『KAMINOGE』を読んでいて、あんなに活字を熟読しているところを初めて見ました。1冊を1週間くらいずっと読んでいますから。

長州 アイツはアホだからな。

――アホじゃないですよ。インテリなんですよ（笑）。

長州 おまえにウチの娘の何がわかるんだ？　俺が作った子どもをおまえ……。

――「ああ、娘さんはアホなんですか」とは言えないですよ（笑）。『KAMINOGE』を熟読するっていうのは、とんでもない超インテリですよ。

長州 何をとぼけたことを。おまえ、ウチの娘と過去に何かあったのか？（笑）。で、今日はなんだよ。

——いえ、お孫さんが誕生してから4カ月、長州さんに何か心境の変化でも起きているのではないかと思いまして。

長州 そんなの知るか。我が家は何も変わらないよ。なあ、慎太郎。

慎太郎 まあ、はい。

長州 山本、おまえYouTubeとか観てる？

——YouTubeは観ていますね。

長州 なんかさ、俺はプロレスで45年メシを食ってきたわけだけど、45年って人生の半分以上だろ。ひとつの世界に長くいると時代の移り変わりがよくわかるじゃん。たとえばテレビなんかでも放送の仕方が全然変わってきているし、企業だって聞いたこともない若い会社が突如出てきたりとかさ、反対に昔から知っていたような人間とか会社とかがなくなっていくと。銀幕のスターたちがこの世から消えていったり、加山雄三さんも脳梗塞で倒れたっていうでしょ。まあ、世の中というのは人間が作っているようなものだから、変わっていくものなんだなって。それで最近はユーチューバーっていうのが流行りだして、中学生の憧れの職業になってる。だから俺もその現象にあやかって「将来はユーチューバーになって、おもしろいことをたくさんやってやる」とか言ってるけど、そんなのは言葉遊びをしてるだけであって、たぶんないよ。

「『愛してる』とかさ、そんな言葉をおまえらは平気で言うだろうけど、言わないほうがいいぞ」

——長州さん、YouTubeをやったほうがいいですよ。

長州 ああ？ おまえは俺の話を聞いてるのか。ただね、たしかにYouTubeにはいろんなジャンルがあって、「おお、凄いな！」っていうのがあるし、「これはおもしろい！ 観てみようか！」って思えるものもあるし。ドキュメントなんかは特にそうだよな。で、たまにレスラーが出てきて、ああだこうだ言うってのもあるだろ。

——「あのときの真相はこうだった」的なやつですかね。

長州 これはあくまで俺ひとりのアレ（見解）だけどさ、自分の生活を支えてる業界の中のことを、あまりにも自分の想定でしゃべったりするのはどうなのかね？ おまえはこの業界に入ってきて、少なからずとも何年かはメシを食えてるだろうと。お世話になった世界だよ。それをああだこうだと自分ひとりだけの考えでだぞ、しゃべる対象者がそこにいるわけでもないのにああだこうだ言ってると、なんかそれは観ていて苦しいものがあるぞ。

——どなたのことを言ってるんですかね。

長州 （聞かずに）なんでなんだろうな。べつに俺は自分の役割をはたすために好かれようとは思ったことはないし、もともとトップのポジションに立つヤツっていうのは好かれるわけがない。それはもう大学時代にアマレスの主将をやったときからであって、それを「おまえらに何がわかる?」っていう。まるで自分が見たかのように、経験したかのように面白おかしくYouTubeで語るってのは俺は怖いなっていうのがあるよな。俺は6月にリングを下りたわけだけど、いくらリングを下りたとはいえ、そういうところには絶対に入って行きたくないっていう部分が凄く強いよな。あまりさらけ出したくない。それをしなきゃ食えないっていうんだったら、俺は食えなくてもいいね。

——自分がやってきたキャリアの切り売りみたいなことですよね?

長州　それは切り売りにもならない。少なからずともみんなそこで得たものがあるわけだから。それをホントにおまえがやったのか、見たのか、聞いたのかと。それでてめえのことだけは美化したり、クソみたいな遠回しな言い方をするっていうのは違うだろう。まだ昭和の選手だって現役でがんばってるわけだからね。そういうヤツらのことを考えたら、あれはああだったとか、こうだったとかは言わないほうがいいんじゃないかって思うんだよ。そのいまだにがんばっている選手っていうのはてめえと同じ考えじゃないんだから。しかも言ってるおまえも同じ世界の人間なんだよ。そういうヤツとは俺は関わりたくないね。「おまえは何を言ってるんだ。そんなことしちゃダメだろ」って言うつもりもまったくない。だからって逃げてるわけでもないんだよ? 俺が呼ばれて「あのときの話はこうでしたよね」って俺の前で言うんだったらいいよ? だけどそうじゃない、そういう面白おかしく言ってるヤツはだいたいひとりで話をしてるよ。

——(「長州さん、どのチャンネルを観たんだろう……?」)

長州　なんやかんや言っていても、そういうヤツらもこの世界に入るって決まった瞬間からみんな面倒をみてもらえてたんだから。俺の意識の中に「育てた」っていう気持ちはまったくない。しかし好きか嫌いかはべつとして面倒はみるわけだから。そこですぐに挫折して辞めていくヤツもいるし、藤波さんのようにいまだに現役で踏ん張ってる人もいる。大変なことだよ。それはおまえ、あまりにも簡単にYouTubeなんかで笑いを込めて話すような内容じゃねえだろって。俺がまだリングに上がってるなら一言二言を物申すかもわからないけど、まったく触りたくもない。猪木さんも奥さんが亡くなったし、大変な思いをまだしているとは思うんだけど、アントニオ猪木という立場もあれば、長州力にだって立場はあるし、「いま言ったことを俺らの前でもう1回言ってみろ」となってもたぶん言えないんじゃないの。それをYouTubeっていう流行りのなかで面白おかしくしゃべられるのは俺には心外だな。まあプロレスって特殊な世界だけど、そういう転がされ方をされるのは俺はもの凄いイヤだね。山本、今日はこれで終わりだよ。

――……えっ、終わりですか？（笑）。

長州 俺、今日は濃いことを言っただろ。あとはおまえのコレでうまく編集しろよ（と腕をパンと叩く）。

――腕の見せどころ（笑）。

長州 もうね、同じ業界とか、同じ組織だったとかって感覚は俺にはまったくないんだよ。学生のときのさ、先輩だろうが後輩だろうが同級生だろうが、そういう人間たちと飲みながらまったく内容のない馬鹿話をしてるほうがいいね。いくら普段から会ってなくても、「おう、そういえばアイツは元気か？」「元気みたいだぞ」とか、「アイツはなんかカミさんと別れたみたいだぞ」とか「アイツは酒におぼれたみたいだぞ」とかさ、「おまえ、身体は大丈夫か？」って本気で心配したりとか。

――まあ利害関係がないところでの付き合いがいちばんラクだし、楽しいですよね。

長州 でも難しいよ。「ひとりの人間を知るには一生かかる」とはよく言ったもんだよ。山本にはそういう関係性の人間がまわりに何人いるんだ？ 自分の女房にだって、いつ寝首をかかれるかわからないぞ？

――めっちゃ怖い言い方しないでくださいよ（笑）。

長州 下手したら復讐されるかもわからないし、感謝されるかもわからない。それぐらい人間っていうのはわかんないんだよ。それを「愛してる」とかさ、そんな言葉をおまえらは平気で言うだろうけど、言わないほうがいいぞ。

「山本、笑え。楽しく仕事をして楽しく生きたほうがいいんだから。唐揚げを頼んでくれ」

――ボク、生まれてこのかた「愛してる」って言葉を発したことがないですよ（笑）。

長州 でも「好き」ぐらいは言ってあげたほうがいい。

――（「なんの話なんだ……」）

長州 「愛してる」なんておまえ、そんなとんでもない言葉は吐くな。「好き」ぐらいがちょうどいいんだよ。好きだから一緒になる、嫌いだったら一緒にはならない。好きだからほしい、嫌いだからほしくない。簡単な話だよ。だけど「愛してる」は重いぞ……。

――「愛してる」は重いですね……。

長州 愛なんておまえ、どうやって測るんだ？ おまえ、愛の定義ってなんなんだ？

――長州さんってめちゃくちゃ言葉に敏感ですよね。

長州 そんなに感じちゃいないよ。

――でも長州さんは人生を楽しんでそうですよね。

長州 おい、おまえに何がわかるんだ？ おまえ、毎日俺のことを隠しカメラか盗聴なんかをやってるのか？ そうやって最初から決めつけて話すな。だいたいみんなそうなんだよ。「いつも元気ですね」っていうのと一緒だよ。おまえに俺の何がわかるんだって。ああ？

――……長州さん、めんどくさいですよ！（笑）。

長州 あぁっ？ 言ったな、おまえ！「めんどくさい」っておまえに俺の何がわかるんだよ！

――それがめんどくさいんですよ！ ボクは4カ月に一度お会いするくらいだからいいんですけど（笑）。

長州 ああ？ これ、これからも4カ月に1回やるの？

――いえ、ホントは毎月のようにやりたいんですけど。

長州 そんなおまえ、1カ月のスパンで俺に変化はないぞ。

――変化に富んでください（笑）。

長州 『KAMINOGE』って経費はどれくらい使えるの？

――なんですか、いきなり（笑）。経費なんて全然使えないですよ。

長州 どうしたおまえ、いきなり笑顔が消えちゃって。

――消えてはいないですよ（笑）。

長州 山本、笑え。楽しく仕事をして、楽しく生きたほうがいいんだから。ウン。

――（「長州さん、今日は珍しく酔ってるのかな……？」）

長州 いや、楽しいほうがいいよ。その「楽しい」にだっていろんな意味があるけど、楽しいのがいちばんいいよ。さっきは俺もＹｏｕＴｕｂｅの話で、俺がいま抱えている嫌な気持ちの部分をしゃべったりして申し訳なかったけど。

――えっ。いえいえ、とんでもないです。

長州 俺だって誰にも迷惑をかけたくないんだ。だけど、どうしても「この野郎、おまえ、何回もメシを食いに連れて行っただろ！」って思わなくてもいいようなことが頭をよぎってくるわけだ……（ギスギス）。

――いえ、わかりますよ。

長州 まあ、育てたとは思ってないけどな。そんな、よそのガキを育てられるわけがない。でも猪木さんとか馬場さんの時代、さらにさかのぼって力道山の時代じゃないけど、このひとつ特殊なプロレスという世界が脈々と現在も継がれていっているわけだ。で、いまの若い選手たちはべつにそんなことは気にしなくてもいい世代だし、時代だし、これでいいんだよ。だけど俺なんかは昭和の世代で少なからずともアントニオ猪木とジャイアント馬場という人がどんな人だったかってことを知ってるんだよ。同じ仕事もやったし。あの人たちは少なからずとも日本に力を与えたと思うんだよ。本来なら国民栄誉賞をもらわないといけない。力道山の頃だって、スポーツといえば野球か相撲かプロレスだよ。なぜプロレスは外されるのかね。まあ俺にだって好き嫌いはあるんだから、世の中の人にだって好き嫌いはあるよな。

――たしかに。

長州 おい、慎太郎。唐揚げを頼んでくれ。山本はあんまり経費を使えないみたいだからな。

――官邸幹部的な発想！（笑）。

長州　いや、ホント楽しくいかないとな。俺は孫が成人したときには100パーセント生きていないわけだから。いまから20年っていうのはありえないことだよ。でも疲れた考えはしたくないんだ。楽しく考えてやりたい。俺と家内のことは俺たちで楽しむから、慎太郎たちも大変だけどおまえらでがんばれと。そうして家族みんなでがんばって楽しくあればいい。

慎太郎　あっ、はい。

長州　あと20年も生きられないのにいまさらなんの欲をかくことがあるんだ。俺はもう下がっていく人間だから、やりたいことをやりたい、見たいものを見たい、食いたいものを食いたい。わからないものはわからないって言いたいし、我慢するっていうのはもういいかな。何を我慢する必要があるんだと。まあ、これがいまの俺のなんとなくの感覚だな。

「今度から取材はファミマでやってもいいけどな。イートインにするのか、店先にするのかはおまえの判断にまかせる」

――慎太郎さんは、長州さんのマネージャーの仕事はもう慣れました？

慎太郎　いや、まだまだですね。リキさんから学ぶところが多いです。

――たとえば？

慎太郎　たとえば仕事をちゃんと精査するところとかですね。ボクのレベルだと「全部やりましょう」になっちゃうので。

――まあ、そうですよね。なんでも取っちゃおう、スケジュールを埋めちゃおうっていう。

慎太郎　でも、そうすることで1個1個の仕事が雑になったりして、悪いループに行っちゃったことがあったので……。

――それはやってみて気づくことですもんね。

長州　ああ？　山本、おまえに何がわかるんだ？

――いやいや、そういうものじゃないですか。ボクはいま慎太郎さんを励ましてるんですよ（笑）。

長州　マネージャーっていうのは図々しくなるか、ならないかだから。慎太郎は萎縮しちゃうからな。

慎太郎　キャリアが足りないですね。リキさん、ハイボールおかわりしますか？

長州　いや、まだちょっと残ってるからいい。経費がないんだから1時間で1杯で十分だよ。

――しつこ！（笑）。

長州　ウチの家内っていろんなアレを取るマニアックみたいなものなんだよ。

――いろんなアレを取るマニアック？

長州　ライセンス。資格マニアみたいな。凄いんだよ、アイツは。

——へえー、知らなかったです。いえ、知るわけもない（笑）。

長州　いっぱい持ってるんだよな。最近でいえば、宅建。

——えっ、なんで宅建の資格を取ったんですか？

長州　なんでかって俺は知らないよ。とにかく宅建を取ったんだよ。

——宅建ってちゃんと勉強していないと取れないですよ。

長州　1年間やって取ったんだって。あとは水先案内人だろ。

——えっ、船の？　水先案内人の資格ってあるんですか？

長州　アイツはなんでこんなものを取ったんだろって。でも資格は資格なんだよ。船がぶつからないようにな。

——それを仕事にするってわけじゃないから、ホントに資格マニアなんでしょうね。

長州　俺も船舶は持ってるんだけど2級なんだよね。それで「もしかして」と思って「おまえ、船舶も持ってるの？」って聞いたら、「ずいぶん前に1級を取った」って（笑）。

——いつの間に（笑）。

長州　1級っていったら船で海外に行けるやつだからね。あれは俺みたいな凡人には無理だ。

——凄いですね。そんなにアグレッシブな奥様だったんですね。

（※店員がお皿を下げにやってくる）

長州　（店員に向かって）コイツ、経費がないんだよ。

——やめてくださいよ！　なんの報告をしてんですか、食い逃げされると思われるじゃないですか（笑）。

長州　いちいち気にするなって、そんなの（笑）。山本、今度からとなりのファミマでやってもいいけどな。酒とちょっとしたつまみを買ってな。

——店員さんは嫌でしょうねえ（笑）。

長州　イートインにするのか、店先にするのかはおまえの判断にまかせる。おまえが決めろ。

——しょうもない役目ですね、ボク（笑）。

長州　店内にATMもあるし。最高だよ。

——コンビニの店員も大変そうですよね。宅急便、公共料金、コンサートのチケットとか全部対応しなきゃいけないじゃないですか。

長州　で、PayPayがトラブってどうだとかな。でも俺はそういうシステムをあまりよくわかってないから便利だと感じたことがないよ。そういうものについていかなくてもいい歳なんだよ。ここまで意外とずっと健康に過ごしてきたからメシが食えるようになったとは思うよな。それはDNAのおかげもあるし。ホントに身体が資本だったよね。ガキの頃さ、家に机っていうものがなかったんだよ。

——ほう。

長州　「ほう」って言うなよ。だから机に向かって何かをやったってことはないね。

——でも宿題とかありましたよね。

長州　そんなのやったことないよ。机もそうだけど、自分の部屋っていうのがないもんな。山本は俺といくつ違うの？

――ボクはもうすぐ48になります。

長州　えっ、俺と5つぐらいしか違わないのか。

――はい？　5つ？

慎太郎　リキさん、そのボケは誰もツッコめないですよ（笑）。

長州　なんか一瞬みんなして黙っちゃって、気まずかったぞ……（そわそわ）。

――そんな、ボクが中1のときに長州さんが高3ってことはないですから（笑）。まあ家庭によるでしょうけど、ボクは自分の机がありましたね。

長州　俺らの時代も裕福な家庭の人間は机を持ってたな。俺なんかは雨が降っても家に傘もないんだよ。

「燃え尽きたいっていう感覚は学生時代で終わってる。山本、なんか俺がいまから燃えそうなことはないのか？」

――でも昔、家の中で親に傘を投げられたとかって。

長州　ああ、俺の背中に穴が空いたやつな。

――穴が空いた（笑）。

長州　投げたほうもビックリしてたからな。あのときは俺が「朝からこんなメシを食いたくねえ！」って文句を言ったら傘が飛んできたんだよ。

――それは親としてはいちばんキレるポイントじゃないですか（笑）。

長州　遊ぶときもまともに靴を履いてた記憶がないもんな。いつも裸足だよ。

――いや、長州さんは裸足で遊んでたから運動能力が高いんですよ。

長州　どういうことだよ。

――10歳までにいかに足裏を刺激するかで運動能力って決まるらしいですよ。だから慎太郎さんも毎日子どもに足裏マッサージをしたほうがいいですよ。

慎太郎　毎日ですか？

――イチローは毎日1時間、父親に足裏マッサージをしてもらっていたらしいですから。

長州　それは血行がよくなるからか？

――足裏の神経を刺激するのがいいみたいです。そういう本もありますし、ネットで調べたらすぐ出てきますよ。裸足で遊ぶことと、足裏マッサージです。

長州　それはおもしろいことを言ってくれたな。おい慎太郎、今日からやれよ。

慎太郎　そうですね、やってみます。

長州　山本は親からマッサージしてもらえなかったからこんなだけど、孫に山本のような同じ人生を歩ませるわけにはいかないからな。

——ひどいですね、ホントに（ギスギス）。

長州　でもウチの孫はすでに体幹が強いだろうな。体型がジンギスカンみたいなんだよ。

——モンゴル相撲の力士みたいな（笑）。

長州　俺の体型と一緒なんだよ（笑）。そういえばおまえ、ラグビーのワールドカップは観てたの？

——観てました。おもしろかったですよねえ。

長州　盛り上がったよなあ。あの福岡（堅樹）っていうインテリいるじゃん。

——これから医者を目指すからワールドカップを最後にラグビーは引退するっていう。

長州　アレは考え方が違うよな。「燃え尽きたい」って。俺はその「燃え尽きたい」っていう感覚は学生時代で終わってるからな。山本、なんか俺がいまから燃えそうなことはないのか？

——燃えそうなことですか。長州さんはこれからＹｏｕＴｕｂｅをやったほうがいいと思うんですよね。楽しそうじゃないですか。

長州　俺自身がやるってことか？　俺がカメラを回すってこと？

——いや、誰かに回してもらって、長州さんが孫のおむつを替えているだけでもおもしろいですし。

長州　おまえ、いまおもしろいことを言ったな。そういう感じでも大丈夫なの？

——ちょっとしたブログ感覚の動画です。

長州　でも、どうしても撮れない感覚っていうのもあってだな。「おまえはこんなことまでやるようになったのか」って言われるのも俺なりにシャクなところもあるんだよ。

——それもわかります。

長州　おい、おまえに何がわかるんだ？

——タイトルも『長州力のおまえに何がわかるんだ？』でいいじゃないですか。

長州　おっ、凄いな。おまえ、今日は冴えてるな。

——長州さん、バカにしてます？（笑）。

長州　いや、それめちゃめちゃいいじゃん。

——それで「チャンネル登録はしないでくれ！」とか。

長州　「おまえは何を考えてこれを観てるんだ？」とかな。なんかいまの山本のアイデアはピンときたな。おまえ、もし足裏を刺激してたらとんでもない偉人になってたかもしれないな……。

【マネージャー・谷口氏の試合後の短評】

ツイッターデビューをする1カ月前ですけど、たしかに最初はツイッターじゃなくてＹｏｕＴｕｂｅに興味を示していたんですよね。お孫さんが生まれたことは本人のなかでとても大きな出来事だったと思います。あきらかに性格がやわらかくなりました。

長州力vs山本
名勝負数え唄
第18戦

「ツイッターを始めたのは
〝新しい自分探し〟ってやつ？
まあ〝新たな挑戦〟っていうか。
山本は俺のアレを
セーブしてるの？
で、お前は今年も
新たな挑戦をしないで、
相変わらず『KAMINOGE』
を作り続けるのか？」

［対戦日］
2020.1.6
（ツイッターを始めて世の中を騒然とさせ始めた頃）

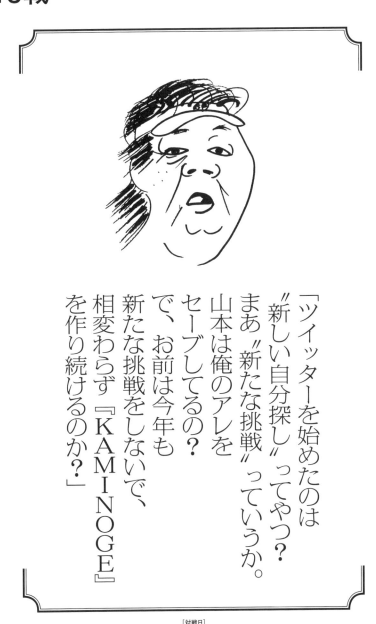

「楽しむなよ、おまえ。こっちは真面目に用事を伝えたい相手に向けて書き込んでんのに」

——長州さん、あけましておめでとうございます！

長州　あ？　ああ、山本か。そこに座れよ。ちょっと待っててくれ……（と険しい表情でスマホをいじっている）。

慎太郎　すみません、リキさんはいまツイートをしているところでして。

——おおっ、いま話題の。

長州　慎太郎、よけいなことを言うな。ヨシッ！（とスマホを置く）。山本、今日もとぼけた顔してるな。

——このとぼけた顔はもう死ぬまでですよ。長州さん、いま、なんてツイートしたんですか？

長州　またそんな洒落た言い方を……。そんなおまえ、ツイッターを見ればいいことだろう。なんのためにツイッターがあるんだよ（笑）。

——あっ、すみません。拝見させていただきます。『🐍』。なんですかこれは!?（笑）。

長州　あ？　なんですかって、おまえ。山本、その前のやつも見てみろよ。

——え〜と、あっ、3時間前にもツイートしてますね。『武田くん！　敬司とかにハブ🐍を捕まえさせて泡盛の中にそれをぶん投げて10年漬けたものをファミリーマートで売ったら意外といけるんじゃないかな』。この「敬司」というのは武藤さんのことですよね？

長州　そうそう。だからいまのは「敬司！　さっそく蛇が出たぞ！　ほら、捕まえろ！」っていう。

——なるほど……!!

長州　いちいち説明させるなよ。わかるようなもんだろう。

——まったくわかりませんでした。それをなぜファミマで売るのかも意味不明ですけど。そもそも長州さん、どうしてツイッターを始められたんですか？

長州　あ？　今日はそういうアレ（話題）なの？　俺がツイッターを始めたことで何かおまえに迷惑かかってる？

——まったくかかっていないですし、むしろいつも楽しみにさせていただいてますね。

長州　楽しむなよ、おまえ。こっちは真面目に用事を伝えたい相手に向けて書き込んでんのに。

——やっぱり用事を伝えたい相手に向けてるんですね（笑）。

長州　で、ツイッターを始めた理由？　言ってもいいけど、言ったらおまえ絶対笑うだろ。

——笑いません。

長州　まあ、なんていうか、〝新しい自分探し〟ってやつ？

——自分探しでツイッターを始めたんですか？

長州　新しい自分探しってのはちょっと違うな。〝新たな挑戦〟っていう。山本、俺のアレ（アカウント）はセーブ（※フォローのこと）してるの？

――もちろんセーブさせていただいてます。

長州　ふうん。山本、おまえは今年はどうするんだよ。あいかわらず『KAMINOGE』を作り続けるの？

――まあ、そうなりますかね（笑）。

長州　真面目に言ってる？　執念深いよね、おまえも。悪口で言ってるわけじゃないけど。じゃあ、新たな挑戦はしないんだ？

――どうなんでしょう。長州さんは新年の誓いとか立てられましたか？

長州　新年の誓いなんてあるわけないだろう。なんか歳を食うと、時間の流れがよくわからなくなってくるな。1日が長いのか、短いのか。外に出て動いてるほうが時間が長く感じるし、何も用事がないときはあまり外に出たくないんだけど、そうして家の中にいるとすぐに時間が経っちゃう。今年もそういう毎日を過ごしていくんだろう、おそらく。ただし、大きな視点で見たら、俺には時間がなさすぎるな。

――時間がなさすぎるとは？

長州　山本、俺はいろいろとやらなきゃいけないことが多いんだよ。今年（2020年）はいよいよ東京オリンピックをやるけども、俺は絶対になんか起きるような気がしてならないんだよ。それが災害なのか、どっかからミサイルでも飛んでくるのかわからないけど。

――いま世界情勢も緊迫してきましたし。長州さんがツイッターでセーブしてるのもトランプ大統領だけですが。

長州　やっぱり彼の動きは気になるね。かと言って彼の伝言を読んでるわけでもないし。

「俺がいまYouTubeで何にハマってると思う？もうね、俺はひさしぶりに目頭が熱くなったというか」

――トランプ大統領のツイートも読んではいないんですね。
長州　他人の伝言を覗き見したいという趣味は俺にはないしな。まあ、とにかく俺には時間がなさすぎる。おまえ、俺がツイッターを始めただけで終わるような男に見える？
――とても見えません。
長州　そうだよな。実際、俺がいまハマってるのはツイッターだけじゃないんだよ。
――ツイッターもあまりハマっているようには見えませんが……。長州さんがハマっているものってなんですか？
長州　言ったらおまえ笑うだろ。
――絶対に笑いません。
長州　ホントかよ。まあ、YouTube。
――あっ、こないだお会いしたときもYouTubeの話で盛り上がりましたもんね。
長州　あ？　あれからも俺は好きでずっと観てるよ。聞いていい？　山本はYouTubeで何を観てるんだ？

――バイオレンス系とかはひと通り観まして、いまは釣りとかですかね。
長州　ああ！　釣りは俺も観る！　用水路みたいなとこで網を張って何が捕まるかってやつとかもおもしろいよな。
――まさにそれです（笑）。
長州　でも釣りよりもハマってるやつがあるんだよ。ヒントほしい？　もうね、それを観て俺はひさしぶりに目頭が熱くなったというか。
――目頭が。なんですか？
長州　教えない。
――教えてくださいよ（笑）。
長州　まあ、ちょっと『一杯のかけそば』に近いね。
――『一杯のかけそば』に近い……。動物の親子愛的なやつですか？
長州　違う！　山本、演歌だよ。
――演歌ですか？
長州　あのイギリスのおばちゃんが出た凄い有名なアレ（番組）があるじゃん。素人が出て技術を披露するという……あのイギリスのおばちゃんはなんて名前だっけ。
慎太郎　スーザン・ボイルですかね？
長州　あっ、スーザン・ボイル！　で、あのアレはなんだっけ？
――スーザン・ボイルが出たのはイギリスのオーディション番組（『ブリテンズ・ゴット・タレント』）で、本家はアメリカのやつ（『アメリカズ・ゴット・タレント』）ですよね。
長州　それ。そのアメリカのやつに吉幾三が出たの知ってる？
――吉幾三が？　いや、知らないですよ。
長州　すっごいんだよ。
――えっ、あの番組に吉幾三が出たんですか？
長州　出てるんだよ！　たまたまYouTubeでそれにたどり着いて観たんだけど凄かったな……。審査員も客もみんなスタンディングオベーションでワーッと泣いてんの。吉幾三は日本語で歌ってるんだぞ？　なのにアメリカ人がみんな泣いてる。
――へえー。伝わってるんですね。
長州　伝わってるんだよ。どこにも歌詞の説明が出てないんだよ？　あれを観たとき、俺は本気で目頭というか胸が熱くなったよ。また、その吉幾三の歌がいいんだ。『よしこ』っていう（※正しくは『と・も・こ・・・』）。山本、とにかく凄いからYouTubeで観てみな。俺はもう何回も観てハマっちゃってる。いや、マジでちょっといま観てみてくれない？
――はい、探してみます。
長州　しかし、吉幾三は歌がうまいよなあ。あれでラップもできるからな。
――あっ、ありました。『もしもIKZOが海外オーディションに出演したら』。これですよね？
長州　いや、俺はしょっちゅう観てるから観なくていい。おまえ、ひとりでじっくり観てみて。

「正男はニューヨークでホームレスっぽい生活をしてたんだよな。鼻をダラーッと垂らしながら」

――わかりました。

長州 どうだよ？

――（小声で）あれ？　これ、吉幾三がオーディション番組に出演しているふうにマッシュアップしてるオモシロ動画じゃん……。

長州 （目を閉じて）吉幾三の歌声が聴こえてくるだけでグッとくるな。

――（小声で）慎太郎さん……。

慎太郎 （小声で）まずいですね、これは……。

長州 あんなズーズー弁で客はどうやって歌詞の意味を知るのか……。俺、毎日風呂でこれを歌ってるよ。「♪貴方に～聞かせたかった～」って。途中から審査員も泣き出してるだろ？

――は、はい……。

慎太郎 （小声で）リキさんにはこのまま内緒にしておいてください……。

――（小声で）ボクも言えないですよ……。あっ、同じ番組にさだまさしも出てますね。

長州 知ってる。さだまさしの歌もけっこうよかったよ。山本、俺がYouTubeをきっかけにしてハマったのは吉幾三と藤圭子の2人だよ。藤圭子もやっぱ歌がうまいよなあ。

――長州さん自身は歌を歌うのは好きなんですか？

長州 あ？　俺は歌わない。でも、こないだ知り合いからベースとアンプが送られてきたんだよ。「やってみたら？」ってことで。

――長州さん、バンドを組んだほうがいいんじゃないですか？

長州 何を言ってるんだ、山本！

――新しい自分探しの一環ですよ。

長州 とぼけたことを言うな。いきなりマッチがくれたんだよ。

――マッチって誰ですか？

慎太郎 歯医者の先生です。

長州 マッチはずっと音楽やってるからな。でも木藤先生だってめちゃめちゃうまいんだよ？　あれも相当練習してるよ。

――木藤先生って誰ですか？

慎太郎 山口の病院の先生ですね。

――すでに誰もが知っている人みたいに話をされても……（笑）。

長州 マッチは自分の誕生日とかにライブをやるんだけど、行くといつも演奏自体は30分くらいで終わっちゃうんだよ。だけどその空白を埋めるマッチの軽妙なしゃべり！　マッチはしゃべりもうまいよ。

――曲はオリジナルですか？

慎太郎 ボブ・ディランとかサンタナのカバーですね。

――おお、長州さんも大好きなサンタナ。

長州　あっ！　マッチとか木藤先生たちをあのオーディション番組に出したらめっちゃおもしろいことになるぞ。慎太郎、番組に連絡してみろよ。

慎太郎　あっ、はい。ちょっと調べてみます。

――連絡しないくせに（笑）。

長州　山本、なんで俺がサンタナが好きか話したっけ？

――いえ、お聞きしていないです。

長州　なぜサンタナかっていったら、俺は大学を出てすぐにプロレスに入って海外に出たじゃん。俺らの体育寮時代っていうのは音楽といえば演歌とか軍歌だよ。『加藤隼戦闘隊』！　みんなで輪を作って「♪エンジ〜ンの音！」って歌うんだよ。そんなところからいきなり海外に行ったもんだから、もうギャップが凄かったよな。で、向こうの歌にハマっちゃったんだよ。

――それはラジオから流れてきたりしたんですか？

長州　いや、俺の師匠が凄かった。正男だよ。

――タイガー服部さんが音楽の師匠なんですか。

長州　正男は凄いよ。当時、アイツの向こうの家に行ったら壁にバーッと全部LPだから。それくらい正男は音楽が好きなんだよ。「アメリカかぶれしてんなあ」と思ったけどね。

――服部さんはレスリングの世界選手権で優勝したあとに渡米したんですよね。

長州　世界選手権を獲ったのが明治大学の学生だったときだよ。それからニューヨークに渡って、向こうでホームレスっぽいことをしてたんだよな。鼻をダラーッと垂らしながら。

――鼻を垂らしながら（笑）。

長州　マサ（斎藤）さんのうしろをズルズル鼻を垂らしながらついてって、全米を駆けずり回ってたんだよ。正男はマサさんが明治で4年生のときの1年生だからパシリみたいなもんよ。

――パシリをしながらめちゃくちゃレコードを聴いてたんですか（笑）。服部さんってハイカラですもんね。

長州　ハイカラ！（笑）。よくぞ出たな、そんな昭和の言葉が。

――いえ、ちょっと感覚を長州さんに寄せてみたんですけど（笑）。

長州　俺、デビューしたあとすぐに西ドイツに行って、それからタンパに入っただろ。そのタンパで正男と出会ってお世話をしてもらったんだよ。だから俺、その頃はいつも正男のうしろを「先輩！　先輩！」ってついて歩いてた。それがいまでは「正男！」だから。

「マサさんと正男は映画になるような人生だよ。
正男は靴磨きからよくぞここまで出世したよなあ」

――そんな大先輩を呼び捨てに（笑）。

長州　で、1年ぐらい一緒にタンパにいたんだけど、途中で正男がニューヨークに帰ったんだよ。それで俺は正男のいないタンパがあまりおもしろくなくなって、会社（新日本）のブッキングでカナダに行く前に正男のところに寄ったんだよ。

――ニューヨークに。

長州 1～2カ月くらいいたね。そのとき、正男からニューヨークという街を教わったんだよ。

――ニューヨークでは試合はなく？

長州 試合はまったくない。

――2カ月くらい試合ナシで行っちゃってもいいもんなんですか？

長州 全然問題ないだろ。それでそのあとモントリオールに飛んでったんだよ。

――カナダ遠征ですね。

長州 俺、そのカナダに1年くらいいて日本に帰っただろ。あの頃は新日本も海外に出て試合することが多くて、ニューヨークで試合をしたときに正男が訪ねてきたんだよ。そのとき会長（アントニオ猪木）も坂口（征二）さんもみんないたんだけど、正男は世界選手権のときに着てたしわしわのブレザーを着てきてさ。かろうじて胸ポケットにネッカチーフみたいなのを入れてるんだけど、あいかわらず鼻もダラッダラで。

――えっ、ホントに鼻を垂らしてるんですか？

長州 いっつも垂らしてる！ 鼻水を垂らしながら会長とか坂口さんに挨拶してるから、俺は見ていて恥ずかしかったよ。それで試合が終わって2人で飲みに行ったら、「子どもを連れて日本に帰りたくねえけど、こっちじゃ仕事がないんだよ」って鼻水を垂らしながら言うんだよ。

――服部さんは早くにご結婚をして、お子さんもいらしたんですよね。

長州 そう。それで明くる日にマサさんがマジソンで試合があったから、その夜は3人で飲みに行ったんだよ。そうしたら正男が「マサさん、ボクを日本に連れて帰ってくれませんか？ なんでもしますから」って直訴し始めて。「なんでもしますって、おまえ何もできねえだろ？」って話になったんだけど、それから半年くらい3人でアメリカを回ったんだよ。で、正男は悪役のマネージャーよ。

――服部さんはそこで初めてプロレスのビジネスに関わったんですか？

長州 そうだよ。それまで靴磨きをやってたんだもん。

――長州さん、どこまでホントですか？（笑）。

長州 全部ホントだよ！

――服部さんはニューヨークで靴磨きをやっていたんですか？

長州 ホントだぞ。だから俺もタンパにいた頃はいつも正男の奥さんにご飯を作って食べさせてもらってたから、「どうにかしなきゃいけないな」と思って。それで俺からもマサさんに相談したら「長州、新日本でレフェリーでもやらせたらどうだ？」って言われて日本に連れて行ったんだよ。

――へえー、そうだったんですね。服部さんはニューヨーク在住なのに、どうしてタンパにいたんですか？

長州 ニューヨークで仕事がないから、マツダさんのジムでレスリングとか柔道のコーチをやってたんだよ。

――ああ、ヒロ・マツダさんのジムですね。

長州　そう。俺もグリーン（ボーイ）で仕事（試合）があまりないから、正男と一緒にジムに行ってちびっこにアマレスを教えるのを手伝ったりしてな。オリンピックが終わったばっかだったから俺も楽しかったよ。

――じゃあ、服部さんはアメリカンドリームを掴んでいたわけじゃないんですね。アメリカで食えないから新日本で仕事を始めたという。

長州　でもマサさんはドリームをやったよな。だけど正男もいまや新日本のトランプだよ。だって見てみろ、あの歳でまだ引退興行をやろうと考えてるんだぞ？　正男は商魂たくましい！　正男が溜め込んでる札束の量たるや、ニューヨークに持って帰れないくらい重いんじゃないの？　2年くらい前に正男の長女に男の子が生まれたんだけど、正男は鼻を垂らしながら孫を抱っこしてるんだよ。

――まだ垂らしてるんですか（笑）。

長州　赤ん坊じゃなくて、正男が垂らしてる（笑）。あんまり大きな声じゃ言えないけどな、正男の鼻は壊れてるんだよ。マサさんもだいぶ鼻が壊れてたけどな。

――マサさんも（笑）。

長州　正男は74歳になったいまでもジーパンを履いてて、ケツのポケットにいつもスカーフを入れてるんだけど、それはおしゃれじゃなくて、それで鼻をかむためなんだよ。だからそのスカーフは常にしわくちゃなんだから。だけど靴磨きからよくぞここまで出世したよなあ。マサさんと正男は映画になるような人生だよ。

「マサさんが服役していた刑務所に面会に行ったら受刑者たちがみんなマサさんに『ハーイ、ボス！』って言ってて驚いたぞ」

――男が憧れる生き様ですよね。

長州　冗談抜きでさ、マサさんなんかYouTubeでも流せないようなことばっか起こしてたからな。ホントに言える話がほとんどねえもん。当時、深夜1時とか2時に枕元の電話が鳴ったら、俺はいつもピューン！って飛び起きたもんだよ。電話の向こうは絶対にマサさんか正男！　あのふたりがガイジンの担当だったから。

――六本木あたりでガイジンレスラーが暴れると電話がかかってくるんですね。

長州　ホーク（・ウォリアー）なんかは一歩間違えたら六本木で5回くらい死んでるからね。今日、ここに正男を呼べばよかったな。アイツ、いま日本にいるよ。電話してみるか？

――今日（1月6日）、新日本は大田区で試合ですね。

長州　まさにトランプ！　マジで引退まで稼ぐだけ稼ぐ気なん

だな（笑）。日本にいるときは都内一等地のマンションに住んでてさ、その真裏にジムがあるんだよ。でもあれは正男が買ったマンションじゃなくて、娘が買ったマンションに籠城してるだけ。

――籠城（笑）。

長州　娘のマンションを自分の思うようにカッコよくリフォームしてさ、仲のいい新日本の営業のヤツらとよくホームパーティーとかやってるよ。とにかく正男はいまだに元気なの。裏のジムに行ってランニングやってな。

――お身体も特に悪いところがなさそうですよね。

長州　それが性格が悪いんだよ。

――性格が悪い（笑）。

長州　正男と話してると、アイツの性格の悪さに俺も１００パーのボルテージが出るくらいやり合うからな。マサさんだって考えてみ、アメリカの監獄に1年半いたんだぞ？（笑）。

――しかも身体をデカくして出所してきましたからね。なんなら新しい必殺技（監獄固め）まで編み出してきて（笑）。

長州　俺、刑務所に面会に行ったんだよ。そうしたら受刑者たちがみんなマサさんの肩を叩いて、「ハーイ、ボス！」って言ってて驚いたぞ（笑）。

――ボス！（笑）。

長州　「おまえ、ここに来る途中、森林の中の道が綺麗だったろ？」「はい。綺麗だったですね」、「あれな、俺たちがやったんだぞ」って。ポール・ニューマンの映画でそんなシーンあったじゃん。

――ああ、『暴力脱獄』。受刑者が道路の脇の草刈りをやりますよね。

長州　「俺はそれを真面目にやったから、いまは食堂の係をやってるんだよ。だから食うのに不自由しない」って。ホントに身体がでっかくなってんだよ。

――ガンガン食って、ガンガンにトレーニングして（笑）。

長州　だからマサさんは肉も卵も食い放題。そのことを誰も咎めない。「このジャケット、カッコいいだろ？　着てみるか？」って、うしろにナンバーが書いてあるジャケットなんか着たくないよなあ（笑）。

――気持ちもまったく沈んでないんですね。

長州　まあ、1年半よく入ったよ。で、そこの刑務所のいちばん上の人間に毎日苦情が来てたらしいよ。「頼むからアイツをどっかよそに移してくれ」って。なぜだかわかるか？

――なぜですか？

長州　マサさんは寝てるときのイビキと叫びが凄いんだよ。そのせいで朝から労働に行かなきゃいけないのにみんな寝不足だから。マサさんってもの凄い声を出すんだよ。

――イビキはわかりますけど、寝ているときに叫ぶんですか？

長州　叫ぶね。日本でも巡業でホテルに泊まってるとき、フロントから電話がかかってきたことがあるんだよ。俺の隣の隣の部屋でマサさんが寝てて、とんでもない叫び声が聞こえてきて。

――隣の隣でも（笑）。

長州　それでフロントが「どなたか、何かモメてますか？」って。

――「いえ、ひとりよがりです」と（笑）。

長州　叫ぶんだよな、「ウワーッ！」って。刑務所から出てきてから、さらにひどくなったんだよ。やっぱり心に抱えてるものがいろいろとあったんだろうな。そもそも「アメリカでよく撃たれなかったね」って話じゃん。モメたポリスマンにタックルして足を折ってるんだから、あの時代なら100パーセント撃たれてもおかしくないんだよ。マサさんの人生はホントにタイトロープ。どこで落っこってたとしてもなんら不思議に思わない。青森のほうでさ、大雪になるとさすがのサルたちも冷たいのか両腕で電線を伝っていくじゃん。あれと一緒だよ。

「あるときに正男から『今日コンサートがあるから行こう』って言われて観に行ったのがサンタナ。凄かったよ」

――その動画もYouTubeにあがってますね（笑）。

長州　あそこで手元を滑らせて電線にぶら下がってるのが〝半蔵〟だよ。

――半蔵？

長州　正男よ。

――名前が変わった！　服部半蔵か（笑）。

長州　電線でブラブラしてたサルがいまじゃトランプだもんな。鼻は壊れてるけど。マサさんもいつもジーパンのケツに赤いスカーフを入れていて、よくそれで鼻をかんでたな。それはマサさんから言わせれば、おしゃれなんだって。ただし、当時は「俺は両刀だよ」っていう合図でもあったらしいんだよ。

――マサさんって両刀だったんですか？

長州　それが冗談なのか本気で言ってるのかわからないのがマサさんだよ。マサさんはホントにおもしろかったな。マサさんも逝っちゃって、順番通りにいけば次は正男。俺は絶対に正男よりも先に逝きたくない。ひょっとしたらトランプが落っこちたら正男も逝っちゃうのかね？

――そんな因果関係あります？（笑）。

長州　俺は今度、正男のマンションのドアに貼り紙をしてやろうと思って。「カネ使え！」って（笑）。

――「カネ返せ！」じゃなくて「カネ使え！」（笑）。

長州　お札を数えすぎて肩があがらないって言うもんな。だから正男がレフェリングをやってると、俺は「ああ、コイツはもう相当貯めてるな」ってわかったもん。フォールを取るとき、左手で右手を支えながらゆっくりマットを叩いてんだもん。「おい、いま完全に3つ入ってるだろ！」って（笑）。

――よくもまあ、そんな悪口を思いつきますね（笑）。

長州　正男は靴磨き以外にも、卸の肉を配達する仕事をやってたこともあって、アイツは店を1軒ずつ回るたびに肉の端っこをちょこーっと切って持って帰ってたんだよな。

――肉の端切れを集めて家で食べてたんですか（笑）。

長州　これは笑うところじゃないぞ？　向こうは肉自体がでかいから、ちょこーっと切ってもわかんない。そういう生活をしてたときにマツダさんと知り合って、タンパのジムで働いてな。正男はちびっこにアマレスを教えるのがうまかったよ。あのときの教え子でオリンピックでメダルを獲った子がいるらしいもん。

――マツダさんのジムってアマレスも教えてたんですか？

長州　いや、あそこは基本的にアマレスのジムなんだよ。昼間に柔道を教えて、夕方からアマレス。俺も何もすることがなかったから一緒に行って手伝いをして、それが終わってから正男の家に行ってメシ食ってさ。

――やっぱり肉の端切ればっかり出ましたか？（笑）。

長州　いや、そのときはじゃがいもしかなくて毎日カレー。正男の奥さんが作ってくれてうまかったよな。そういえばある日、正男が住んでいた建て物の2階から、デカくて細い、髪の長いミュージシャンが下りてきたんだよ。それ、誰だと思う？（ハルク・）ホーガンだったんだよ。

――ああ、プロレスラーになる前はバンドをやっていたんですよね。凄い偶然ですね。

長州　何回か会ったね。

――ホーガンはマツダさんのジムでトレーニングをしていたんですよね。

長州　いや、トレーニングをしてるっていうのはないな。

――えっ、マツダさんの教え子ですよね？

長州　まあ、それはそういう触れ込みというか。でも「カッコいい顔をしてるな」と思ったよ。だからのちにホーガンが日本に来たとき、正男が「光雄。あれ、誰だか知ってるか？」って言うから「ホーガンってヤツだろ？　俺、今回初めて見たけど」って言ったら、「いや、タンパで会ってるよ」って言われて「えーっ、アイツか！」って。正男の家の上に住んでたんだよ。それで正男は1階でガンガンに音楽を流してな。それであるときに、正男から「今日コンサートがあるから行こう」って言われて奥さんたちと一緒にビールを買って行ったんだよ。凄かったよ。それが最初に観たサンタナ。

「ツイッターの次はYouTubeだよ。なんかこう『こなせるはず』っていう手応えだけはあるんだよな」

――へえー！　それでサンタナが好きになったんですね。

長州　そのときのインパクトが頭の中に入っちゃって。もの凄かったんだから。でっかいタンパ・スタジアムが客でパンパンだよ。最初に音が出たときに凄い歓声でビックリしたもん。

――長州さん、日本でも服部さんと一緒にサンタナのコンサートに行ってましたよね？

長州　それは正男とじゃなくてウチの家内とだよ。娘が「パパってサンタナが好きなんだよね？」って武道館が終わったあとの追加公演のチケットを2枚プレゼントしてくれたんだよ。それを家内とふたりで観に行ったよ。けっこういい席だったね。

――あれ？　服部さんとも行ってませんでしたっけ？

長州　正男と観に行ったのはアレよ。何年か前にギターのうまいアレは誰だっけ？

――エリック・クラプトンですか？

長州　おー、そう！　アレとビートルズの生き残りがいるじゃん。

――生き残り（笑）。クラプトンがジョージ・ハリスンと一緒に来たことがありましたね。

長州　それだ！　東京ドーム。それを正男が「観に行こう！」って。

――ずっとハイカラだ（笑）。

長州　で、やっぱドームが満員なんだけど、俺らのチケットはいちばんうしろのほうの席でさ。それで演奏が始まったらみんな盛り上がってくるんだけど、俺らの前の席のヤツらが立ち上がるたびに正男がそいつらの頭をパンフレットで叩いてな（笑）。

――ひどい！　もぐら叩きじゃないんですから（笑）。

長州　立ち上がるたびに頭を叩いてるから、もうおっかしくてさあ（笑）。それで前のヤツが「何をするんだ?」って振り返ったら俺と正男が並んでるもんだから「しょうがねえな……」って。ずっと頭をボッコボコ叩いてるんだもん。あのときはさすがに俺も「正男やめろ！」「正男やめろ！」って言ったけどな（笑）。

――「正男やめろ！」（笑）。服部さんはローリング・ストーンズの日本公演も全部行ってるって聞きましたね。

長州　靴磨きで得た収入を全部ＬＰに突っ込んでるんだから。正男がタンパで乗ってたクルマなんかボロボロのシボレーでさ、ドアが閉まらないんだよ。中からドアを持ってないとすぐにドアが開いちゃうから「光雄、ちゃんとドアを持ってろよ」って。

――レコードを買うよりも、先にそっちを修理したほうがいいですね（笑）。

長州　もう数百ドルとかで買ったボロボロだから。それでクラクションを鳴らすだろ、まともな音じゃないんだよ。「アホ～ン、アホ～ン」って（笑）。だけどあの頃から正男は「いつか見てろよ！　俺もトランプみたいなビルを建ててやる！」ってビルの谷間で唸ってたよ。

――服部さんの話のほうが『一杯のかけそば』っぽいですよ。

長州　ああ、そうだ、ＹｏｕＴｕｂｅ！　俺、今年はＹｏｕＴｕｂｅもやろうと思ってて。

――おお、ついに！（笑）。

長州　ツイッターの次はＹｏｕＴｕｂｅだよ。いまはまだ特にビジョンが固まっているわけじゃないけど、ツイッターも触ることができたんだから、なんかこう「こなせるはず」っていう手応えだけはあるんだよな。

――絶対に向いてると思います（笑）。

長州　そこに正男を出してもおもしろいだろうし、マッチのしゃべりもあなどれないぞ、ホントに。山本、おまえも手伝えよ。

――えっ、いいんですか？　ぜひぜひ。楽しそう！（笑）。

長州　ヨシッ！　俺が新しい山本を引き出すか。今年はおまえの素材をよ〜く洗ってやるから楽しみにしとけよ。もう『ＫＡＭＩＮＯＧＥ』なんて作らなくてもいいようにしてやるから。これは悪口とかじゃなくて（ニッコニコ）。

【マネージャー・谷口氏の試合後の短評】

ツイッター始動まもなくですね（笑）。しかし、〝山本さん〟も締め切りがあるとはいえ、年始からよく長州力と会いますよね。本来ならもうちょっと正月気分でゆっくりしたい時期じゃないですか。ツイッターはもうわりと最初から話題になっていましたよね。完全に使い方を間違えていて。でも急成長ですよ。だって、数年前まではツイッターのことを「ツイスター」と言っていましたからね。感慨深いです。

長州力vs山本
名勝負数え唄
第19戦

「山本、
俺はもともとこうなんだよ。
固いとかやわらかい、
怖いとか怖くないとか、
そんなひとつのもので
まとめようとしてくれるな。
勝手に俺の言葉をそちら側が
笑っているだけだ」

［対戦日］
2020.3.10
（ツイッター快進撃の勢いのまま、YouTubeも始めようとしている頃）

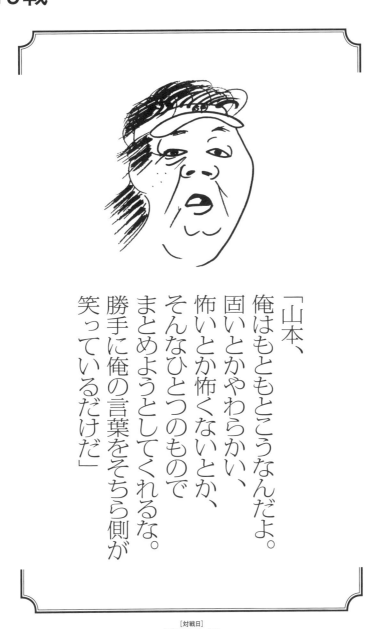

「とにかく俺はあの太陽マーク、あれが大好きだ（にっこり）」

――長州さん、このたび『KAMINOGE』が100号を迎えることになりました！

長州　知るかい！（吐き捨てるように）。山本おまえ、まだ一度も本を送ってきたことねえじゃん。

――えっ、こないだ谷口さんと慎太郎さんに1冊ずつお渡ししましたよ！

谷ヤン　あっ、そうだそうだ。今日持ってこようと思っていたのに忘れちゃいました……。

慎太郎　すみません、ボクもです……。

（※あらためて説明しよう。「谷ヤン」は長州に10年以上虐げられてきた古参マネージャーであり、「慎太郎」は長州さんの長女の婿であり、職業はカメラマンだが、現在は長州さんのマネージメントのサポートもおこなっているのだ‼）

長州　慎太郎、こないだ俺が羽田（空港）の本屋に入って『KAMINOGE』ありますか？」って聞いたときのこと憶えてるか？

慎太郎　あっ、ありましたね！

長州　そうしたら店員さんに「私共のところではそのような本は置いていません」って言われたんだから。買おうとした俺の立場がねえよ。

――そのような本（笑）。長州さん、またお送りしますからけっしてご自分で買おうなどと思わないでください。

長州　で、なんの話をすればいいんだよ？　ツイッターの話？

――あっ、ツイッターの話からお願いします。

長州　まあ、だんだんと慣れてきたね（得意げに）。でもさ、「つぶやく」っていうけども、なんか前からやってるブログとたいして変わんねえなと思って。でも、たまに驚くときがあるんだよな。「なぜ、こんなにも……」っていう。

――なぜ、こんなに反応があるのかと？

長州　いや、素早いじゃん。俺は反応なんてべつに気にしちゃいないけど、ブログと比べたら異常な素早さじゃん。で、ツイッターはさ、ちょっと人のことを揶揄するような反応があるよね。

――まあ、そうですね。

長州　あとツイッターって、つぶやきっていうくらいだから、めちゃめちゃ書ける文章が短いのに「これで俺の何を理解して、こんなに意見を言ってくるのか？」と思うよな。俺なんかまだ全然足りないよ。

――足りないというのは？

長州　まあ、文字数が。俺が最近慣れたっていうのはさ、正確に言うとけっして慣れてはいないんだよ。スマホにさ、メーターがあるじゃん。字がオーバーしちゃうと止まっちゃうやつ。

――あー、はいはい（「なんだっけ？」）。

長州 最初はあれを見ながらやってたんだよ。メーターで文字数を確認しながら「おお、あともう少し書けるな」とか。

――チキンレースみたいですね（笑）。

長州 そう！（笑）。気楽につぶやくつもりが、最後は自分ひとりでチキンレースをやってるんだよ。やっぱ140文字のちょっと手前、そこを狙ってるよね。

――人知れず、そんなストイックな闘いをやられていたんですね（笑）。

長州 それで最後に絵文字を一発入れたいなと思ってるから、138文字で止めておきたいんだけど。とにかく俺はあの太陽マーク、あれが大好きだ（ニッコリ）。最近入ってきてる仕事はちょっと朝早いんだよね。それで早起きをするわけだけど、外はまだ暗い。そういう時間帯にちょっとつぶやき始めるんで、テレビの天気予報を観ていて、「今日は晴れ」ってなれば「ああ、いいな」と思ってつぶやきにも太陽マークを入れてみるんだけど。実際はまだ外は暗いんだけどな（笑）。

――そうして、いち早く日の出をさせるわけですね。

長州 フライングでな。

――ああ、それは見たほうも気持ちがいいでしょうね。

長州 そんなわざとらしく持ち上げるなよ、山本。

――すみません。

長州 （突然、大きな声で）俺のスカート、どこ行った～⁉どうだ？ よく似てるって言われるんだよ。

――……あっ、古田新太さん⁉ そういえば似てますね（笑）。

長州 あの人、いい役者さんだから、そう言われて悪い気はしないけどな。

「山本〝さん〟はそういうテレビの仕事もやってるのか？」

――でも長州さんも役者をやったことありますよね？

長州 （大声で）ないわっ！

――いやいや、ありますよ。NHK大河（『西郷どん』）にも出られていたじゃないですか。

長州 ああ、大河は出たか（得意げに）。

――あと、大昔だと『セーラー服通り』とか。

長州 それは知らん！

――まあ、チョイ役というか。

長州 チョイ役？ おまえ、ひどい言い方するね。

――いえ、友情出演ですかね。

長州 友情なんてあるわけない。

――あっ、長州さん、ドラマをやりましょうよ。

長州 あ？

――ドラマです。

長州　その「ドラマをやりましょう」ってのはどういう意味？　山本〝さん〟はそういうテレビの仕事もやってるのか？

――急にさんづけで呼んでいただいて恐縮なんですが……。テレビの仕事はやっていないです。

長州　かあ〜っ！　じゃあ、なんの権限があってそんなこと言うんだよ？

――いや、長州さんのＹｏｕＴｕｂｅチャンネルとかでやられたらどうかなとふと思いまして（笑）。

長州　ＹｏｕＴｕｂｅでドラマぁ？　ああ、ショートムービーみたいな？

――そうです、そうです。

長州　いまナントカ家族とかってのが流行ってるっていうか、今回のアカデミーでも韓国のやつが獲ったけどな。

――『パラサイト』ですね。

長州　そんなもん、正男を主演にして『服部家族』とかやればいいじゃん。正男と半蔵と、あと料理の詰襟を着た、なんだっけ？　服部（幸應）先生でさ（咳き込みながら爆笑）。

――いや、それだったら『長州家族』のほうがおもしろいじゃないですか。

長州　あ？　何をとぼけたことを……。それはアレか、俺は寡黙な父親っていう部分でやっていいの？　寡黙な役なら考えないこともないけどな。

――それはセリフを覚えたくないだけってことはないですよね？

長州　それで俺の奥さんの役はアレだな。いま、よしもとに「カァー！」って踊るぽっちゃりした人いるじゃん。

――カァー？　よしもとですか？　渡辺直美じゃなくてですか？

長州　違う違う！　渡辺直美も踊ったりするアレだけど、じゃなくて、よしもとの舞台とかに出てるじゃん。

――友近？

長州　違うよ！　こんな太ったさ、ドラム缶というか俺の体型に似たような、とぼけたような目をして笑わせる、ほらアレ……！

――あっ、ゆりやんレトリィバァですか？

長州　そうそう！　アレが俺の女房よ。

――えっ、長州さんの奥さんがゆりやんレトリィバァの役をやるんですか？

長州　違うよ、バカッ！

――あっ、ゆりやんレトリィバァが長州さんの女房役ですか？（笑）。

長州　そっちだよ。山本はあいかわらず寝ぼけてるな。で、ほかにもちゃんとインパクトのある役者さんを揃えてさ。河本（準一）くんが近所にある行きつけの潰れそうな居酒屋の店主とかな（笑）。そういうのをやるならおもしろそうじゃん。ってやるか、アホッ‼

――ひぃ〜っ！　いま長州さんのツイッターのフォロワーは24万くらいでしたっけ？

谷ヤン 24万2000ですね（※2020年3月10日時点）。
長州 （中邑）真輔はどうなの？
谷ヤン （画面の割れたスマホを見ながら）66万ですね。
長州 さすがマジソン。それで次はYouTubeか。谷ヤン、早くスタートさせろよ。
谷ヤン そうですね。
長州 でもさ、このプロレスの業界がいま、あまりにも「YouTube、YouTube」ってなると、最初はおもしろくて観てくれるかもわかんないけど、俺なりの感じ方では「どうかな？」って思うところもあるんだよな。
谷ヤン 長州さんはあのツイッターの世界観をそのまま持っていけたらいいですよね。

「それはたまにはその場で雰囲気で冗談もしゃべるぞ？」

――でも、長州さんもいまはもうだいぶツイッターに慣れちゃってるんで。
長州 いや、慣れてないよ。
――慣れていないほうが、とぼけたおもしろさがあるじゃないですか。
長州 あっ、いま山本はおもしろいことを言ったよ。俺、とぼけて書いてると思う？
――とぼけて書いてるとは思わないですけど……。
長州 いや、どっちだと思う？
――正直に言っていいですか？　一生懸命とぼけようとしてるように見えます。
長州 ああ、一生懸命っていうのはたぶんないな。ウン。
――まだまだ手探りってことですか？
長州 いや、手探りとか俺はそんな作業はしねえよ。違うよ、俺は元がこうなんだよ。
――素ですか？
長州 そうやって「素ですか？」って言うけども、その素っていうのは固いとか柔らかい、怖いとか怖くないとか、そんなひとつのものでまとめなきゃいけないの、人間は？
――いえ、いろんな面がありますよね。
長州 俺の言葉に対して、勝手にそちら側で笑ってるだけで。
――そちら側！（笑）。
長州 それだよ！　そうやっていつもおまえはなんでも笑うけど、俺はべつに笑わせるために言っているわけじゃないし。そりゃたまにはその場で雰囲気で冗談もしゃべるぞ？　でも、普段こうやってるときはまったくない。何がおかしいのか。
――すみません。
長州 そりゃ、素人なりのバカなツッコミで物をしゃべるときはあるけど、そこまで笑わせるつもりはないよ。そんなサービス精神、俺はまったくないよ。

――よくそれでタレントの仕事をやっていますね（笑）。

長州　だから俺も自分でもわからない部分があるんだよ。その場その場の状況や雰囲気に応じて対応はできるほうだと思ってる。きのうだってロケでお寺に行ったんだよ。「あっ、ここでバカは言えないな」っていう判断はつく。だから静かにしていたし。

谷ヤン　もうちょっと元気にロケに参加してほしかったですけどね……。

長州　あ？　またおまえは鼻持ちのならないことを。なんでも仕事でやるんじゃないよ。

谷ヤン　仕事ですよ！（笑）。

長州　（聞かずに）だから「俺っていままでどういう具合に見られてたのかな？」って。反対にそれを問いかけたいんだけど、それはなんか自分らしくねえなって。ツイッターとかブログを使って問いかけるっていうのがさ。ホント、俺はこのまんまなの。信用してる？

「信じなくてもいいけど、俺はやさしい人間だと思うよ」

――信用してい……ます。でも、おそらく長州さんは根は明るいですよね。

長州　だから決めつけちゃダメだよ。

――いえ、ご自身ではどう思ってます？

長州　だから、わかんないから自分探しをやってんだよっ！　それでツイッターをやってみたり、ＹｏｕＴｕｂｅもやってみようかってなってんじゃん。これは前も言ったじゃん。俺はこれまでの環境とは距離を置きたいんだよ。ホントなんだよ。どこに行ってもさ、「長州力だ」「長州力だ」って言われて、なかなか抜けられない自分がいるんだよ。かまえちゃうよ。

――いまだに街でファンを蹴散らしますもんね。

長州　いや、それはないだろ！

――「握手してください！」って来たら「シッシッ！」てやるじゃないですか。

長州　それは昔からだよ。学生時代から。

――有名人でもない頃から（笑）。

長州　いまも昔も、わずらわしいヤツっているじゃん。

――ああ、やっぱりこれが長州さんの素ですね（笑）。

長州　俺はべつに自慢じゃないんだけど、俺たちの大学時代はレスリング部に全部で１００人近くいたんだよな。５階建ての体育寮で。俺が３～４年のときにいた後輩に聞いてみな、「昔の軍隊ってこういうところだったのかな」って言うはずだよ（笑）。

――軍隊さながら（笑）。

長州　でも、ひとりも逃げなかった。だけど俺が卒業して引き継いだら一気に半数以上が逃げたんだよ。ずっと耐えてきて、そこで緊張の糸が切れちゃったのか。こういうのをマインドコントロールって言うのかね？

――長州さん、まさか自分に人を洗脳する能力があることに気づいてないんですか？

長州 バカッ！ 山本、そういうことを言うな。

――いや、こうして谷口さんとか慎太郎さんたちと一緒にいるとき、変にふたりをモメさせようとするみたいな、そんな動きをするときがありますよ。

長州 山本、それはおまえじゃないか！（笑）。

――いやいや、ボクじゃないですよ（笑）。「長州さん、こぇぇな。なんで俺たちを仲違いさせようとしてるんだ？」っていうときがありますもん。でも、それは無意識でやられてるんですよ。

長州 そんな能力あるわけねえよ。

――細かく言うとですよ、谷口さんを詰めているようで、じつはこれ、慎太郎さんに言ってるんじゃないかとか。

長州 げっ！

慎太郎 ああ……。

長州 じゃあ、俺からも言わせてもらうけど、山本、おまえは笑い方も異常だよ。前から思ってたんだけど、おまえの「アハハハハ！」っていう笑いは、ある意味で場を焚きつけてるように見える。

――げっ！

長州 でも、みんなが信じるか信じないかはどうでもいいんだけど、俺はたぶんやさしい人間だと思うよ。

谷ヤン げっ！

長州 おまえ、内心「バカなこと言ってんじゃねえよ」って思ってるだろ？

谷ヤン いや、思っていないですよ！

長州 ふんっ。まあ、アレだ。これからもずっと自分探しだよ。岩にぶつかって崩れて、また岸に上がってイカダを作って流れていく。そしてまた岩にぶつかっては崩れ、イカダを作ってさ、最後はどこに出るかだよ。

谷ヤン おお……。長州さん、いまのはツイートしたほうがいいんじゃないですか？

長州 茶化すなよ。ほら、おまえはそうやってなんでもすぐにお米（お金）に換えようとしてるだろ（ギスギス）。

谷ヤン 換えないと怒るじゃないですか………。

［マネージャー・谷口氏の試合後の短評］

あっ、これは恵比寿の『炭福あこや』で収録ですね。長州がひさしぶりに新しい行きつけの店を見つけたんですよね。ここ数年、パターンの決まった日常を過ごしているようなので、こうしてどんどん行動のバリエーションを広げていただけたらと思います。

長州力vs山本
名勝負数え唄
第20戦

「俺たちはやっぱ昭和だから
ちゃんと危機感を持って
動いてると思うんだよ。
だけどテレビとか観てると
『コロナにかかるヤツはかかるし』
とか言って平気で外で遊んでる
若いヤツとかがいる。
それならてめえで勝手にやって、
てめえだけ死ね!!（ギスギス）」

［対戦日］
2020.4.7
（「緊急事態宣言」発令前日に3つの密を避けるべく多摩川の土手に集合した日）

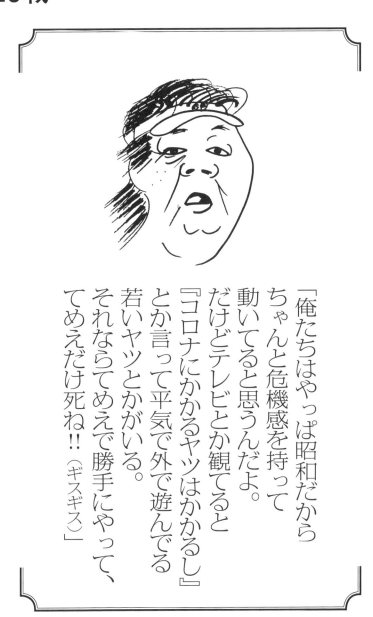

「この感染力というのは凄まじいね。
やっぱり高齢者にとっては
ちょっとしんどいウイルスかもわかんない」

――長州さん、今日は最高に天気がいいですね！

長州　おっと、近い。今日は3メートル以内に入ってくるなよ？

――「またぐなよ！」と。もうちょっと離れたほうがいいですかね？

長州　本当なら10メートルくらい離したいくらいだぞ。今日はそういうルールなんだから。（3メートルほど離れたところから）俺の声、聞こえる？

――聞こえますが、マスクをしているので普段よりも聞きづらいかもしれないです。

長州　えっ、山本、いまなんて言った？

――長州さんのほうが聞こえてない（笑）。

長州　慎太郎、おまえはさっきジェルを（手に）たっぷり塗ってたから、もっと近づいてきて桜をバックに撮ってくれ。

慎太郎　あっ、はい！（パシャパシャパシャ‼）。

長州　とにかく山本はウエイト。そのままで。

――ひどい！　ボクもちゃんとケアしてますよ……（しょんぼり）。

長州　でも今日は多摩川にしてよかっただろ。人は少ないし、天気もいいし、気持ちがリフレッシュできるよな。俺も最近はずっと家にいるもんだから身体が固くなっちゃってるよ。

――そうですね。でも最初、長州さんのご自宅のベランダでやろうという話ではなかったですか？

長州　ベランダ？　ああ、テラスのことか。

――そこはどっちでもよくないですか……？

長州　俺はあそこをベランダだと思って過ごしたことはないぞ。「ああ、ここのテラスは気持ちいいな」って思ってる。山本、ウチのテラスを見たこともないのになぜベランダだと言い切った？

――適当に言っちゃっただけですので、そこまで詰めないでください……（しょんぼり）。

長州　適当なことを言うやつがあるか（にっこり）。いやさ、やっぱりテラスに行くまでにどうしても家の中を通らなきゃいけないじゃん。そこの部分で俺はちょっと構えた部分があるよね。慎太郎はまあ身内だからいいとしてもだ。

――ひどい！　でも今回のコロナウイルスは、やっぱりちょっと甘く見ていたところがありますよね。

長州　いや、ホントそうだよ。若い人間が感染し始めたと思ったら、プロ野球とかのアスリートにまでいっちゃってるじゃん。めちゃくちゃ怖いよな。俺もまさかここまでのものとは予想だにしなかった。とにかく自分のまわりだけでも気をつけなきゃと思ってるし、最近はツイッターでもコロナのことばっかり書いてるから、俺自身の気分が暗くなってきちゃったというか……。もっと日常の楽しいことだけを書きたいんだけどさ、でもやっぱりコロナに関してはみんなも敏感に反応してくるなと思って。

——でも長州さんのツイートは不安を煽っている感じではなく、一貫して「みんなで一緒にがんばろう」ってことを言っているのでボクはあの感じは凄くいいと思います。

長州　あっ、そうか？　とにかくこの感染力というのは凄まじいね。言い方はおかしいけど、やっぱり高齢者にとってはちょっとしんどいウイルスかもわかんない。だけどまあ、今日はひさしぶりにアレだな、谷ヤンを筆頭にボンクラのメンツが集まったな（笑）。

谷ヤン　（5メートルほど離れたところから）なんてことを言うんですか（笑）。

長州　でも俺もおまえたちのことは心配してたんだぞ？　最近はあまり電話もかかってこないから「これはひょっとして（コロナに）かかったのか……」と思って。いや、こうやって笑い話にできることじゃねえけどな、ホンットに。とにかく自由に外に出られないっていうのがしんどいよなあ。

——だけど我々はどうしても仕事で外出しなきゃいけないときっていうのがあるじゃないですか。

長州　そこなんだよ。俺も今日のこれを中止にしてもらおうかと直前まで思ってたんだけど、山本が「多摩川でもいいですよ」って言ってるって聞いたから「じゃあ、やるか」って。で、いちおう携帯を持ってきたんだけど。

——どういうことですか？

長州　だから山本をもっと遠くに行かせて電話で取材すりゃいいじゃんと思って。「もしもし、はい、次の質問！」ってな。でも、それならべつに多摩川まで来ることはないか!?（咳きこまずに爆笑）。まあでも、やっぱ来てみたら気持ちいいじゃん。パパッと終わらせていい空気でも吸って帰ろうよ。

「YouTubeを自分で観てみたんだけど、俺ってあんなに滑舌が悪いの……!?（そわそわ）」

——おそらく、今晩の0時から緊急事態宣言が発動されるということになっていますよね。

長州　いやさ、俺たちはやっぱ昭和じゃん？　だからこうなったときにちゃんと危機感を持って動いてると思うんだよ。だけど若い人間の感覚というか、捉え方というのは俺たちとはあまりにも違っていることに驚くね。まあ、それなりにみんな自粛してるんだろうけど、テレビとか観てると「まあ、（コロナに）かかるヤツはかかるし」とか言って平気で外で遊んでるもんな。あまりにもあっさりとそう言われると「この野郎……！」ってなんかムッカムカしてくるんだよな（ギスギス）。それはあまりにも人の生命を甘く見てるというか、「それならてめえで勝手にやって、てめえだけ死ね！」って言ってやりたいくらいだよ。まあ、若い連中が全部が全部そういうわけじゃないんだろうけど、そんな言葉を聞くとは思わなかったね。やっぱり家庭を持ってるわけでもないだろうから、抱えてるものがまだアレ（少ない）なんだろうな。だけど、あまりにも責任感がなさすぎじゃね？

――いまは「自分がかからないこと」と同時に「他人に移さないこと」を意識しなきゃいけない状況ですからね。

長州　そうだよ。アイツ（コロナウイルス）は目に見えるものじゃないからな。そりゃ「移してやろう」っていう気持ちはまったくないとは思うけど、ああいう軽い気持ちで外にどんどん出て行かれたら、俺もちょっと構えちゃうかもわかんない。だからきのうも小池（百合子）都知事が言ってたじゃん。「ご理解をよろしくお願いします」って。俺は今回のアレ（非常事態宣言）はそこまで締めつけたものじゃないと思うから、今日からホントに個々で実践してさ、まあ俺たちもこうして外に出てきちゃってるけど、間違いなく殊更に距離を離して会っているわけだから。悪いけど、やっぱり家族を持ってる人間とそうじゃない人たちとの間にちょっとズレがあるように見えるね。俺んちだって孫が遊びに来れなくなっているわけだよ。それは「来るなよ！」って言ってるからなんだけど。孫の身になんかあったらもう……。いまはもう赤ん坊だってかかる事例が出てきているし。それよりさ、山本。これは大事な話なんだけど……。

――はい。

長州　こないだYouTube用に（中邑）真輔と対談やったじゃん。

――あー、はいはい。

長州　あれを自分で観てみたんだけど、俺ってあんなに滑舌が悪いの……!?（そわそわ）。常に口をボケーッと開けててさあ。

――アハハハハ！

長州　何を笑ってるんだよ！　ああいうところは編集でどうにかならねえのかよ？

――えっ、編集で口を閉じたようにするんですか？

長州　だってずっと口が開いてんだもん。あれはみっともないぞ（そわそわ）。

――「長州さん、口が開いてますよ」ってささやけばよかったですかね？

長州　バカタレが！「口が開いてます」ってストレートに言われたらさすがに俺も傷つくぞ。なんていうか「ちょっと顔に締まりがないです」とかそういう表現で留めてもらわないと。それをカンペに書いて見せるとかさ。

――わかりました。次回から気をつけます。

長州　マジで頼んだぞ。こういうことを俺の口から言わせるな。そうだ、あのとき俺が描いた会長（アントニオ猪木）の似顔絵、ゴキ先生はなんか言ってた？

――ゴキ先生（※画家の五木田智央氏のこと。すでに名前を間違っている）に見せたら、「なんだ、この迷いのない線は！」

って言ってました（笑）。

長州　おおっ、マジか！　やっぱりわかる人は見るとこが違うね～（ニコニコ）。あれは本当に迷いがないいんですよ。すーっとすぐに描けるからな、10秒で。

――「たしかに目の前で10秒で描いてたんですよ」って言ったら、「天才だ！　完敗です‼」と言ってました（笑）。

長州　おお、そうか！　谷ヤンも慎太郎もちゃんと聞いとけよ、ほんっとに（ニコニコ）。

――ちなみに藤原組長も凄く絵が上手いじゃないですか。

長州　うん、うまいうまい。細かいんだよね。

――ゴキ先生曰く「藤原組長は秀才、長州さんは天才」だと。

長州　いやあ、俺は凡人ですよ！　ただの凡人ですから！（ニコニコ）。でもゴキ先生が本当にそう言ってたのか……？

――はい。それで「今度、ぜひアトリエに遊びに来てください」と言ってました。

長州　おおーっ！　マジか‼　よしっ、オーボンヴュータンに行ってケーキをいっぱい買って行こう！

「こないだスマホを新しいやつに替えたんだよね。そうしたら太陽のマークが入ってないんだよ……」

――オーボンヴュータンってなんですか？

長州　ウチの近所のおいしいケーキ屋さんだよ！　ゴキ先生にはオーボンヴュータンのケーキが合うと思うんだよ。いや、山本、おまえも一緒に行ってくれるんだよな……？（そわそわ）。

――もちろん同行させていただきますよ。コロナが収束したらゴキ先生に会いに行きましょう。

長州　よしっ！　早朝に行くか。

――なんで早朝に（笑）。

長州　最近さ、俺はいつも朝早いんだよ。それでしばらくぼーっとして、そろそろ一発ツイッターにアレしてやろうかなって景気づけにつぶやくんだよ。今日もそうだったんだけど、そうしたらそのあとすぐにスタッフ告知をしてかぶせやがって！

慎太郎　かぶせたという意識はないです……。

長州　どうして時間帯をかぶせるんだよ？　一度や二度じゃねえだろ、かぶせてくるのは。

――連投のことを「かぶせる」って言うんですね（笑）。

長州　笑うな、山本。俺はホンマに怒ってるんだぞ！（ギスギス）。せっかく俺がみんなといい時間を共有しているところにコイツらは……。まさに不要不急の告知を入れてくるからな。

――長州さん、めちゃくちゃツイッターを楽しんでますね。

長州　あ？　ツイッターって、なんか意外とあそこに集まってる人たちはみんな同じようなことを考えていて、同じような心配事とか悩み事とかを抱えている気がするんだよな。というのは、俺の投稿に対して返ってくる言葉というのがみんな似たような内容なんだよ。まあ、なかには揶揄してくるバカタレもいるんだけど。そういうバカタレのことは俺にはよくわかんない。「おまえはどうしてそんなにバカタレなの？」って聞いてみてもいいもんなの？

谷ヤン　絶対にダメですよ！

長州　「おまえはどうしてそんなにバカタレなんだ？　140字で説明してくれ」って返してやりたいんだけど。あとハートのマークはなんだっけ？

――「いいね」ですかね。

長州　おお、それ。たまにさ、ハートを押すつもりがなくても指が触れちゃって「いいね」しちゃうことがあるんだけど、あれはなんとかならないのか？

――まあ、押さないように気をつけるしかない気がしますね。

長州　なんだよ、その突き放したような言い方は？　俺はどうしても触っちゃうんだよ。それでまた谷ヤンが目ざとくそれを見つけてさ、「どこがいいねだと思ったんですか？」とかああだこうだ言ってきやがる！（ギスギス）。いかにも俺が何かとんでもないことをした犯罪者みたいな扱いをしてきてさ。いや、たまには自発的に「いいね」することもあるんだぞ？　とてもいいことを書いてるなとか、いい写真をあげてるなと思ったらピン！と。

――「座布団1枚！」的なことですね。

長州　それそれそれ！　だからあれは「いいね」じゃなくて「座布団」にしてくんねえかな、ホントに。山本、ツイッターって一度に写真を4枚まで載っけられるって知ってた？

――ああ、そうなんですか。いえ、知りませんでした。

長州　山本、おまえはなんにも知らないんだな（にっこり）。一度に4枚までなんですよ。だから俺、こないだ等々力不動尊の桜をバックに撮った写真を4枚載っけたんだよ。でも3枚しか撮ってなかったから同じやつを2枚載っけてちょうど4枚！

――いえ、3枚しかないのでしたら3枚載せるだけでいいと思うんですが……。

長州　そういうきめ細かいサービスっていうのが求められているような気がしてな。あと俺は最近ね、おにぎりの絵文字をよく載っけるんだよ。なんでかわかる？

――いえ、なぜでしょうか？

長州　だって、おにぎりを嫌いな人間はひとりもいないじゃん。

――なるほど。

長州　それくらいみんなおにぎりが大好きなんだよ。そんな好きなものを載っけたら場がほんわかするじゃん。

――最近、お気に入りの太陽マークが登場しませんね。

長州　おい、聞いてくれ。俺、こないだスマホを新しいやつに替えたんだよね。そうしたら太陽のマークが入ってないんだよ……。

――いやいや、太陽の絵文字が入っていないスマホなんてあります？

長州　いや、太陽自体はあるんだけど、俺はギラギラとした真っ赤な太陽が好きなんだよ。その赤い太陽が入ってないんだよ。そうしたらさ、谷ヤンが「〝太陽〟と入力して押せば、赤い太陽が出るようになってますよ」って言うからやってみたたらさ、ツイッターに「(太陽)」って字がそのまま上がっちゃって……。「この野郎！ この期に及んでまだかましてくるか！」と。ほんっとに頭にきたな、あれは。恥かかせやがって！（ギスギス）。

谷ヤン かますわけないじゃないですか……！

「アイツら（桜の木）もしぶとく花を咲かせてるし、がんばってるよな」

――そんな、疑心暗鬼になりながらツイッターをやるのはやめましょう（笑）。

長州 もう最近は何をやるのも怖くなってきちゃってさ。はっきり言わせてもらえば、俺はおまえたちのことを信用してないからな、悪いけど。ホンマだよ。なあ、今日ここで約束しない？

――なんの約束ですか？

長州 「もうお互いにイタズラをするのはやめましょう」ってさ。

――誰もイタズラしてないですよ（笑）。

長州 俺のソフトバンクの太陽はさ、薄～い黄色なんだよ。それは俺の意図する太陽とは違うね。違うどころか、むしろ好きじゃないんだよ。薄～い黄色の太陽って、見てるとなんか気分が暗くなるんだよ……。

――それはよくないですね……！ またすぐに替えましょう。

長州 気分がルンルンのときとか天気がいい日、そんなときに赤い太陽をポンと押せば俺は最高の気分になれたんだよ。そのいちばん好きな赤い太陽が、いま俺の手元にないんだよ……（しょんぼり）。

――じゃあ、薄～い黄色の太陽を打つくらいならおにぎりのほうがいいっていう。

長州 それ。それもあってのおにぎりなんだよ。繰り返すけど、おにぎりが嫌いなヤツなんていないからな。好きの度合いで言ったら太陽と双璧だと思うしな。山本、そこに咲いてる黄色い花、何の花だか知ってる？

――いや、わからないです。

長州 菜の花（にっこり）。

――な、菜の花がどうかしましたか？

長州 どうもしないよ。きれいだなあと思ってさ。おおっ、山本、あそこ見てみろよ。

――えっ、どこですか？

長州 親子で走ってるぞ。やっぱファミリー総出で走ると躍動感があるねえ（にっこり）。……あっ、あれ、向こうから走ってきてるのは永田かな？

――えっ？ あー、永田（裕志）さんですね！

長州 ホンマに永田？ 中西（学）じゃなくて？

――永田さ～ん！

永田　（こちらに気づいて）あれ？

長州　永田。おまえ、まるで仕込みのようにここを走ってきたな。どこに行くの？

永田　いえ、走ってるんですけど……（笑）。

長州　ああ、そうか。がんばれよ！　俺も近々カムバックするからがんばるぞ！

永田　えっ？（笑）。はい、わかりました！（と言って走り過ぎていく）。

――やっぱ永田さんはいつだってトレーニングしてるんだなあ。

長州　なあ。ああいう姿を見ると安心するよ。まあ、みんな練習やってるんだろうけど、永田とかやるヤツはとくにやってるよな。

――やっぱりレスリング出身の人って常に身体を動かしてますよね。もう習性ですかね。

長州　だからスポーツをやらないでプロレスラーになったヤツとかって……まあこれはやめておこう。ところで今日はなんでここに来たんだっけ？

――えっ？　いえ、『KAMINOGE』のインタビューです。

長州　ふうん。1月にYouTubeの撮影でこのボンクラメンバーで沖縄に行ったじゃん。またスカッと沖縄にでも行きたいよな。

――また平時に戻ったらぜひ行きたいですね。

長州　だな。もう今度沖縄に行ったときはマジで飛び上がるぞ。めちゃくちゃに太陽を浴びてやるよ。

――いま、長州さんはずっと家でじっとされてるんですか？

長州　ほとんど家。まあ、できる仕事はちょこっと外に出てやってるんだけど、夜はもう完全に家だね。だからテラスを走ってるよ。そこでプッシュアップやったり、スクワットやったり。

――そういうスペースがあるとまだ気がラクですね。

長州　そうだよな。しかし、こうやって山本と多摩川で座って話してるとコロナがどうたらこうたらってまったく感じないもんな。

――そうですね。いま一瞬忘れちゃってましたね。

長州　おおっ、山本！　あれ、見てみろ！

――えっ、どこですか？

長州　犬が走ってるぞ！

――あ、犬か。

長州　しかし多摩川はいいな。多摩川の近くに住んでる人たちはちょこっと出てきては、ここで空気を吸っていくんだろうな。逆に近くに多摩川がなくてずっと自宅で自粛しなきゃいけない人たちっていうのはしんどいと思うよ。アイツら（桜の木）もしぶとく花を咲かせてるし、がんばってるよな。俺が新日本の入門した頃はもっとズラーッと並んでたんだけど。あっ、永田が戻ってきたぞ。お～い、永田ぁ！

永田　あっ！

長州　（急に立ち上がって）おい、永田！　ひさしぶりに胸貸

してやろうか⁉

永田 えっ？（笑）。いえ、大丈夫です！（と言って走り去る）。

長州 そうか（ドカッと座る）。おい山本、「白昼の多摩川で、長州力の気迫に永田がひるんだ。さすが長州力！」って書いとけよ。さあ、帰ろ帰ろ。

【マネージャー・谷口氏の試合後の短評】

当初は長州の自宅のテラスでやろうという話だったんですけど、前日になってやっぱり多摩川の土手にしようということで〝山本さん〟に予定変更してもらったんですよね。コロナに関してはこの頃からだいぶピリピリしていましたけど、途中、永田さんがジョギングで通りすぎたときはちょっと癒されましたね。ちなみにテラスのことを間違って「ベランダ」と言うと怒られます。たしかにめちゃくちゃ広いので、あれはテラスです。

長州力vs山本
名勝負数え唄
第21戦

「ほ〜らユウシン！
ハワイやで〜、ハワイやで〜！
ユウシンもプールに入るか？
来るか？　来るか？
よ〜しユウシン！
見てろよ〜〜！
ジェットコースターを
やってやるから！
こら、シャワー係！
水かけてくれ！」

［対戦日］
2020.5.12
（「緊急事態宣言」発令中、3つの密を避けるべく長州の自宅テラスに集合した日）

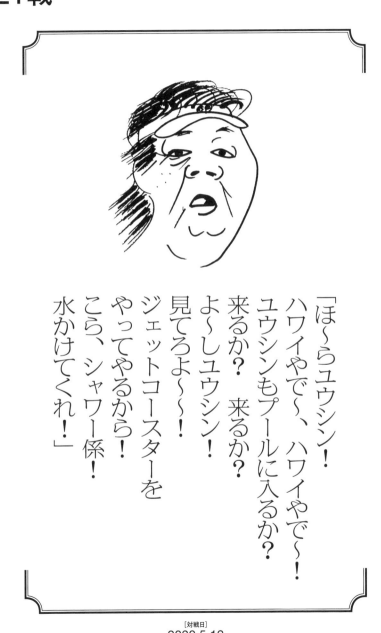

「うわぁ、ワニに食べられたぁ！ 山本！ ほら、うしろからシャワーをかけて！」

長州 おおっ、〝ハワイ〟へようこそ〜〜！
——ハワイですか、ここは。
長州 あ？ 住めば都、ハワイだと思えばどこだってハワイだろう。俺、最近はもうずっとここ（自宅テラス）にいるね。今日は天気がよくて最高だよ。山本、いいTシャツ着てるね。それ、なんのやつ？
——えっ？ これは（「ヤバイ！ ターザン山本！のTシャツを着てきてしまった……!!」）なんですかね？ ちょっと意味もわからず着ていますけど……。
長州 ふうん。いいイラストじゃん。ひょっとしてそれもゴキ先生（五木田智央）が描いたの？
——あっ、そうですそうです。
長州 （含み笑いを浮かべながら）前にさ、俺が描いた会長（アントニオ猪木）の似顔絵、ゴキ先生が見てなんて言ったんだっけ？
——えっ？ ああ、「なんて迷いのない線だ」と言ってましたね。
長州 か〜〜っ！ 完全に見切ってるな、ゴキ先生は。そうかそうか、俺の描く線は迷いがないか（にっこり）。さあ、ちょっとプールに入ってもいい？
——えっ？ ああ、どうぞどうぞ。このプールは買ったんですか？
長州 そう。孫に遊ばせてやろうと思って（と言ってパンイチになってシャワーを浴び始める）。
谷ヤン （小声で）ちょっと、そのTシャツはまずいですよ……。
——すいません。来る途中までスウェットを着ていたんですけど、暑くて脱いじゃったらこれだったんですよ……。
谷ヤン バレなきゃいいですけどね……。
長州 （プールの中でドカッと腰を下ろしながら）お〜い、山本！ うしろからシャワーかけてくんない？
——あっ、はい。
谷ヤン すみません。ちょっと付き合ってあげてください。
長州 いやあ、気持ちいいな！ おまえらも入れば？
——いえいえ、そんなとんでもないですよ。
長州 とんでもないっておまえ、なんだよ、俺がとんでもないことをしてるとでもいうのか？
——まったくそういうつもりはございません。
長州 （自らワニの口に頭を突っ込み）うわぁ、ワニに食べられたぁ！ 山本！ ほら、うしろからシャワーをかけて！
——あっ、はい。
長州 うわぁ、前からワニ！ うしろから水責め！ これは地獄だぁ！
——………。

長州　（立ち上がったかと思えば正座になり）今日はハワイへようこそ（ペコリ）。

――あ、あの、長州さん！　どうしちゃったんですか⁉

長州　（聞かずに）ハワイにいらっしゃいませ！（ペコリ）。ハワイにいらっしゃいませ！（ペコリ）。ハワイにいらっしゃいませ！（ペコリ）。

「おまえらもパンツ一丁になってもいいんだぞ？　誰も入ってきやしないんだから」

――…………。

長州　あー、たのし。そうだ山本、そこのCDかけてくれ。ボタンわかる？

――あっ、はい。これ、中にCDが入ってるんですか？

長州　ああ、入ってる。ちょっとかけて。

（スイッチオン）

――これは近藤房之助さんですか？

長州　そう。最近、俺は毎日これを聴いてる。もっとボリューム大きくして。このCD、20年くらい前からずっと持ってたんだけど、開けずにアレして（聴いて）なかったんだよ。近藤さんはカッコいいよねえ。

――近藤房之助さんと面識あるんですか？

長州　あ？　1～2回会ってやりとりしたことあるんだよ。俺、一緒に飲んだんだから。そのときにこのCDを持ってきてくれていただいて。下北沢あたりのそういうお店で、ライブっぽいことをやってるって聞いたことがあるけどな（とプールから上がる）。

――ライブを聴いたわけではなく、ライブっぽいことをやってるって聞いたんですね。

長州　あ？　山本さ、今度ハワイに来るとき、手ぶらで申し訳ないなと思ったら、なんでもいいから缶ビールを買ってきてくんない？

――えっ？　ああ、全然いいですけど。

長州　クーラーボックスに入れておいてさ、みんなで飲もうよ。もうちょっとボリュームを上げてもらってもいい？　ああ、それくらいで。おまえらもパンツ一丁になってもいいんだぞ？　ウチだから気にしないし、誰も入ってきやしないんだから。まったるいよねえ。あっ、俺はビール飲んでもいいの？

――どうぞ、どうぞ。もちろんですよ。

長州　おい、早く言ってくれよ～。じゃあ、飲んじゃおっと。

（プシュッと缶ビールを開けてグビグビ飲み始める）

長州　さあ、今後の日本経済について語るか？　って語らねえよ！（グビグビ）。

――長州さんって、じつは昔からこんな感じの陽気な人だったんですか？

長州　…………（グビグビ）。

――いえ、凄く興味がありまして……。もともと陽気な性格だったのに現役中はそれを隠していらしたのかなと。

長州　でも、まあ意外とまわりのみんなが固くしたかもわかんないね。

――長州さんのイメージをですか。

長州　俺はどっちかと言えば軽く生きていきたい。軽く人生を歩んでいきたいんだ。

――でも、それは卵とニワトリどっちが先かって話ではないですか？

長州　あ？　ああ、そうだよな。

――長州さんがまわりを固くさせたのか、まわりから固くさせられたのかっていうのは。

長州　でもやっぱり俺は根底でスポーツが好きだからさ。高校、大学とアマレスをやってきて、大学じゃずっとアレ（寮）で生活じゃん。アレにちょっと人間を変えられたよな。

――専修大学での4年間で。

長州　それで今度プロレスの世界に入って、アメリカに行ったらトランプ（タイガー服部）に人間を変えられたんだよな、ほんっとに（グビグビ）。

――多感な時期に、専大レスリング部からのタイガー服部さんですからね。

長州　そういえば4～5日前に正男（タイガー服部）もここに来たんだよ。14時くらいに来て、22時くらいまでずっと酔っ払いやがって。

――このテラスでふたりきりで飲んでたんですか？

長州　そう。天気がよかったからな。もちろん間に3メートルの距離を作ってだぞ？　半蔵（タイガー服部）もニューヨークに帰れなくなっちゃったからずっと日本にいて、たまに電話があるんだよ。それで「来る？」って聞いたら「行きたい！」って言うからさ。正男も孫が生まれたのに帰れないんじゃかわいそうだなと思って。

「業界から距離が開いてきたっていうことでどんどん気がラクになってるよね」

――服部さんのお孫さんはどちらに住んでいらっしゃるんですか？

長州　普段はニューヨークだよ。でも、いまはニュージャージーのほうにみんなで避難してるらしいけどな。そういえばニューヨークはやっぱり白人とアジア系とモメだしてるよな。ニュースで観たけど、黒人の若いヤカラっぽいのがフードをかぶってさ、バスに乗ってるアジア系の女のコに笑いながら話しかけていったかと思えば、いきなり跳び上がって顔面をバーンと蹴ったからな。

――ええっ！　それは映像で観たんですか？

長州　映像！　俺はビックリしたよ。だからニューヨークは拳銃が販売できないんだけど、拳銃もよく売れてるって。そのTシャツ、うしろもなんかデザイン入ってんの？

——えっ？　いえ、入っていないと思いますけど……。

長州　入っていないと思いますっておまえ、入ってるのか、入っていないのか、どっちなんだよ？（笑）。ちょっとうしろ見してみ。

——長州さん、どうして今日はそんなにボクのTシャツに注目してくれるんですか？

長州　いや、ゴキ先生の描く線がどんな感じなのか、見てみたいだけだよ。で、ゴキ先生、俺の絵を見てなんて言ったんだっけ？

——えっ？　いや、だから「なんて迷いのない線だ」と……。

長州　か〜〜っ！　たまんないね、そこまで見切られちゃうと（ニコニコ&グビグビ）。

——……。さっきのもともとの性格の話ですけど、やっぱり去年リングを下りられたことが大きいですかね。ツイッターでのあの感じとかっていうのは。

長州　それも一理あると思う。リングというか業界から距離が開いてきたっていうことで、どんどん気がラクになってるよね。もうそんなにかまえることもないし。

——その距離というのは、日ごとにどんどん開いていく感じですか？

長州　日ごとに……？　それは山本の感想で書けば？　日ごとによって俺がどうなってるかなんて、自分で自分を毎日観察して、その経過をしゃべるってことが、おまえ、どれほど難しいことか（グビグビ）。

——それはそうですけど……（笑）。

長州　そうやって山本はいつも笑ってるだけ！　たまに谷ヤンとふたりで話すときがあるんだよ。「山本っていつも笑ってばっかだよな。それでテープにアレ（録音）してるけど、アイツの笑い声しかアレ（収録）してないから何も書けねえんだよ」って。

——いやいや、ちゃんと記事になっていますから……（笑）。

長州　おまえはちょっと笑いすぎだろ。ちょっと場を焚きつけるような笑い方だよ。ちょっと固くきてみてくんない？

——じゃあ、固く……固い感じでいきますよ？　長州さんはあこがれた有名人とかいるんですか？（キリッ）。

長州　おまえ、ふざけてんだろ⁉

——ふざけてないです！（キリッ）。

長州　あこがれた有名人だあ？　急にわけのわからないことを……。そんなのいないよ。いなくもないとは思うんだけど、いまパッと出てこないよ。

——たとえば石原裕次郎さんとか。

長州　まあ、テレビとか映画を観ていて「いい役者さんだな〜」って思うことはあるけども、その人にあこがれて俺もそういう世界に入りたいとか、そういうのはまったくないよ（グビグビ）。

――プロレスの世界も食うために入ったっておっしゃっていますよね。

長州　そう。それは間違いない。

――だから、あこがれたものだったり、人がいないんですよね？

長州　野球の世界とかに入ってみたいっていうのは、それはちっちゃいガキの頃の話でさ。そんなことはガキってみんな思うことじゃん。それと同じですよ。あと俺は海が好きだから、それもちっちゃいときの発想だけど、船なんかに乗って海に出て、魚を捕まえて暮らしたいなとか、そんなのだよ。いまでもNHKとかでさ、綺麗な川とか海で漁師さんたちのアレ（仕事）を見ていると、「うわー、行きてえなあ！」って思うんだよね。四万十川で漁師さんがウナギを獲ったりしているのを観ていると心が休まるよね。

「いやあ、三又はちょっと無理だわ。でも俺ね、ひとつだけ三又のいい部分を知ってるんだよ」

――じゃあ、ちょっとだけ漁師にはあこがれていたと。

長州　まあ、大都会に出て大出世しようなんて思ったこともないからな。（腕を振り回しながら）コレ（プロレス）も食うためだったもんな。俺、オリンピックに出たのが大学3年じゃん。まあ、あまり重要視はしなかったけど、みんな3年生になれば就職活動じゃん。だからオリンピックが終わったあとは「俺、どうしようかな」ってなったよな。体育寮にいたら2年生は、とっとと3年生には引き継ぎをしてもらって出て行ってほしいって思ってるわけだよ。でも、みんなそう思っていても口では言えないからな。

――そうでしょうね。

長州　それでずっと寮にいたら、（腕を振り回しながら）コレに行けって言われて入ったんだけど。

――レスリングはオリンピックに出場した時点で、ある程度の目標は達成した感じですか？

長州　まあ、それは目標にしていたかもわからないね。目標があったからそこまで進んでいけたっていうか。「何をやっても出れませんよ」っていう状態だったらまったく違った人生を……何をやったんだろうなあ（グビグビ）。

――レスリングで大学に行ってなかったら……おそらくヤクザじゃないですか？

長州　そういうことをハッキリとした口調で言うな。「ひょっとしたら背中にワッペンを貼っていたかもわかりませんね」って言えよ。まあ、それは貼ってたかもわかんない。

――そうなったら山口の隣の広島にでも出ていましたかね。

長州　そういうことを言うな。日本は高度経済成長時代で上り詰めてたけど、意外と東京に出て行くっていうヤツはあまりいなかったんだよ。東京に行くヤツっていうのは勉強がけっこうできるヤツで大学進学でとかな。みんな行って関西までだよ。

大阪が多いよ。東京で山口県出身の人間とはなかなか出会わないよな。
――いまの長州さんにとって、芸能のお仕事っていうのはどういうふうな捉え方ですか？
長州　やっぱり食べるため、生活することが第一だし。ただ、プロレスのときみたいにそんなにバカでかいものはもういらないんだ。こういう時代だから、どっかに田んぼでも買ってそれを駐車場にしてさ、孫とふたりで駐車場管理でもしたいよ。それで、ちょっと端っこのところでちっちゃい蕎麦屋でもやって。「おい、腹が減ったからおにぎりと蕎麦を持ってこい」って孫に言ってさ。
――お孫さんはそういう生活、嫌がりそうですね！（キリッ）。
長州　そういうことを言うな。
――でも真面目な話ですが、昨年お孫さんが誕生したのは長州さんのなかでデカかったんじゃないですか？
長州　ああ、それは大きいな。でも家族が増えたときって大人はみんなそうなんじゃないか？
――長州さんがいちばんしんどかった時期っていつですか？
長州　あまりそういうのは感じない。まあ、どういう生活であろうがメシが食えてたら。欲を出せばキリがねえじゃん。しかし山本、おまえの仕事はラクそうでいいよなあ。
――なんてことを言うんですか（キリッ）。じゃあ、長州さんも雑誌を作ってみるっていうのはどうですか？　長州力責任編集で。
長州　あ？
――『月刊揶揄』とかいいですけどね（笑）。
長州　いや、活字はないな。俺についてるファンたちはそういうのには触らないって。まだ意外と写真集とかのほうはありだと思うけど。
――長州さんが写真集ですか（キリッ）。
長州　おまえ、ひょっとして笑いをこらえてる？
――こらえていません（キリッ）。
長州　テレビの世界もまったく慣れないし。あっ、そういえばこないだのアレ（ABEMA特番『長州力を笑わせろ！』。芸人たちが動画でネタを披露し、それを長州が観ておもしろいか、おもしろくないかをジャッジする番組）、三又（又三）の野郎はあいかわらずつまんなかったな（ギスギス）。
――生放送で長州さん、怒っていましたね。
長州　昔、アイツの店で勝手にボトルをキープさせられて16万取られたって話、マジだからな。谷ヤン、あの野郎から連絡あったか？
谷ヤン　しょっちゅうありますよ。あの番組で長州さんが怒って以降、不安に陥ってるらしくて（笑）。
長州　いやあ、三又はちょっと無理だわ、俺。いやー、ホントに。アイツには気もつかえないし、かわいそうだとも思わないんだよ。でも俺ね、ひとつだけ三又のいい部分を知ってるんだよ。アイツ、声だけはいいと思わない？

——ああっ、声はいいですよね！

長州　だよな？　アイツ、自分の醜い姿はさらさずに声優かなんかの仕事をやればいいんじゃねえかと思うんだけど。まあ、プロの声優さんに失礼な話ではあるけど。

——たしかに声はいいですもんね。だから電話だったら会話も楽しいんですよ。

長州　俺もあの声は嫌いじゃないもん。人間がダメなだけだから。

「あ？　山本、それ（Tシャツ）ひょっとしてターザン山本……？　おまえ、そうなの？」

——声帯だけがいいって悲しいですね（笑）。

長州　いや、あの声は武器だよ。やっぱり神はどんな人間に対しても生きていけるように何かを与えているんだよな。こないだ、なんかの本を読んでて「ああ、おもしろいな」って思ったのがあって、「もしバカに与える罪があるなら、おまえは終身刑だ」っていう。あれは見事な言葉だよ。だから「もし三又に与える罪があるなら、おまえは終身刑だ」って。（突然、家の中に向かって）ママー！　ユウシンはもう起きてる？

——あっ、お孫さんが来てるんですか？

谷ヤン　いま、ここで預かってるんですよ。あっ、長州さん、起きてるみたいですよ。

長州　おっ、起きてる～？　連れてきて～～！

（ユウシンくんがやってくる）

長州　おおっ、ユウシン！　山本、ごめん。ちょっともう1回プールに入るわ。

——あっ、どうぞどうぞ。

長州　（自分だけプールに飛び込んで）ほら、ユウシン！　ハワイやで、ハワイ！　ほら、笑ってるけど、入りたいのか、入りたくないのか！　ユウシン！　ほら、ユウシンも入るか？　来るか？　来るか？　よ～し、ユウシン！　見てろよ～。ジェットコースターをやってやるから！　こら、シャワー係！　水かけてくれ！

——あっ、かしこまりました！

長州　ほら、ユウシン、見てろよ～！　これがハワイのジェットコースター！　見た？　見たか？　はい、ハワイのジェットコースター！　ユウシン！　おい、ワニに頭を噛まれたぞ！こら～～！　ユウシ～～ン、助けろ～～！

——（ホースの水をかけながら）…………。

長州　よ～し、ハワイは終わりっ！　ママー、風邪をひいちゃうから早く中に入れてあげてー。じゃあねー、ユウシ～～ン！

（ユウシンくん、室内に戻る）

長州　（一気に落ち着いて）はい、山本、CDかけて。

——あっ、はい。

長州 あれ？ 山本、やっぱ背中にもなんか描いてあんじゃん。
——えっ？ あっ、なんか入ってます？
長州 あ？ 山本、それひょっとしてターザン山本……？
——えっ、いや、違います、違います！ というか誰ですか、それは？
長州 でも「TARZAN」って描いてあるけど。はあ〜、もういっぺんに冷めたよ。おまえ、そうなの？
——そうじゃないです……。
長州 谷ヤン、「TARZAN」って描いてあるよな？
谷ヤン いや、でもこんなにハゲあがってますか？
長州 アイツ、ハゲあがってるよ。
谷ヤン いや、ランディ・サベージだと思います。山本さん、そうですよね？
——たしかランディ・サベージです。
長州 じゃあ、なぜ「TARZAN」って描いてるんだよ？
——そんな文字とか入ってますか？
長州 谷ヤン、おまえも読んでみろよ。
谷ヤン 「TARZAN」とは描いてありますね……。
長州 山本、どういうこと？
——いえ、どうやらこれは「TENZAN」って描かれていますね。
谷ヤン ぷっ！「TENZAN」ではないでしょ（笑）。
（ここで家の中からまたユウシンくんがよちよちとテラスに歩いてくる）
長州 おおっ、ユウシ〜〜ン！ ハワイか⁉ ハワイか⁉ 行くか⁉ 行くか⁉（と言ってまたプール遊びに向かう）。
谷ヤン 完全に命拾いしましたね……。
——いまのうちにお先に失礼させていただきます……。

【マネージャー・谷口氏の試合後の短評】
ついに竜宮城に足を踏み入れたというか、本丸陥落の瞬間でしたね。これまで自宅での取材は全部NGだったのに、まさかマスコミの人間を招き入れるとは思いませんでした。快挙と言っていいと思うんですけど、〝山本さん〟は光線過敏症っていうんですかね、テラスでの激しい日差しで翌日からじんましんが出て大変だったみたいです。あとは本人がテラスで仕事を片づけるということを覚えちゃったので、いい自粛期間が過ごせたと思います。

[初出]『KAMINOGE』Vol.7〜Vol.102

KAMINOGE ARCHIVES vol.1

ほんとうの長州力

2020年7月1日　初版第1刷発行

編者　『KAMINOGE』編集部
編集人　佐々木賢之
発行人　廣瀬和二
発行所　辰巳出版株式会社
〒160-0022 東京都新宿区新宿2-15-14 辰巳ビル
TEL：03-5360-8064（販売部）
TEL：03-5360-8977（編集部）
印刷・製本　図書印刷株式会社

編集　有限会社ペールワンズ
デザイン　金井久幸［TwoThree］
DTP　岩本 巧［TwoThree］

ISBN 978-4-7778-2614-8